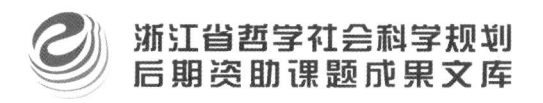

浙江省哲学社会科学规划
后期资助课题成果文库

辩证的乌托邦理想
——大卫·哈维空间理论的文本解读

Bianzheng De Wutuobang Lixiang
Daweihawei Kongjian Lilun De WenBen Jiedu

钱厚诚 著

中国社会科学出版社

图书在版编目(CIP)数据

辩证的乌托邦理想：大卫·哈维空间理论的文本解读 / 钱厚诚著. —北京：中国社会科学出版社，2016.9
ISBN 978-7-5161-9034-0

Ⅰ.①辩… Ⅱ.①钱… Ⅲ.①历史地理-唯物主义-哲学理论-研究 Ⅳ.①B019.1

中国版本图书馆 CIP 数据核字(2016)第 237620 号

出 版 人	赵剑英
责任编辑	田 文　徐 平
责任校对	冯英爽
责任印制	王 超
出　　版	中国社会科学出版社
社　　址	北京鼓楼西大街甲 158 号
邮　　编	100720
网　　址	http://www.csspw.cn
发 行 部	010-84083685
门 市 部	010-84029450
经　　销	新华书店及其他书店
印　　刷	北京明恒达印务有限公司
装　　订	廊坊市广阳区广增装订厂
版　　次	2016 年 9 月第 1 版
印　　次	2016 年 9 月第 1 次印刷
开　　本	710×1000　1/16
印　　张	18
插　　页	2
字　　数	295 千字
定　　价	68.00 元

凡购买中国社会科学出版社图书，如有质量问题请与本社营销中心联系调换
电话：010-84083683
版权所有　侵权必究

序　言

钱厚诚于2009年完成并通过答辩的博士论文《辩证的乌托邦理想——大卫·哈维空间理论的文本解读》，是国内比较早开展的有关大卫·哈维的选题，并且在论文答辩会上获得过很好的评价；现在终于出版，在很多方面还有一定的学术价值。

钱厚诚是我到复旦大学之后招收的第一位博士生。他约我为这部著作写一个序，我想，不妨就这项选题的研究意义谈一些体会。

大卫·哈维空间理论的基本学科归属是人文地理学。人文地理学已成为当代显学，这其中就有哈维的杰出贡献。

19世纪，西方地理学的主要传统是自然地理学研究传统和人地关系研究传统；20世纪上半叶，形成了主流的区域研究传统，其标志即是哈特向的《地理学的性质》。但是，20世纪50年代以来，一批年轻的地理学家，如哈格特、乔利以及哈维本人，开始挑战区域研究传统，批判哈特向的《地理学的性质》，开启了地理学的"数量研究"与"空间科学"范式。其中，哈维的《地理学中的解释》一书，既论证了数量研究及空间科学范式的合理性，也剖析了这一研究范式存在的问题，明确主张在地理学研究中引入逻辑实证主义与分析哲学方法，明确了实证主义地理学研究的合法性。《地理学中的解释》一举奠定了哈维本人在新地理学研究领域的地位，其时哈维还不到35岁。如此有为，又如此年轻，这似乎不应该是哈维的学术顶点。果然，几年之后，哈维从实证主义地理学转向马克思主义激进地理学。

这一转变并不奇怪。作为地理学家，哈维对于当代资本主义时代日益凸显的空间政治问题本身就比较敏感，而其70年代初的巴黎游学更是受到了列斐伏尔激进空间思想的直接影响。此后，哈维来到美国霍普金斯大学任教授，在那里连续十年以"解读资本"的课程名义开讲《资本论》，其激进的人文地理学更加显化和深化。哈维把自己基于"空间的转向"及其激进的人文地理学而展开的研究范式称为"历史—地理唯物主义"(historical geographical materialism)，研究领域也更为广泛地涉及城市化、社会正义、分配正义、贫困、农村发展、妇女地位、城市规划、知识进化及发展问题，以及这部著作所讨论的乌托邦及人类精神困境，等等。

通观哈维的所有论著，可以发现，乌托邦问题显然是哈维关注的本质性问题，且随着其激进人文地理学的推进而逐渐凸显。

乌托邦是人类社会表达和实现超越性的基本方式。柏拉图的"理想国"与孔子的"大同世界"，都是乌托邦。宗教的"天国"也算是一种特殊类型的乌托邦，但与世俗的、政治的和超越的乌托邦相比，宗教的"天国"乃是彼岸的、超验的，且是对现实世界的否定，因而是乌托邦的极端形式。不过，严格地说来，宗教的"天国"是完全异化和外化的乌托邦，也溢出了乌托邦的超越本质，因而已经不是乌托邦。

一方面，极端的"天国"乌托邦曾是西方历史上的常态形式；另一方面，中世纪实际上却是乌托邦精神的跌落，在那里并不存在关于人的解放的乌托邦，而只是解放的幻象。所以，如果说乌托邦本质上是寄托了直面现实苦难的人的彻底解放的希望，那么，宗教的"天国"恰恰是逃避苦难、顺从命运，并以单纯的"救赎"替代"解放"。一言以蔽之，乌托邦本质上是积极的，而宗教则是消极的；乌托邦的积极性质，源自其对现实的变革与批判要求——有时还是激进的变革与批判要求。

近代启蒙运动以人文主义以及人类解放为核心宗旨，其基本逻辑即是从宗教向乌托邦的回复与自我提升；在这个过程中，人作为主体，更加凸显。不过，启蒙是否能贯彻乌托邦精神，却是一个问题。这一点，从社会史和思想史，特别是社会主义运动史来看，情况就比较清晰了。

走出中世纪、通向启蒙的历程，即伴随着乌托邦的复兴及其提升，并且，这本身就是社会主义运动的表现方式。在空想社会主义那里，乌托邦乃是对现实的必然超越与离弃，"现实"则日益巩固为正在形成的资本主义的"现实"。历史地说来，"现实"这一范畴越来越成为资本主义所限定了的"实存"，是缺乏自我超越性或直观地将自身永恒化的"实存"。社会主义与乌托邦同构，乌托邦则成为社会主义的本质精神；资本主义则与"现实"同构，资本主义意味着"现实"的永恒化。进言之，社会主义及其乌托邦追求，所破除的就是这一永恒现实，并实现社会主义（乌托邦)。

18世纪之后，随着启蒙运动的持续深入，尤其是随着资本主义阶级矛盾的日益尖锐激化，社会主义及其乌托邦与资本主义及其"现实"之间的冲突更加明显。正在兴起的实证主义则试图调和这一冲突。圣西门越来越趋向于实证主义思潮，孔德则直接创立了实证主义学说。乌托邦与现实之间的裂隙似乎得到某种程度的弥合，但这是以社会主义乌托邦的空想化和承认资本主义的合理性为代价的。

马克思的科学社会主义，一方面，积极吸取实证科学；另一方面，则是扬弃空想社会主义，使乌托邦朝向更为现实的共产主义运动。马克思明确批判了实证主义，而其政治经济学批判即是实证主义批判之范例。在实证主义导致了乌托邦与现实的抽象同一的地方，马克思再次将二者剥离开来，因而延续了启蒙思想。

哈维对马克思与启蒙的关系有过清晰的评估："马克思在很多方面都是启蒙思想的儿子，他力求把乌托邦思想——如他在自己的早期著作里提出的，为人类实现自己的'类的存在'而奋斗——转变为一种唯物主义的科学，揭示人类的普遍解放如何从阶级范围内和资产阶级发展明显压迫性的却相互矛盾的逻辑中产生出来。"[1]

马克思不仅继承，而且创造性地推进了启蒙传统。"任何一种解放都是把人的世界和人的关系还给人自己"，对马克思而言，问题的关键还在于将人从束缚人并导致人的异化处境的关系即资本主义制度中解放出来，进而建构科学社会主义的乌托邦，即"自由人联合体"。

但是，如此的马克思式的乌托邦，同样不能见容于现代资本主义。自19世纪中期以来，在关于乌托邦的问题上，以马克思主义为代表的激进政治思想与新自由主义及其现代保守主义传统，越来越表现出两种截然相反的态度。前者一直主张必须充分肯定和积极追求（超越了资本主义的）未来"自由王国"（乌托邦），后者一直在抵御和回击乌托邦。在保守主义看来，在激进政治思潮影响下，乌托邦主义实际上走向其极端的激进形式，而现代自由主义与保守主义的使命，便在于反乌托邦主义：从柏克的《法国革命论》到阿克顿勋爵的《自由与权力》，再到哈耶克的《走向奴役之路》、扎米亚金的《我们》、奥威尔的《1984》、赫胥黎的《美丽新世

---

[1] [美]哈维：《后现代的状况》，阎嘉译，商务印书馆2003年版，第23页。

界》，莫不如此。就现代思想而言，否定乌托邦要比肯定乌托邦来得容易，以至于在很多场合，乌托邦成了一个贬义词。于是，在当代，哈维的出场成为一个重要现象。

哈维的乌托邦思想实际上是"接着"列斐伏尔"往下说"的。列斐伏尔清楚地指认了当代思想的空间转向，即由时间—历史向空间—结构的转变，"空间的生产"成为现代性的主题。在列斐伏尔那里，空间生产本身就是乌托邦的实现方式，历史唯物主义似乎只是显示时间—历史逻辑，但列斐伏尔（以及更早的阿尔都塞）则通过辩证唯物主义讲述激进的空间逻辑，展开人的解放的新叙事；如此路数，经由哈维的激进人文地理学发酵，即成为"辩证的乌托邦"。

依照哈维的判断，"主导性的时间—历史的视域压制了散落其间的地理—空间的视域，主导性的时间—历史的辩证法淹没了微弱的地理—空间的辩证法"，因而导致包括马克思本人在内的马克思主义者"都低估了资本主义在地理—空间上的回旋余地和灵活性"。因而，哈维重构乌托邦，即以辩证的乌托邦代替马克思式的"历史乌托邦"。辩证的乌托邦是一种新型的历史—地理的概念，它不同于马克思的历史乌托邦，也不同于福柯式的异托邦（heterotopias），而是一种肯定的和承诺了人的解放的地理空间及其历史进程。这其实是十分难得的。在不依赖于时间—历史而诉诸空间—结构时，最容易陷入后现代虚无主义困扰，例如哈维之后的某些激进空间理论，又如卡斯特、苏贾，再如强调符号交换的鲍德里亚，大多陷入了拒斥乌托邦的精神困境，但是哈维却保留了一种肯定性的现代性立场与判断，殊为不易。

从哈维的思想发展历程来看，他的辩证的乌托邦思想，乃是其激进人文地理学以及有关后现代主义批判思想的一个必然结果。愈是晚近，这一思想愈是自觉。1989年，哈维出版《后现代的状况》，该书通过当代资本主义社会的时—空关系特别是地理空间的分析，破解了所谓后现代主义有关乌托邦终结的话语。新世纪以来，哈维更多地集中于对人类历史及其解放问题的思考。在《希望的空间》中，哈维对马克思资源的解读从《资本论》移到了《共产党宣言》；在该书中，哈维阐述了《共产党宣言》中的资本主义不平衡发展的历史地理学，并对当代美国世界、特别是全球资本主义世界的不平衡的地理发展状况展开批判，并提出了相应的替代方案。在这一替代方案中，哈维保持了对乌托邦的想象。事实上，早在其

《社会正义与城市》中，使社会正义与城市意向联结在一起的观念，正是乌托邦。

乌托邦意味着解放与希望，但乌托邦的反面则是歹托邦（dytopia），这是人们在《美丽新世界》《1984》《古拉格群岛》中不断看到的情形，其实也是现代世界反复出现的历史。为此，哈维把乌托邦问题具体化为城市化问题。其关注的个案是20世纪末美国巴尔的摩市的快速的城市发展，尤其是房地产发展过程中凸显出的空间政治问题，即富人愈益扩大的空间占有与穷人愈益不足的存活空间及其低下的生活质量状况。哈维的结论是："财富和权力的地理悬殊加速形成了长期不平衡的地理发展的大都会世界。"[①] 正因为如此，在哈维看来，当代激进政治理论必须以空间为主题，必须充分考虑空间正义问题。由这个基本立场出发，在哈维的分析中，反倒是空想共产主义被赋予了更多的空间想象，他说，"黑格尔和马克思给我们提供了特殊样式的空间过程而不是最直接的空间形式，而莫尔却给我们空间形式而不是过程。"[②] 因此，即使当哈维欣赏福柯的"异托邦"（heterotopias）思想之时，其用意显然是希望把这一想象纳入其激进政治的论域。总之，哈维依然希望恢复和开放乌托邦的积极意义，并由此激活人类解放的可能前景。

钱厚诚的这部著作，特别分析了哈维激进空间理论的两个层面：全球化与身体，并把这两个维度看成辩证的乌托邦的题中应有之义。这当然言之成理。其一，在哈维激进人文地理学论域中，全球化意味着空间转移：在时间—历史层面上总是陷于"传播受阻"的西方/非西方的资本主义与社会主义的替代关系，完全可以在一种同时空的全球空间中实现空间转移，"辩证的乌托邦"意味着不同空间中的阶级冲突关系。而且，"必须引导无产阶级在不同的空间规模上来回穿梭、相互配合，唯有如此才能实现联合的斗争"。其二，哈维的身体不是完全消极的"消费的身体"，而依然是劳动着的和生产性的身体，是非物质劳动概念盛行以来其实受到遮蔽的劳动者们依然饱受不公正对待的苦役般的身体。在依然不公平的全球劳动及其交换系统中，基于身体出发，进行政治经济学批判，这显示出哈维对劳动问题的高度清醒。

---

① ［美］哈维：《希望的空间》，胡大平译，南京大学出版社2006年版，第150页。
② 同上书，第175页。

这部著作是从哈维十分重视并加以解读的《共产党宣言》而开始的。同时，这部著作自始至终遵循并体现了哈维对《资本论》的基本思路和方法论（即政治经济学批判）的根本强调。换言之，政治经济学批判是哈维本人以及这部著作的一个根本线索。需要强调的是，哈维在激进地理学视域中展开的《资本论》解读，乃是哈维在其持续的激进地理学探索、包括越来越自觉的乌托邦建构的基本资源。这方面的研究应该在后续研究中继续跟进并不断深入下去。

回头再谈一谈哈维。如上所述，哈维继承和发扬了马克思主义传统，同时，他在空间理解上又有重大拓展。因为哈维一开始就认为，传统马克思主义的政治话语范畴在描述当代资本主义时已陷入理论困境。"传统的马克思主义范畴——帝国主义、殖民主义、新殖民主义——看起来过分简单化而不能完全抓住现今存在的不平衡时空发展的错综复杂性。也许它们一直都是如此，但资本主义再领土化、重新空间化，特别是在过去的 30 年间的行动，使这些范畴显得过于粗糙，从而不能解释阶级斗争必定会在其中展开的地理政治的复杂结构。"[1] 目前看来，这正是哈维思想理论之所以能够取得重要影响的基本要义和原点。

此外，值得注意的是，关于新世纪以来尤为盛行的帝国及帝国主义讨论，哈维提出了"新帝国主义"论。他认为，"二战"以来，帝国主义已向新帝国主义过渡，其特征是"权力的资本主义逻辑"从属于"权力的领土逻辑"，"通过剥夺而呈现出来的不平衡的地理运动，恰恰是资本主义稳定性的必然结果"[2]。在《新帝国主义》中，哈维指出，美国 20 世纪 90 年代以来在新自由主义议程及其全球性的资本扩张过程，对整个人类社会资源及其经济结构带来了巨大压力。哈维强调的依然是资本积累对地理空间的依赖性，是不平衡的地理发展论。在《全球资本主义空间》中，他甚至建立了一个"空间论的矩阵"来描述当代资本主义地理发展不平衡的状况[3]。不过，关于新帝国主义的前景，他的态度看起来并不是十分激进，他认为美国应从新保守主义立场退却，进而演变为一种支持大国参与的"全球治理"，因而，形成一种较先前更为温和的"超帝国主义"

---

[1] [美]哈维：《希望的空间》，胡大平译，南京大学出版社 2006 年版，第 78 页。

[2] David Harvey, *Spaces of Global Capitalism*, Verso, London, 2006, p.93.

[3] Ibid., p.135.

(super-imperialism)。这就不能不促使我们更为全面而具体地思考哈维了。

延伸开来看，哈维的空间转移思想为把握中国道路提供了不错的视域，但是，恐怕也只能是参考性质的视域。例如，在其《新自由主义简史》中，哈维把中国20余年的发展纳入全球新自由主义的空间，提出了所谓"有中国特色的新自由主义"。如此判断仿佛看到了中国问题的一些表征，但问题是，把中国置于全球新自由主义这一全球化框架本身又是成问题的；因为，他显然回避了中国道路与"世界历史"时代的新开启这一更富于历史想象的问题，而对这一问题本身的把握，包括空间理论上的把握，已注定要由中国理论家自己来完成。

马克思说，时间是人类发展的空间。这句话对于哈维研究，亦很有教益。

是为序。

邹诗鹏
复旦大学哲学学院教授、博士生导师
2015年6月16日

摘　　要

大卫·哈维（David Harvey，1935—　）是美国著名的人文地理学家、城市社会学家、人类学家、新马克思主义代表人物之一，在地理学、城市社会学和政治经济学等方面均有杰出的造诣和广泛的影响。从目前国内学术界对哈维思想理论的研究状况来看，一方面，越来越重视，陆陆续续推出了一些比较重要的译著和研究论文；另一方面，总体上还处于起步阶段，系统性的研究刚刚展开。本书并不是对哈维整个理论体系的全面总结与探讨，而是对其中的一个重要主题，即"辩证的乌托邦理想"进行了比较系统的梳理、归纳和揭示。之所以选取这个主题进行研究，是因为哈维作为一个坚定的马克思主义者，始终把探索超越资本主义的道路问题置于思想理论的核心。这种探索最终以提出新型的乌托邦理想的形式系统地表达了出来。

本书将依据哈维的文本著作，对他的乌托邦思想进行逻辑性的、结构性的解读与剖析，特别是其中所包含的空间政治学之要义。

本书的"导言"，概要地介绍了社会理论中空间的沉寂、转向与兴起。

第一章，比较详细地说明了哈维的思想历程、思想渊源，以及学术界关于哈维思想理论的研究现状。

第二章至第六章，属于本书的主体部分和核心内容，全面阐释了哈维乌托邦思想的三大构成。

一　对《共产党宣言》的再考察（第二章）

《宣言》历来被看作科学共产主义理论最伟大的纲领性文件，但时至今日，资本主义依旧安然存在于世。这就需要说明《宣言》本身是否依然值得追寻？资本主义的现实存在是否意味着《宣言》需要在某些方面被反思和重构？是否可以，以及如何能够重新开展"联合的行动"并取得最终的胜利？

在哈维看来，《宣言》对社会异化的描述与抨击、对现存世界的内在不稳定性的判断、对资本主义危机的揭示、对联合斗争的呼吁等，这些话语仍然契合并击中了当今时代之根本，具有鲜明的当代意义。不过，由于《宣言》中主导性的时间—历史的视域压制了散落其间的地理—空间的视域，主导性的时间—历史的辩证法淹没了微弱的地理—空间的辩证法，所以导致以往的马克思主义者包括马克思本人，都低估了资本主义在地理—空间上的回旋余地和灵活性，特别是忽视了资本主义可以通过种种手段包括地理—空间上的策略而顺利实现对无产阶级的分化瓦解，而马克思主义力量却没有能够在地理—空间上采取针锋相对的斗争策略，相反，解放政治倒是遭受了严重的挫败，以至于现在看来仍然遥遥无期。就此而言，哈维实际上提出了对《宣言》的重构要求，这个重构要求也就为他以地理—空间的视域、从地理—空间的辩证法入手来创建新型的乌托邦理想打开了大门。为此，哈维一方面认同《宣言》所呼吁的"联合的行动"这个被认为是唯一可行的解放路径，另一方面也认识到必须寻找到能够克服无产阶级在现实生活状况当中所呈现出来的"多样性"和"差异"（即实际的分裂情形）这种难题的办法。对此，在哈维看来，根本的出路就在于：必须引导无产阶级在不同的空间规模上来回穿梭、相互配合，唯有如此，才能实现联合的斗争。当然，这些联合斗争和解放政治的前提条件必须在现实的时代状况当中而不是在幻想当中来寻找和建构。

二 探求现实矛盾中的解放潜能（第三、四章）

任何一种乌托邦理想，如果在现实的时代状况中没有切实的根基和依据，那么它将沦为彻头彻尾的空想。所以，哈维在"全球化"和"身体"这两个流行的话语层面上，以地理—空间的视域，借助于政治经济学的分析，具体地批判分析了现实的时代状况并提出了相应的斗争策略，从而为他的乌托邦理想提供了一种来自现实时代状况的解放潜能，或者说，提示了乌托邦理想的现实可能性。

具体而言，其一，哈维通过对资本主义全球化的考察，揭示了全球化的实质——"资本主义的空间生产过程的一个新阶段"，以及全球化的矛盾和后果——"不平衡的地理发展"。从而，一方面，揭示了全球资本主义体系所蕴含的内在矛盾、深重的破坏性、世界范围内的不平等格局和巨大的不稳定性。换言之，全球化的进程充满着危机的因素和崩溃的征兆，而无产阶级/人类之解放的前途就蕴含在资本主义全球化的内在矛盾和危机当中。另一方面，哈维提炼和归纳出"不平衡的地理发展理论"，它指明了资本主义的全球化过程既是空间规模的生产，又是地理差异的生产。当把地理差异的生产与空间规模的生产结合起来思考全球化时，就可以发现：全球化既带来了差异与冲突，又带来了休戚与共的全球命运、全球共识和全球行动的要求，人类在全球规模上结成了一个不可分割的紧密整体，并且，不同的空间规模之间具有传导效应。这就为联合的斗争奠定了基础，而资本主义体系在全球范围内的剥夺、新一轮的阶级生产、观念—意识形态的传播恰恰也为联合的斗争准备了可资利用的资源。

其二，哈维顺势而上，在全球化这个宏观的空间规模上提出了争取"普遍权利"的斗争。紧接着，哈维在明确了劳动者的"身体"既是全球空间中资本积累的策略，又是联合斗争的原初起点之后，在身体这个微观的空间规模上提出了争取"最低生活工资"的斗争。并且，哈维也论证了全球化与身体、普遍权利与最低生活工资之间在结构上的一体化关联。这样，哈维就以自己的思路回应了无产阶级斗争的"机遇"以及联合斗争的"策略"这两个至关重要的难题，从而可以以此为基础来进一步探讨乌托邦理想，思考人类社会不同于资本主义形态的另一种可能的未来。

三　对乌托邦理想的反思与整合，超越资本主义的行动纲要与未来想象（第五、六章）

历史上的乌托邦理想为什么会失败甚至招致厌恶（有一些论调认为，对乌托邦理想的信奉和践行必将不可避免地走向极权主义或歹托邦），这是一个不容回避的问题。惟有厘清了这个问题，从中吸取教训，才能整合出新型的乌托邦理想，才能重新提出针对资本主义的替代方案。所以，哈维把历史上的乌托邦理想划分为"空间形式的乌托邦理想"和"社会过程的乌托邦理想"这两种类型，并从时间—空间的辩证法这个角度来说明传统的乌托邦理想如何最终走向了自身的反面。

哈维认为，无论是空间形式的乌托邦理想还是社会过程的乌托邦理想，都内在地割裂了时间—空间的辩证关联，各执一端，因此，空间形式的乌托邦理想一旦试图实现自身、转入社会历史进程当中，或者，社会过程的乌托邦理想一旦试图实现自身、诉诸空间形态，它们最终都会转化成为歹托邦。换言之，都无法在实践层面真正成就自身。在这个基础上，哈维强调，必须重新实现时间与空间之间原生性的、但被以往的乌托邦主义者所忽视或放弃的辩证关联；从而，他也就顺势提出了"辩证的乌托邦理想"（即时—空辩证地一体化的乌托邦理想）这个新式的乌托邦类型。

对于辩证的乌托邦理想到底要达成何种目标，哈维原则性地提出了自己的看法，即"建设一种在社会上公正的、在生态上敏感的替代性社会"。这句话清晰扼要地表达了要求对资本主义进行全面超越的基本原则和理念。在这里，哈维把论证的重点放在了超越资本主义的替代方案何以可能、如何可能这个问题上，即试图给出替代方案的行动纲要。他的论述主要从三个方面进行：（1）讨论"作为类存在物的我们"，归纳出一些人类本身所具有的基本技能。在这里，哈维的思路是从人出发、以人为本，为替代方案奠定人学基础；（2）把人类和自然重新置于"生命之网"这个境域当中，以此来考察作为类存在物的我们"对自然与人类的双重责任"，从而再度提出了联合行动的任务；（3）赋予人以"建筑师的形象"，在"剧场"情境下讨论人类的"反叛行动"，既强调了不同空间规模的互动，又给出了一个比较全面严密的"权利体系"，从而对上文中关于权利斗争的论述做出了进一步的具体回应。此外，哈维还以文学的形式，虚构了一个乌托邦诞生和运行的过程与场景。他的这个乌托邦名曰"埃迪里亚"（Edilia），寓意"如你所愿"，这是一幅关于未来社会的理想图景。

最后，在"结语"部分，我们将对哈维的乌托邦理想及其空间理论做出简要的总结与评论。

目 录

导言 社会理论中空间问题的沉寂与兴起 ……………………… (1)

第一章 走进哈维：空间理论的基本论域 ……………………… (18)
 第一节 思想历程 ………………………………………………… (18)
  一 从实证主义向马克思主义的转变 ………………………… (18)
  二 理论主题的进一步拓展和深化 …………………………… (29)
 第二节 思想渊源 ………………………………………………… (42)
 第三节 研究概况 ………………………………………………… (55)
  一 国外概况 …………………………………………………… (55)
  二 国内概况 …………………………………………………… (62)
 第四节 认真对待乌托邦理想 …………………………………… (68)
  一 对《共产党宣言》的再考察 ……………………………… (75)
  二 探求现实矛盾中的解放潜能 ……………………………… (76)
  三 乌托邦理想的反思、整合及其行动纲要与未来想象 …… (77)

第二章 解放政治与乌托邦理想：从《共产党宣言》出发的重构意图 ………………………………………………… (79)
 第一节 《共产党宣言》的当代意义 …………………………… (79)
 第二节 《共产党宣言》中的地理—空间：成就与缺憾 ……… (86)
 第三节 迎难而上的谋划：联合的行动 ………………………… (98)
 第四节 为什么是"全球化"和"身体" ……………………… (104)

第三章 现实矛盾中的解放潜能（上）：全球化、资本积累与阶级斗争 ……………………………………………… (110)
 第一节 全球化：空间生产与不平衡的地理发展 ……………… (110)
  一 全球化的实质：资本主义的空间生产过程的一个新阶段 …………………………………………………………… (110)

二　全球化的矛盾和后果：不平衡的地理发展 …………… (118)
　第二节　不平衡的地理发展理论：谋求联合的阶级斗争 …… (126)
　第三节　全球层面上的联合斗争：普遍的权利主张 ………… (134)

第四章　现实矛盾中的解放潜能（下）：身体、资本积累与
　　　　阶级斗争 ……………………………………………………… (140)
　第一节　身体研究的思路与方法 ………………………………… (140)
　第二节　身体：全球空间中资本积累的策略 …………………… (146)
　第三节　身体层面上的联合斗争：争取最低生活工资 ………… (152)

第五章　乌托邦理想（上）：类型学上的反思与整合 ……………… (159)
　第一节　空间形式的乌托邦理想 ………………………………… (161)
　　一　文本层面的分析 ……………………………………………… (161)
　　二　实践层面的考察 ……………………………………………… (167)
　第二节　社会过程的乌托邦理想 ………………………………… (176)
　　一　文本层面的分析 ……………………………………………… (177)
　　二　实践层面的考察 ……………………………………………… (184)
　第三节　辩证的乌托邦理想 ……………………………………… (190)

第六章　乌托邦理想（下）：超越资本主义的行动纲要与
　　　　未来想象 ……………………………………………………… (207)
　第一节　替代方案之行动纲要 …………………………………… (207)
　　一　作为类存在物的我们：人类的基本技能 …………………… (208)
　　二　对自然与人类的双重责任：生命之网与联合的行动 ……… (213)
　　三　反叛行动：建筑师的形象、规模互动与权利体系 ………… (218)
　第二节　关于未来社会的想象 …………………………………… (225)

结语　关于哈维的乌托邦思想及其空间理论的总结与评论 ……… (240)

参考文献 ………………………………………………………………… (251)

后记 ……………………………………………………………………… (269)

导 言

社会理论中空间问题的沉寂与兴起

人类与空间的原初关联,乃是"空间定位",即确定自己在具体环境中的具体位置。空间定位属于有机体的生存本能,"新生动物似乎具有很准确的空间距离感和方位感。一只小鸡刚刚破壳而出就能知道它的方位,并且啄食散在道上的谷粒"①。不过,人类不同于一般有机体的地方就在于他拥有显著的实践能力和理性思考能力,因此能够在空间定位的过程中逐步形成比较明确的关于前后、左右、上下、远近等各种空间意识,并通过语言等各种符号形式表达出来。

随着人类实践活动的丰富、抽象思维能力的提高、语言符号的形成与发达以及理论知识的发展,这些社会文化要素使人类的空间意识处于不断地累积和演变状态。也就是说,人类的空间意识不是一成不变的,而是在这些社会要素相互作用的过程中蓬勃生长、深化拓展开来的。所以不难理解,最初比较简单、直接的空间经验到后来越来越复杂、越来越抽象,以至于形成了各种各样的空间概念、空间观念和空间理论。

"数学、物理学、哲学与地理学是四个系统思考空间问题的传统学科。在这四门传统学科中,都各自正规地、理论地、概念地与经验性地表达了空间的内涵。每门学科都有自己独特的关于空间的观点或领域,如数学包括几何、拓扑学、三角法,哲学包括认识论和科学哲学,理论物理包括经典机械论、相对机械论与经典量子论、相对量子论,地理学分为人文地理学与自然地理学。所有这些领域和其他别的学科,已经发展了各自的时空观(每个科学有本质不同的时空观点)"②。由此可见,空间研究具有鲜明

---

① [德]恩斯特·卡西尔:《人论》,上海译文出版社2004年版,第59页。
② [美]保罗·A.朗利等编:《地理信息系统》(上卷),唐中实等译,电子工业出版社2004年版,第26页。

的多学科的特征，错综复杂。①

虽然空间研究是多学科的，但正如吴国盛教授所指出的那样，笛卡尔的坐标系概念和牛顿的绝对空间观早已潜移默化地嵌入到人们的头脑中，成为常识的一部分；即使在当代，爱因斯坦相对论的出现也没能在多大程度上实际地改变这种传统的空间认知。具体而言，"我们把空间想象成某种与物体不同的东西，即它是独立的，但它首先是所有物体运动的参照背景，所有的运动都是在空间中进行，空间为之提供一个参照系。这些念头，很显然，来自笛卡尔的坐标系概念。我们把空间想象成唯一的，不动的，与它所包含的万物的运动性、多样性形成对照。进一步，基于物质与空间的这种二分，我们自然会想到，物质内容并不影响包含它们的容器和框架。这些思想，来自牛顿的绝对空间观"。一言以蔽之，我们所拥有的空间观仍然具有近代以来鲜明的"背景特征"和"几何化特征"。②

对此，法国哲学家、社会学家列斐伏尔（H. Lefebrve，又译"勒菲弗"）也有一段类似的精彩评论："在传统意义上，'空间'一词更多地让人联想到数学，（欧几里得）几何学及其定理，因而它是一个抽象物：没有内容的空壳子。……至于说到各种学科对空间的研究，它们最大限度地分割了它，空间按照被简化的方法论前提而遭到随意的肢解：地理学的、社会学的、历史学的等空间。空间至多被作为一个空洞无物的领域被扫描，作为对其内容漠不关心的空壳子来看待，但它本身却是被某些秘而不宣的标准所规定：绝对的、光学的、几何学的，欧几里得的—笛卡尔的—牛顿的。我们也许可以接受各种各样的'空间'，但却是把它们归拢到一个干巴巴的概念当中。而被人们干巴巴地使用的相对性观念就是建立在这种概念、这种表象、特别是日常生活表象的边上，而对传统空间观（诸如三维性，空间与时间的分离，米尺和时钟，等等）仍然忠心耿耿、敬若神明。"③ 列斐伏尔的言下之意

---

① 关于空间研究的多学科性以及相关的讨论，具体可参见詹和平编著《空间》，东南大学出版社 2006 年版。该书虽然主要是从建筑设计、城市规划的角度来编著的，但该书第一章之第一、二、三节对空间概念作出了概要的梳理。

② 吴国盛：《希腊空间概念的发展》，四川教育出版社 1994 年版，第 4—5 页。吴国盛教授还指出，美国当代著名的哲学家普特南也承认，相对论尚未真正影响人们的自然观，其具体内容可参见《思想家》，生活·读书·新知三联书店 1987 年版，第 366 页。

③ ［法］亨利·列斐伏尔：《空间的生产》"新版序言（1986）"，刘怀玉译，参见《社会批判理论纪事》（第 1 辑），中央编译出版社 2006 年版，第 177 页。

是，(1) 空间研究的多学科性在体现出空间的复杂性和丰富性的同时，也暴露了对空间把握的混乱和分裂；(2) 空间研究的多学科性并不能掩盖对空间把握的"欧几里得的—笛卡尔的—牛顿的"实质，或者说，人们的空间观念实际上仍然受制于把空间看作"空壳子"的传统定见。

这里需要指出的是，无论是吴国盛教授的"背景特征""几何化特征"的说法，还是列斐伏尔的"空壳子"的比喻，实际上都指明了长期以来我们所抱有的"欧几里得—笛卡尔—牛顿"式的空间观念这个实质，即把空间看作抽象的、形式的、既定的、绝对的东西。问题是，这样一来，空间则成为与社会实践、社会关系无关的东西，或者说，空间与社会的关系就被遮蔽了。在列斐伏尔等当代思想理论家看来，我们的空间观念之要害即在于此。

自然科学在探索和思考宏大深邃的物质空间时，人类社会作为其中相对而言很微小的一部分，确实可以忽略不计（即被过滤掉）。因此，整个物质空间就表现为一种客观的自然存在，几何空间则表现为一种抽象的透视形式。如果说，数学自然科学没有从社会实践、社会关系的角度来看待空间（即"空间的社会视域"的缺失），这个具有一定的、可以理解的学科合理性的话，那么，社会学、社会理论似乎不应缺失"社会的空间视域"[①]，因为社会学、社会理论在研究社会现象和社会结构时，必然是与广阔的"社会空间"(social space)[②] 打交道的。但实际上，空间与社会之

---

① 从空间与社会的互动性和关联性的角度来看，"空间的社会视域"与"社会的空间视域"是"社会空间"这个语词的两个方面、两种说法，只是表示视角切入的角度和言谈的侧重点有所不同而已。

② 列斐伏尔明确指出，所谓"自然空间"(natural space) 已经无可挽回地消逝了，这当然不是说大自然不复存在，而是说人类社会与之打交道的自然界业已成为被社会生产力所操弄的"第二自然"(second nature)（亨利·列斐伏尔:《空间的生产》"新版序言 (1986)"，刘怀玉译，参见《社会批判理论纪事》第 1 辑，中央编译出版社 2006 年版，第 178 页）。因此，人类社会所关联、所居处的"空间是社会性的；它牵涉到再生产的社会关系，亦即性别、年龄与特定家庭组织之间的生物—生理，也牵涉到生产关系，亦即劳动及其组织的分化……空间里弥漫着社会关系；它不仅被社会关系所支持，也生产社会关系和被社会关系所生产。空间在当前的生产规模与社会中有属于自己的现实，与商品、货币和资本一样有相同的宣称，而且处于相同的全球性过程之中"（亨利·列斐伏尔:《空间：社会产物与使用价值》，王志弘译，参见包亚明主编的《现代性与空间的生产》，上海教育出版社 2003 年版，第 48 页）。简言之，空间与社会是一种互相建构的关系，处在动态的相互生产状态，并且嵌入全球化的过程当中。

间的分离情形在社会学、社会理论那里却是很明显的。英国著名社会学家约翰·厄里指出,这是因为,"人们一般把社会看成是内生性的,有其自身的社会结构,而这些社会结构既不是时间结构,也不是空间结构"①。此外,这种分离情形的出现,也是由于数学自然科学在空间研究上始终处于强势地位,掌握了话语霸权,从而压制了社会学、社会理论对空间的研究冲动,与此同时,"欧几里得—笛卡尔—牛顿"式的空间观念则被社会学、社会理论默默地接受下来,这样就导致了社会学、社会理论要么对空间置之不理,要么直接把空间看成容纳社会生活的"空壳子"、社会发展变化的"背景"。

当然,我们说社会学、社会理论对空间问题很淡漠,这并不是指空间视域与社会学、社会理论是彻底绝缘的,而是指一些古典社会学家,例如马克思、涂尔干特别是西美尔等人,虽然也曾论及空间问题,或者具有一定的社会空间意识,但空间话语并没有成为他们思考的主题,并没有成为一种自觉的思维路径,更没有提出过某种系统的社会空间理论。②

实际上,马克思的许多著作表现出强烈的地理—空间意识和社会空间意识。③譬如,早在《1844年经济学哲学手稿》中,他就对黑格尔、费尔巴哈的抽象自然或自在自然进行了批判,并提出"人化自然"这个社会空间的概念;此外,《资本论》中关于城市、地租、殖民地和世界市场等主题的论述表达了空间形态在资本逻辑的推动下所出现的变化及这种变化所包含的利润追求,《德意志意识形态》中关于城乡对立的论述表达了空间的社会性和矛盾性,而《共产党宣言》这个文本则可以说极其精练地表达了不平衡的地理发展状况(参见本书第二章)。对美国地理学家、城市社会学家大卫·哈维(David Harvey,另译"戴维·哈维")而言,他一方面承认马克思的著作中确实包含着不少卓越但零散的空间思想,另一方面又认为马克思的时间—历史的优先性压制和遮蔽了他的地理—空间意识。在哈维看来:

---

① [英]约翰·厄里:《关于时间与空间的社会学》,李康译,参见由布赖恩·特纳主编的《Blackwell 社会理论指南》(第 2 版),上海人民出版社 2003 年版,第 505 页。

② 相关主题的更多论述可参见[英]约翰·厄里《关于时间与空间的社会学》,该文收录于布赖恩·特纳主编的《Blackwell 社会理论指南》(第 2 版),上海人民出版社 2003 年版,第 504—535 页;何雪松、文军:《西方社会学理论的空间转向》,该文收录于文军主编的《西方社会学理论:经典传统与当代转向》,上海人民出版社 2006 年版,第 360—379 页。

③ 孙江博士对"马克思的空间生产理论"有所阐发,具体可参见其专著《"空间的生产"——从马克思到当代》之第二章,人民出版社 2008 年版。

马克思在其著作中，往往认识到了空间和处所的重要性。城乡对立、劳动的区域分工的意义、城市群中生产力的积聚、劳动力的价值中和价值规律的运行中的地理差异、通过交通和通信的革新而减少空间障碍的重要性，这些方面在他的著作中都可以看到。此外，他不得不承认：历史地来看，即使在西欧内部，一个地区向资本主义的转变（以及社会主义的前景）也与另一个地区不同。——没有谈到俄罗斯和亚洲。爱尔兰问题的政治策略也迫使他正视地区和文化差异，把它作为雇佣阶级斗争的根本要素。但是，这些都没有真正地被整合到他的理论构造当中去，这个理论构造的时间维度很显著，而其空间维度则很微弱。地理变化被作为"不必要的复杂情况"而被排除掉了。他未能在自己的思想里建立起一种具有系统性和明显地具有地理和空间的观点，这从而破坏了他的政治视野和理论。[1]

哈维的这种看法具有典型意义。如果借用列斐伏尔的说法，那么马克思的问题乃在于，主要侧重于、聚焦于"空间中的物质生产"（Production in Space），而没有进展到研究"空间本身的生产"（Production of Space），换言之，马克思还没有上升到把空间本身视为生产的直接对象和产物。虽然如此，我们也应该看到，马克思的政治经济学及其零散的空间思想，对整个空间研究来讲，确实提供了十分重要的思想资源。在这一点上，哈维本人的空间理论就是一个明显的例证。

涂尔干对空间研究的主要贡献则在于，他从宗教人类学的角度证明了空间的社会属性。他指出，空间本身并没有上下、左右和南北之分，但处在同一个特定社会里的每一个人却能够以同样的方式来表现空间，也就是说，具有同样的空间观念，这就意味着空间观念有其社会性的起源：因为一个特定社会的"情感价值"是普遍的，这种普遍的"情感价值"使同一个特定社会里的每一个人具有了普遍的空间表现形式。此外，在一定的情况下，空间安排也折射出主导性的社会组织模式。总之，空间（包括时间）是社会构成物。[2] 涂尔干的这个对空间的社会性的人类学论证特别重要。它说明空间可以被人为地加以操作，或者说，空间具有一定的可建构性。不过，除了这

---

[1] D. Harvey, *Space of Capital*, Edinburgh University, 2001, pp. 325—326.
[2] ［法］涂尔干：《宗教生活的基本形式》，上海人民出版社1999年版，第9—10、417—421页。

个顺带性质的关于空间的论述外，涂尔干对空间问题就缄口不言了。

相对于涂尔干和马克思的空间思想散落在他们的著作当中，被各自所讨论的主题所掩盖，齐美尔（Georg Simmel，又译"西美尔"）则直接提出"空间社会学"这个命题。他的《空间社会学》一文是社会学视野下最早专门探讨空间议题的文献资料。西美尔认为，"空间从根本上讲只不过是心灵的一种活动，只不过是人类把本身不结合在一起的各种感官意向结合为一些统一的观点的方式"①。因此，一般的空间形式或者空间性本身对社会学来讲没有什么研究意义："并非空间，而是它的各个部分的由心灵方面实现的划分和概括，具有社会的意义"，因为"这些形式的种种内容只有通过其他的种种内容才能获得它们的命运的特殊性，空间依旧总是本身毫无作用的形式"②。也就是说，需要研究空间形式中的事物和事件之间的相互作用，因为"相互作用使此前空虚的和无价值的空间变为某种对我们来说是实在的东西，由于空间使相互作用成为可能，相互作用填充着空间"③。由此，西美尔基于"相互作用"的视角，归纳出了空间的五种属性：空间的排他性、分割成块的统一体、场所的固定形态和空间秩序、邻近/距离、空间中的运动。④ 此外，西美尔还专门论述了围绕货币这个中心而展开的现代生活所激发的心理效应和社会文化效应。他认为，货币经济同时支撑着文化的两种不同趋向：均质化与个性化。⑤ 在城市空间中，货币经济主导下的都市生活塑造了城市居民的人格特征和精神状态。⑥

不过，约翰·厄里指出，"总的说来，齐美尔倾向于认为，随着社会

---

① ［德］齐美尔：《空间社会学》，参见《社会是如何可能的》，林荣远译，广西师范大学出版社2002年版，第292页。该文是节译，比较全的译文可参见齐美尔的著作《社会学——关于社会化形式的研究》（"社会的空间和空间的秩序"），林荣远译，华夏出版社2002年版，第460—530页。

② ［德］齐美尔：《空间社会学》，参见《社会是如何可能的》，广西师范大学出版社2002年版，第291—292页。

③ 同上书，第293页。

④ 同上书，第294—316页。

⑤ ［德］齐美尔：《现代文化中的金钱》，参见《金钱、性别、现代生活风格》，刘小枫编，顾仁明译，学林出版社2000年版，第6页。更为丰富的分析可参见西美尔的巨著《货币哲学》，陈戎女等译，华夏出版社2002年版。

⑥ ［德］齐美尔：《大都会与精神生活》，参见《时尚的哲学》，费勇等译，文化艺术出版社2001年版，第186—199页。

组织开始脱离空间,空间越来越失去其重要性","齐美尔并不怎么太多地从城市空间形式的角度来说明城市生活"①。

至于马克斯·韦伯,则几乎没怎么讨论到空间。虽然在《经济与社会》这部巨著中,他论述了"城市的类型学"②。但是,正如约翰·厄里所说的那样,"马克斯·韦伯在他有关城市的分析里,对于一些运用空间观念的尝试是持较为批评的态度的。他不接受从规模和密度角度进行的分析,主要关注的是中世纪城市的兴起如何构成了对周围的封建制度的挑战"③。

综上所述,虽然涂尔干、马克思特别是齐美尔等社会学大师确实论及了空间问题,但他们的探讨方式却很不明晰、很不充分,或者说,空间话语并没有成为主导性的思考方式。总的看来,在传统的社会学和社会理论中,空间视域是残缺不全的、黯淡的,被时间观念和历史意识所压制。对此,社会学家西达·斯考切波有一个中肯的评价:"基本上来说,社会学从来就是一门以历史及其取向为基础的学科。正如那些睿智的评论者们反复指出的那样:所有现代社会科学,尤其社会学,都可以追溯到欧洲资本主义商业化与工业化时代。如何解释相对于其他文明的欧洲文明之特殊动力?史无前例的经济生活变迁怎样影响着社会不平等、政治冲突、道德价值以及人类生活?工业资本主义社会是打破还是催生了促使社会成员团结与满足的新形式?在欧洲资本主义扩张的条件下,这种变迁如何影响了其他社会?通常,被我们视为现代社会学奠基人的,诸如卡尔·马克思、托克维尔、涂尔干和马克斯·韦伯,他们的著作都是围绕着解决上述问题而展开的。"④简言之,古典社会学家们都具有鲜明的历史分析的取向,忙于对社会结构和社会变迁进行历史分析。在这个意义上,传统社会学可谓

---

① [英]约翰·厄里:《关于时间与空间的社会学》,李康译,参见布赖恩·特纳主编《Blackwell社会理论指南》(第2版),上海人民出版社2003年版,第511页。

② 参见马克斯·韦伯《非正当性的支配——城市的类型学》,康乐等译,广西师范大学出版社2005年版。

③ [英]约翰·厄里:《关于时间与空间的社会学》,李康译,参见布赖恩·特纳主编《Blackwell社会理论指南》(第2版),上海人民出版社2003年版,第511页。对韦伯的城市观的类似分析和结论,另可参见北京大学陈伟博士的论文《城市与现代资本主义的兴起——马克斯·韦伯的城市观论析》,该文收录于《北京行政学院学报》2004年第2期,第57—61页。

④ [美]西达·斯考切波:《历史社会学的视野与方法》,上海人民出版社2007年版,第1页。

是"历史社会学"。后现代地理学家、城市社会学家爱德华·W. 苏贾（Edward W. Soja，又译"索亚"）亦有同感，他说："如果用回忆的眼光加以审视，19世纪的最后几十年可以被看作在批判社会思想方面历史决定论①正在崛起而空间观念相应地湮没的一个时代……这些社会科学的主旨，也同样是想要理解资本主义的发展是一种历史过程，但仅仅是偶然的地理过程。"②在苏贾看来，历史决定论，以及当时其他的人文社会科学，实行的是"去空间化"的路线。

社会学和社会理论中之所以出现时间视域压制空间视域的现象，原因是多方面的。

首先，长期以来，人们对时间和空间有着不同的认知态度。福柯（M. Foucault）指出，"空间被看作死亡的、固定的、非辩证的、不动的。相反，时间代表了富足、丰饶、生命和辩证"③。从社会生活的经验层面来看，一方面，人类所处的自然和社会环境之变化在较长的历史时期里是十分缓慢的，而空间似乎是给定的、静止的甚至是封闭的，这种状况不同于大工业蓬勃发展之后、特别是全球化时代的人们所处的"时空压缩"之境域。因此，人们对空间相对不敏感，而对时间则很关注，因为时间既与变动不居的大自然的各种现象（例如，日出日落、寒来暑往）结合在一起，又与繁忙的生产安排和工作节奏以及有规则的宗教活动等社会事件结合在一起。另一方面，时间具有一种"孕育"的力量，"春耕秋收""春华秋实"就是一例；时间也是一种"毁灭"的力量，"生→老→病→死"可作为佐证。这些感性认识使人们对时间保持敬畏之心和探索的欲望，所以，时间研究当然会占据主导地位。

其次，相对于空间来讲，人们之所以对时间更为热衷，是因为人们往往认为历史会告诉我们很多有用的信息。对此，苏贾明确指出，历史学的实际效用使得历史学历来为人们所重视，因为对历史的纵向总结能够为人

---

① 这里所说的"历史决定论"是广义的泛指，不是单指我们通常意义上的马克思主义的历史决定论。当然，它也被包含在其中，而且是作为典型样态来评判。

② [美] 爱德华·W. 苏贾：《后现代地理学》，王文斌译，商务印书馆2004年版，第6页。

③ [法] 米歇尔·福柯：《权力的地理学》，参见包亚明主编的《权力的眼睛——福柯访谈录》，严锋译，上海人民出版社1997年版，第206页。

们提供有用的信息、发展理性、判断命运、把握机遇和挑战。[①] 所谓"读史以明智",讲的就是这个道理。

再者,列斐伏尔从辩证法、认识论的角度提出了自己的看法。他指出,人们一直把辩证法理解成时间的辩证法,像"正题—反题—合题"或"肯定—否定—否定之否定"这样的模式实际上是一种时间性的结构。当我们高扬这种辩证法的时候,实际上就是在强化时间观念和历史意识。这里预先提出一个疑问:有没有一种时间—空间—社会存在三者之间一体关联的辩证法?至少在列斐伏尔看来是有的,只不过这种辩证法的空间维度长期以来被遮蔽了,需要把它彰显出来而已。

此外,传统的认识论和思维习惯是一种二元对立的形式:形而上—形而下、精神—肉体、中心—边缘、大—小、热—冷……诸如此类,不一而足。这种一抑一扬的二元对立模式落实到"时间—空间"关系上,自然会导致它们之间地位的悬殊。

最后,苏贾指出,"去空间化"也与政治实践有关。假如说19世纪上半期的欧洲工人运动和左派理论家们还试图"对工业资本主义的具体地理及其空间和地域的结构进行挑战"的话,那么,自从巴黎公社失败以后,寻求解放潜能和解放方案的理论视野就转向了时间和历史,因为历史想象的力量更为强大、更加具有鲜明的政治价值:

> 历史的想像对批判社会理论,对探寻将世界理解为是解放而不是维系现状的途径来说,一直占据着特别重要的地位。强调这一点,是十分要紧的……历史的想像和创造历史的人民具有批判和潜在的解放价值……反复重申世界可以通过人类的行为和实践得到改变,这始终占据着批判社会理论的中心位置。[②]

至此,我们可以得出类似于福柯的那个结论,即19世纪是迷恋于历

[①] [美]爱德华·W. 苏贾:《后现代地理学》,王文斌译,商务印书馆2004年版,第19—20页;另可参见[美]莱特·米尔斯《社会学的想像力》,生活·读书·新知三联书店2001年版,第3—4页。

[②] [美]爱德华·W. 苏贾:《后现代地理学》,王文斌译,商务印书馆2004年版,第21—22页。

史的时代。① 不过，福柯同时也清楚地看到：我们现在已经身处空间的时代。"当今的时代或许应该是空间的时代。我们现在身处同时性的时代、远与近的时代、并置的时代、比肩的时代、星罗散布的时代。我确信，我们处在这么一个时刻，其中由时间发展出来的世界经验，远少于连系着不同点与点之间的混乱网络所形成的世界经验。"②

作为当代思想家的福柯，无疑把握住了时代症候。自从"二战"以来，新的科技革命浪潮扑面而来，资本主义的组织形式也得到了调整，城市化已推进到新的阶段，西方资本主义世界的政治经济实践出现了"后福特""后工业"等"后—"特征。同时，随着跨国公司在全球的布局，资本牢牢地把地球上的人们紧紧地裹挟在一起，而交通、通信技术和手段的日新月异，则无疑加剧了人们全新的时空感受。一言以蔽之，地球缩小成为"村落"。

所以，大卫·哈维也指出，"资本主义的历史具有在生活步伐方面加速的特征，而同时又克服了空间上的各种障碍，以至于世界有时候显得是内在地朝我们崩溃了"③。他用"时空压缩"这个词语来形容这种时代状况。

既然当今时代的物质状况和政治经济实践确实发生了戏剧性的巨大变化，既然我们已经身处空间的时代，并且，诸如"依附性积累与不发达"、全球体系、"不平衡的地理发展"、现代大都市的中心区与郊区的变迁……诸如之类的现实问题更多地牵涉到对地理—空间的关注和反思，那么，假如你不能恰当地理解当今时代状况的话，那主要是因为你对空间缺乏正确的态度和恰当的把握。所以，苏贾借用约翰·伯杰的话指出，"对事物的预知现在牵涉到地理的投射，而不是历史的投射；藏匿各种结果使我们无法看见的，是空间，而不是时间"④。也就是说，再拿过去的那一

---

① [法]福柯：《不同的空间》，载《激进的美学锋芒》，周宪编译，中国人民大学出版社2003年版，第19—28页。

② 所引译文有所调整。参见[美]爱德华·W. 苏贾《后现代地理学》，王文斌译，商务印书馆2004年版，第15页；包亚明主编《后现代性与地理学的政治》，上海教育出版社2001年版，第18页。

③ [美]戴维·哈维：《后现代的状况》，阎嘉译，商务印书馆2003年版，第300页。

④ [美]爱德华·W. 苏贾：《后现代地理学》，王文斌译，商务印书馆2004年版，第36页。

套来应对当今时代显然不合时宜，为了迎接新的时代，必须打破和反拨旧有的历史叙事模式，用空间观念和地理意识来理解我们这个世界。当代著名的西方马克思主义理论家、批评家詹明信（F. Jameson，又译"詹姆逊"）也有类似的看法，他认为，"后现代主义现象的最终的、最一般的特征，那就是，仿佛把一切都彻底空间化了"，人们普遍地迷失在后现代的"超级空间"当中，茫然无措，失去了自我定位和认知的能力。这促使我们必须在社会和空间的层面发现和投射一种全球性的"认知绘图"，并以此作为我们的文化政治使命。①

于是，从20世纪后半期开始，西方理论界出现了所谓"空间的转向"现象，也就是说，一改长期以来的以历史—时间为主导模式的话语建构，转而用空间视域来检视历史情境和社会生活，把空间维度拉回和注入社会理论的架构之中。这个转向运动的思想先驱和代表人物主要包括列斐伏尔、福柯和卡斯特尔（M. Castells，又译"卡斯泰尔斯"）等著名的思想理论家。②

一提到福柯，人们往往很自然地联想到他的"考古学""谱系学"等方法论，联想到知识与权力的关联。其实，福柯的思想理论以隐蔽的方式包含了空间叙事的模式。从1961年的第一部著作《疯癫与文明》③开始，"他喜欢使用特别醒目的意象来标示时代的特征：中世纪的麻风病院；文艺复兴时期的愚人船；古典时期的大禁闭；图克和皮内尔的精神病院"④。这些醒目的意象指示着知识与权力结为一体运作于其中的"社会空间"；至于监狱、军营和学校等，同样如此。

对于理论体系中所包含的地理—空间视域，福柯在一次访谈中承认和肯

---

① ［美］詹明信：《晚期资本主义的文化逻辑》，陈清侨等译，生活·读书·新知三联书店1997年版，第293、497、515页。值得注意的是，虽然詹明信也确认空间的当代巨变，认为后现代社会的空间是一种"超级空间"；不过，在他看来，人们之所以身处后现代的"超级空间"之中茫然无措，主要是因为我们存留和拘束于现代的那种物质性的、整体性的、理性主义化的空间观念，从而不能契合后现代所特有的拟像的、分裂的、感性波动的"超级时空"。

② 相关主题的更多论述可参见其他著作。例如，蔡禾主编：《城市社会学：理论与视野》，中山大学出版社2003年版，第145—191页。

③ 虽然在《疯癫与文明》之前，福柯还出版了《精神疾病与人格》以及为译著《梦与存在》所写的长篇导言，但福柯对它们很不满意，以至于始终把《疯癫与文明》列为自己的第一部著作。

④ 刘北城：《福柯思想肖像》，上海人民出版社2001年版，第102页。

定了它对于自己的研究方案的重要性。① 他还说,"人们指责我迷恋于这些空间的概念(指"地区""区域""移位"等术语——引者注),我确实对它们很迷恋。但是,我认为通过这些概念我确实找到了我所追寻的东西:权力与知识之间的关系"②。这就不难理解福柯何以能够极具前瞻性地在一次演讲(1967年)中提示人们:我们已经身处"空间的时代"。

对于福柯在当代空间理论研究中的身份和地位,按照苏贾的理解是:"他将自己具有先锋性的空间观念的转变埋藏于卓越的历史洞见的旋涡。毫无疑问,他或许会反对自己被称为后现代地理学家,但不管他怎么想,他的确是一位后现代地理学家,这可以从《疯狂与文明》(1961)到后期的著作《性史》(1978)等书里得到印证。"③ 在福柯的一些访谈录当中,诸多发人深思的空间思想得到了更为鲜明、直截了当的阐释。所以,苏贾认为,福柯始终坚持着对"时间与空间不可避免的交叉关系"的探索,"在紧紧地抱住他的历史不放的同时,给历史增添了关键的联结,这种联结将贯穿于他的所有作品:空间、知识和权力之间的联系"④。暂且不论苏贾把福柯确认为"后现代地理学家"这一点是否妥当,他对福柯著作中空间思想的揭示却是十分到位的。

如果说地理—空间的视域和话语在福柯本人那里,还显得有些或明或暗、含糊不定⑤,那么在列斐伏尔那里,则完全明朗化、理论化和系统化了:(1)破除了空间的所谓"客观""独立"和"中性"的色彩,揭示了它的社会性、政治性、阶级性和意识形态性;(2)批驳了长期以来单纯地从时间维度来理解辩证法的错误取向,强调了辩证法的空间维度,提出了创建"空间—时间—社会存在"三位一体的辩证法的构想;(3)描述了各种不同的空间形式及其生成过程,从"绝对的空间""神圣的空

---

① 包亚明主编:《权力的眼睛——福柯访谈录》,上海人民出版社1997年版,第212—213页。

② 同上书,第205页。

③ [美]爱德华·W.苏贾:《后现代地理学》,王文斌译,商务印书馆2004年版,第24页。

④ 同上书,第32页。

⑤ [美]爱德华·W.苏贾:《后现代地理学》,王文斌译,商务印书馆2004年版,第30—31页;包亚明主编:《权力的眼睛——福柯访谈录》,上海人民出版社1997年版,第212—213页。

间""历史性的空间"到"抽象的空间""矛盾的空间"和"差异的空间",同时也归纳出了空间概念的三种属性和特征,即"空间实践""空间的表征"和"表征的空间",并指明了资本主义时代的空间之功能——作为生产资料、消费对象和政治工具,从而拓宽了空间批判理论的内容和视野;(4)认为社会理论不但要考察和研究"空间中的生产(Production in Space)",在当今时代尤其要关注和阐述"空间自身的生产(Production of Space)",因为占主导地位的资本主义生产方式正是通过持续不断的空间的生产而得以灵活地生存下来;(5)批判了传统马克思主义理论中的历史决定论倾向,要求努力去建构一种历史—地理的唯物主义理论;(6)坚持对资本主义的超越要求,提出了对空间权的争夺和斗争问题,等等。

对于列斐伏尔的境遇和贡献,苏贾指出,"20世纪50年代以后,他成为西方马克思主义首屈一指的空间理论家,并成为重申批判社会理论中的空间最强有力的提倡者,但直至最近十年,他的杰出成就才逐渐被广为认同,并在英语国家以历史为中心的马克思主义文化中备受推崇和赏识"[1]。他"是后现代批判人文地理学的滥觞,是攻击历史决定论和重申批判社会理论空间的主要源泉。他这种坚定不移的精神引发了一大群人开展其他形式的空间化",例如萨特、阿尔都塞、福柯、普兰查斯、吉登斯、哈维和詹姆逊等人。[2] 所以,可以毫不夸张地说,列斐伏尔对空间批判理论的发展做出了全面的、开创性的贡献,最直接地推动了社会理论的空间转向这股潮流。

与列斐伏尔主要从"生产"的角度对空间与社会之间的互动关系进行分析不同,卡斯特尔则把"集体消费"作为城市空间研究的理论对象。众所周知,在社会生活中,有些产品是可以为个人所独占和独自消费的,例如普通的生活日用品;然而,有些产品,从其所面对的消费人群、使用时的性质和规模、所要达到的目的等方面来看,则是集体性的消费品,例如教育、医疗、住房、交通、通信等社会基础设施或公共服务。对后者的消费过程就是集体消费。虽然这些集体消费品对于资本积累和社会正常运行来讲是必不可少的,但往往难以获得以利润最大化为根本目标的个体资本家的积极投

---

[1] [美]爱德华·W. 苏贾:《后现代地理学》,王文斌译,商务印书馆2004年版,第73页。

[2] 同上书,第65页。

资。在这种情况下，政府出面对这些集体消费品进行生产和管理（即政府干预）。政府干预的加强在发达资本主义国家当中是一种比较普遍的趋势和现象，它在发挥积极作用（例如，阶级整合和社会调节，资本积累的继续进行，等等）的同时，也导致了一系列的结构性矛盾："在消费社会化的制度下，对公共服务的需要日益增长与利润越来越私有化之间的矛盾；维持某些中心机构的需要同市区向郊区扩展之间的矛盾；地方政府责任的增长及其无力解决财政或机构上的问题之间的矛盾；过剩人口和被压迫少数民族集中在市区和贫民窟与中心城市缺乏消除隔离之间的矛盾。"① 卡斯特尔指出，这些矛盾在特定情况下很容易产生各种危机，包括集体消费品本身的生产、分配和管理的危机，经济危机，社会秩序的危机，地方政府的危机等。那时，城市社会运动和反抗运动的爆发会成为必然。

需要指出的是，卡斯特尔在20世纪70年代后，逐步放弃了马克思主义的理论立场，转而研究信息时代、全球化时代的网络社会，并相应地提出了"流动空间"这个后期理论著作中的核心概念。"我们的社会是环绕着流动而建构起来的：资本流动、信息流动、技术流动、组织性互动的流动、影像、声音和象征的流动。流动不仅是社会组织里的一个要素而已：流动是支配我们的经济、政治与象征生活之过程的表现。果真如此，那么，我们社会里的支配性过程的物质支持应该是支撑这种流动，并且使这种流动在同时性的时间中结合，在物质上成为可能的各种要素的整体。流动空间乃是通过流动而运作的共享时间之社会实践的物质组织。"②

以上对社会理论"空间转向"的先驱思想家和代表人物的介绍，仅具有要览的性质，只是为了使诸君对空间理论有一个初步的认识。当然，更主要的是，列斐伏尔、福柯和卡斯特尔等人的空间思想对本书的研究对象哈维产生了不同程度的影响。

总的看来，在包括福柯、列斐伏尔和卡斯特尔等思想先驱的带动和影响下，经过几十年的发展，空间研究已经取得了丰硕的成果，甚至可以说，兴起了研究空间、阐发空间、建构多彩的空间理论的热潮，既形成了许多奠基性的著作，又产生了一批阐发性的经典之作。这包括，福柯的《疯癫与文明》《临床医学的诞生》《规训与惩罚》以及他的一些访谈录；

---

① ［美］曼纽尔·卡斯特尔：《经济危机与美国社会》，上海译文出版社1985年版，第221页。
② ［美］曼纽尔·卡斯特尔：《网络社会的崛起》，社会科学文献出版社2006年版，第383—384页。

列斐伏尔的《城市的权利》《城市革命》《马克思主义与城市》《资本主义的生存》《空间的生产》《城市文集》等；卡斯特尔的《城市问题》《城市与民众》《城市、阶级和权力》《经济危机与美国社会》和《网络社会的崛起》等；以及吉登斯（A. Giddens）的《社会理论的核心问题》《历史唯物主义的当代批判》《社会的构成》等；苏贾的"空间三部曲"：《后现代地理学》《第三空间》《后大都市》等。此外，还包括沃勒斯坦（I. Wallerstein）、罗维斯（S. Roweis）、斯科特（A. Scott）、桑德斯（P. Saunders）、詹明信、布尔迪厄（P. Bourdieu）、史密斯（N. Smith）等人的重要著作。当然，这里所列举的人物和著作无疑不是全部，权当管窥而已。

从学科层面来看，空间理论已经对历史学、社会学、建筑学、文学叙事、经济学等许多领域形成了比较重大而广泛的影响，从而形成了城市空间理论、文学的空间叙事、后殖民空间理论、女性主义空间批评等众多的理论形态[①]。可以说，"空间"已经成为思想家们、理论家们探讨诸如区域、场所、城市、资本、权力、政治、身体、性别、认同、记忆、心理体验等社会文化要素的重要平台。总的看来，关于空间的理论探讨不但推动学界同仁回过头来重新挖掘传统理论中的空间思想资源，而且使空间维度、空间话语成为深化理论思维的路径和手段，也促使我们用新的目光来打量我们周遭的世界。

单就本书的研究对象大卫·哈维（David Harvey，1935—　）而言，他在几十年的学术研究和理论探讨的过程中，出版了很多著作，提出了比较系统的观点，对空间理论研究贡献颇大，建树很多，是一位值得认真研究的重要人物。

哈维生于英国肯特郡（Kent county）的吉灵厄姆（Gillingham），他的父亲曾经是位于查塔姆（Chatham）的造船厂的工头。查塔姆是一个有着悠久的航海传统的城市。据哈维回忆，在"二战"期间，哈维一家每年都会到停靠在船坞旁的驱逐舰上喝茶休闲，这个经历给他留下了深刻的印象：海洋与帝国的传奇。哈维自称从小就对地理学感兴趣，对外面的世界充满想象。他有集邮的爱好，这是认识和了解外部世界的一个小窗口。最

---

① 相关介绍资料可参见包亚明主编《现代性与都市文化理论》，第六至九章，上海社会科学院出版社2008年版。

初，少年哈维的梦想是成为海军战士，因此，即使在"二战"后的那段艰难岁月里，他也喜欢阅读关于帝国世界的书籍，涂画帝国的版图，这是他童年时代的激情。年岁及长，哈维周游了北肯特郡（North Kent），进一步了解了当地的地质状况、农业和地理景观。由此可见，哈维对地理学的兴趣由来已久。值得一提的是，哈维的文学造诣也比较深厚，这一点可以在他后来的著作特别是《巴黎，现代性之都》当中可以看出。不过，虽然文学也是哈维的兴趣之一，但在进入剑桥大学之后，他还是选择了地理学系，因为他认为地理学需要专门的指导和训练，而文学则可以自己摸索。

在剑桥大学这段比较长的光阴里，哈维连续获得了学士、硕士和博士学位。1960年，哈维以《1800—1900年肯特郡的农业和乡村变迁》一文获得剑桥大学的博士学位，之后即远赴瑞典乌普萨拉大学继续进修约1年。回到英国后，哈维在布里斯托尔大学地理系执教，长达7年之久（1961—1968年）。在这期间，他曾于1965—1966年到美国的宾夕法尼亚州立大学讲述地理学方法论。1969年，哈维正式移居美国，担任约翰·霍普金斯大学地理和环境工程系教授直到1986年。1987—1993年间，他又返回英国，担任牛津大学的教授。1993年后，哈维再度回到约翰·霍普金斯大学继续任教，后为纽约城市大学人类学教授。目前，哈维在伦敦政治经济学院继续开展教学和科研工作，仍然活跃在学术舞台上。

迄今为止，哈维已经出版了20多部专著。其中，《地理学中的解释》（1969）奠定了他的学术地位，使其成为实证主义地理学的领军人物。而《社会正义与城市》（1973）则标志着他摆脱实证主义的束缚，开始转向马克思主义。哈维随后陆续出版了《资本的界限》（1982）、《资本的城市化》（1985）、《意识与城市经验》（1985）①、《城市经验》（1989）②、《后

---

① 《意识与城市经验》这部著作的主体部分与《巴黎，现代性之都》的主体部分完全相同。此外，该著作中的另三篇文章与其他著作中的内容亦多有重复，例如，"货币、时间、空间和城市"这篇文章的主旨在《后现代的状况》当中得到了更为全面的阐述。所以，本书将不再讨论《意识与城市经验》，而是直接介绍《巴黎，现代性之都》。

② 哈维明确指出，于同一年出版的《资本的城市化》和《意识与城市经验》这两部著作属于姊妹之作，是对同一个主题（即"资本主义城市化的历史和理论的研究"）的不同角度的阐发。后来，这两部著作被他删减成一本书，即《城市经验》。所以，下面我们将只对《资本的城市化》和《意识与城市经验》（第1、2、5部分）进行介绍，略去《城市经验》。

现代的状况》(1989)、《正义、自然与差异地理学》(1996)、《希望的空间》[①](2000)、《资本的空间》[②](2001)、《巴黎，现代性之都》(2003)、《新帝国主义》(2003)、《新自由主义化的空间》[③](2005)、《新自由主义简史》(2005)等著作。[④] 在这些著作中，哈维那带有显著的马克思主义理论色彩的空间思想得到了进一步的阐发和贯彻。

哈维具有原创性的理论贡献和深刻思想，使他获得了一系列的奖项和荣誉：英国皇家地理学会 Gill 纪念奖（1972）、美国地理学家协会杰出贡献奖（1980）、瑞典人类学与地理学会 Anders Retzius 金质奖章（1989）、英国皇家地理学会 Patron 金质奖章（1995）、法国 Vautrin Lud 国际地理学奖（1995，该奖被认为是地理学的诺贝尔奖）、阿根廷布宜诺斯艾利斯大学荣誉博士学位、丹麦罗斯基勒大学荣誉博士学位，等等。

在国际学术界，哈维是作为人文地理学家、人类学家、城市社会学家和新马克思主义代表人物而知名的，在地理学、人类学、城市社会学和马克思主义政治经济学等方面均有杰出的造诣和广泛的影响，显著地推动了空间理论研究的深化发展。从上述哈维所著之书、所获得之奖项可以一目了然地看出，哈维首先是以一个地理学家的身份、以地理学所惯有的空间意识介入到对资本、城市、帝国主义和乌托邦等问题的讨论的，他对现代性、后现代性、新自由主义、(新)帝国主义等理论话语的阐发，以及对当今时代状况的把握，都体现了其独特的地理—空间观念。

在本书中，我们打算进一步尽可能详细地走进哈维、理解哈维，特别是要解读和剖析哈维关于"辩证的乌托邦理想"的建构过程，并展示其中的空间政治学思想。

---

① 本书的写作框架以《希望的空间》的主体结构为依据，但大量结合了《后现代的状况》《正义、自然与差异地理学》《新帝国主义》《新自由主义化的空间》等著作中的相关内容。

② 《资本的空间》是一部文集，精选了哈维从 1974 年到 2000 年间的重要论文（包括访谈），记录了他的思想转变历程与时代变迁。鉴于它的文集性质，本书不打算单独论述它，而是把它作为重要的参考资料，贯彻到相关的主题当中。

③ 该著作于 2006 年以《全球资本主义的空间》为名出版，内容与 2005 年版完全一样。

④ 以上列出的哈维书单，截至笔者书稿完成时的 2009 年 6 月。在之后的几年里，哈维又出版了《世界主义与自由的地理学》(2009)、《资本之谜》(2010)、《跟大卫·哈维读〈资本论〉(第 1 卷)》(2010)、《叛逆的城市》(2012)、《资本主义的 17 个矛盾及其解决》(2014)等著作。

第一章

走进哈维：空间理论的基本论域

哈维的人生基本上都是在大学校园里度过的。在教书育人的同时，奔走于社会考察与学术论坛之间。求学、工作、成名、得奖，诸如此类的人生事务，在哈维那里，恰似风行水上般地顺畅圆润，又显得那么简洁明了——这正如本书的导言部分在谈到哈维的履历时所表明的那样。哈维人生经历的故事性不强，没有什么大的波澜起伏。对于本书而言，倒是便于旋即转入对哈维思想历程的探讨，借此预先从整体上了解哈维空间政治思想的来龙去脉及其基本论域。

第一节 思想历程

哈维的整个思想历程，从其理论本性和政治立场来看，主要是在20世纪70年代有一个根本性的转变，即从实证主义向马克思主义的转变。在完成这个转变之后，他就以高度的理论自觉，把经过自我改造的马克思主义视域和方法论，贯彻到对城市的研究、对现代性与后现代之争的辨析、对新帝国主义的解读、对新自由主义的梳理和批判，以及对资本主义的超越性构想当中去。也就是说，其理论主题继而得到了进一步的拓展和深化。

一 从实证主义向马克思主义的转变

青年哈维在完成学业之后，即到布里斯托尔大学执教，时间长达7年之久（1961—1968）。该大学的地理系是当时英国学界主张地理学革新的一个中心。哈维开设了"地理学方法论"这门课程，通过几年的教学实践，他形成了一些观点，并先后发表了几篇论述地理学方法论和理论问题的论文。这些论文在经过深化和扩充之后，哈维于1969年出版了他的第一部专著《地理学中的解释》，由此一举成名，其时不过三十出头，堪称青年才俊。

传统的观点认为，地理学是对特殊客体和独特区位的空间研究，因此需要采用特殊的描述方法。而且，传统的地理知识往往是零碎的，不具有系统性，甚至杂陈于游记之中。所以长期以来，在地理学界存在着所谓的"例外论"，即认为地理学不同于其他科学，无法面对一般规则。这种论调实际上否认了地理学作为科学存在的合法性，哈维对此不以为然，他决心以更为系统的方式去理解地理学知识，首要的任务就是给出建构地理"科学"的方法论。而在20世纪的五六十年代，伴随着实证主义哲学对诸多学科的影响，西方地理学界也兴起了所谓的"计量革命"，即在地理学中广泛地使用定量方法来研究空间结构模型。实证主义思潮无疑能够满足哈维当时的需要。所以，他从逻辑实证主义的立场出发，一方面肯定数量分析的方法作为"科学的方法"，是一种卓有成效的研究手段；另一方面也注意到数量分析在使用的过程中似乎有混乱和滥用之嫌。他指出，当我们面对一大堆数据的时候，需要进行认识性的描述和解释[1]，这实际上就是一个如何进行描述和解释的方法论问题。

在哈维看来，描述和解释必须受到一系列规则或准则的约束，并构成整体性的理论。为此，他详细地探讨了"理论""定律"和"模型"在地理学解释中的作用，也分析了地理学解释的"模型语言"（数学、几何学和概率论），还分别阐释了地理学中的"描述模型"（观测、分类等）、"解释模型"（因果模型、时间模型、功能解释、系统分析等）。通过以上工作，哈维为地理学的发展构建了一个科学化、理论化的方法论框架，破除了以往的地理学研究"长于事实而短于理论"的弊端[2]，真正为把地理学从早期的对具有特殊性的区域差异的研究提升到对具有通则性的空间结构模型的研究奠定了方法论基础。哈维所做的工作对地理学的发展来讲既是一种梳理和集成，也是一种规范和拓展。因此，他的著作《地理学中的解释》获得了很大的成功和声誉。

但是，哈维的逻辑实证主义立场并没有持续多长时间，因为他很快意

---

[1] 哈维认为，可以把描述和解释合称为泛指的"解释"。参见［美］哈维《地理学中的解释》，商务印书馆1996年版，第12页。

[2] ［英］R. J. 约翰斯顿：《哲学与人文地理学》，蔡运龙、江涛译，商务印书馆2000年版，第50页。

识到实证主义存在着诸多问题。①

实证主义地理学家原以为,"他们觉得很好的统计方法和练达的数据处理足以解决任何问题",于是很自豪地为政府当局的城市规划、住宅政策、交通建设等现实问题建言献策②,但事实无情地击碎了他们单纯的幻想。在 20 世纪 60 年代末和 70 年代初,美国和西欧的社会问题爆发了。美国的情形尤为严重:越南战争问题、公民权利(特别是美国黑人)问题、城市特殊人口聚居区以及缺乏基本生存条件的乡村地区的居民所遭受的普遍贫困和社会不公问题,等等。对这些问题的关注引发了对资本主义社会的更广泛的批评。③ 于是,1969 年,美国克拉克大学的一些研究生和教员组成了一个小组,创建并出版了《反对面:激进地理学杂志》,抨击"当权的"地理学。具有鲜明政治立场的激进地理学诞生了!这为地理学与马克思主义理论的结合提供了契机。④ 此外,实证主义地理学在理论上也遭到了很多指责,例如,它对社会现实的政治、经济、文化等因素以及历史因素的忽视;这是因为,人们认识到:自身所处的空间并非是纯粹自然的客观实在,而是社会性的。

在这样的背景下,哈维发现了自己所持的理论视域和政治立场的局限性。在谈到《地理学中的解释》这部著作时,他说,

> 我那时的政治思想接近费边社的渐进主义,因此我接受了计划、效率和理性的观点。我读兰格等经济学家的著作,他们的思路与此类同。因而在我的记忆中,在用理性的科学方法解决地理学问题和有效地运用计划的方法解决政治问题之间,实际上不存在冲突。我如此专注于撰写这部著作,以至于忽视了周围世界是如何坍塌的。1968 年 5 月我将著作提交给出版商时,政治温度的剧烈变化使我感受到了深切的不安。我对哈罗德·威尔逊的社会主义的幻想彻底破灭了。恰在此时,我在美国

---

① 哈维从来就不是一个严格意义上的实证主义者。参见 R. J. 约翰斯顿《哲学与人文地理学》,商务印书馆 2000 年版,第 51 页。

② [法] 保罗·克拉瓦尔:《地理学思想史》(第 3 版),北京大学出版社 2007 年版,第 166 页。

③ [英] R. J. 约翰斯顿:《人文地理学词典》,商务印书馆 2004 年版,第 576 页。关于美国 20 世纪 60 年代的城市危机,可参看王旭的文章《当代美国大都市区社会问题与联邦政府政策》,该文收录于王旭:《美国城市化的历史解读》,岳麓书社 2003 年版,第 303—322 页。

④ 哈维的《社会正义与城市》一书的出版极大地推动了激进地理学。

第一章　走进哈维：空间理论的基本论域

得到了一份工作。在马丁·路德·金被谋杀一年之后，我来到了巴尔的摩。在美国，反战运动和民权运动真是如火如荼；而我就是在这时的美国，完成了这部似乎多少与时代不相称的大部头著作。我认识到我必须对我在60年代认为理所当然的许多事情进行反思。①

所以，从1971年开始，哈维埋头阅读马克思主义经典著作特别是《资本论》，试图找到理解社会现状的路径，② 并于1973年出版了《社会正义与城市》一书，标志着他向马克思主义立场的转变。需要指出的是，该书的出版只是表明哈维开始向马克思主义立场转变，而不是完成了这个转变。因为，哈维在谈到从1971年起组织阅读《资本论》这个情况时，他强调，"这个动议是由想阅读《资本论》的研究生们提出的。我是帮助组织这一活动的教工成员之一。当时，我还不是马克思主义者，对马克思的了解很有限。那段时期还不容易找到马克思文献的英文版。参加阅读小组是我的一段美好的经历，但我没有资格指导任何人。作为一个群体，我们共同摸索前进"③。

如果说《地理学中的解释》主要探讨了实证主义地理学的方法论问题，对"哲学问题""道德哲学"有所搁置，④ 那么《社会正义与城市》则试图

---

① 吴敏：《英国著名左翼学者大卫·哈维论资本主义》，载《国外理论动态》2001年第3期，第4页。该文是对哈维接受《新左派评论》杂志采访的访谈录的翻译和编写，但做了大量的删除和缩减。该访谈录全文可参见 D. Harvey, *Spaces of Capital*, Edinburgh University, 2001, pp. 3 – 24。

② D. Harvey, *Spaces of Capital*, Edinburgh University, 2001, p. ⅷ.

③ 吴敏：《英国著名左翼学者大卫·哈维论资本主义》，载《国外理论动态》2001年第3期，第5页。

④ 实际上，哈维并没有完全否认"哲学问题""道德哲学"的意义，而是出于理论建构和行文的需要，把它们暂时搁置一边。在《地理学中的解释》之"总结评论"中，他说，"方法论者的作用不是约束思索，不是诋毁形而上学，也不是束缚想象……但是在某一阶段，我们必须牵制我们的思索，必须把事实和设想分开，把科学和科学幻想分开……把哲学和方法论分开并非总能做到，因为在很多地方二者是如此紧密结合，以致有效地合而为一。因此我不能声称已写了一本关于方法论而又未被哲学污染的书""因此应当清楚，适当的方法论为解决地理学问题提供某种必要条件，哲学则提供充分条件；哲学提供操舵机制，方法论提供动力使我们接近目的地。没有方法论我们将躺着不动，没有哲学我们会无目的地乱转"（第576—578页）。由此可见，哈维很清楚，终须对"哲学问题"进行考察，只是在该阶段并没有就此展开，因为他把方法论的阐述排在了急迫的日程上。

把关于社会哲学、道德哲学的思考注入地理学的探讨当中。[①] 哈维之所以要这么做，正是因为深受上文提及的那些社会问题和理论问题的触动。他承认，理论思考遇到了"急迫的和严重的问题。在20世纪60年代末期，主导性的社会课题是关于城市化、环境和经济发展的问题"[②]。这些问题，一言以蔽之，就是社会正义的问题。从地理学的角度来看，就是"社会过程"与"空间形式"在相互作用的过程中所包含的价值问题。因此，对（人文）地理学而言，如果固守"价值中立"的立场，那么将取消自身存在的合法性，因此它必须就空间正义这个话题发出声音。这样看来，哈维其实面临着对自己以往的理论立场进行清理、对当前的社会问题表明态度的任务。所以，围绕"社会过程"与"空间形式"之间的相互作用这个理论重心，哈维在《社会正义与城市》一书中循序渐进地探讨了四个方面的基本论题：(1)"理论的本质"；(2)"空间的本质"；(3)"社会正义的本质"；(4)"城市化（urbanism）的本质"。试图对它们进行重新阐释和确认。

该书在形式上分为三个部分：自由主义的表述、社会主义的表述、综合的表述。"自由主义的表述"与"社会主义的表述"是两种截然不同的话语模式，它们之间的相互对话实际上是一种竞争态势，正是在这个竞争性的对话过程中，哈维使"理论的本质""空间的本质""社会正义的本质"和"城市化的本质"最终水落石出，完成"综合的表述"。至于该书为什么会表现为这种由三大部分内容构成的行文框架，哈维有一个说明："这一系列内容与其说是按计划进行的，不如说是偶然完成的。当我开始写作这本书时，我还在称自己是费边社会主义者，但是在美国没人知道这个标签的含义。于是，我成为正式的自由主义者。我沿着这些路线继续前进。然后，我发现它们并不管用。因此我又转向马克思主义，看看是否产生更好的结果。从一种方法到另一种方法的转变没有什么预定，我只是偶然为之。"[③] 虽是偶然为之，但不言而喻，不同话语模式的竞争与过渡实际上表明哈维本人的思想观点开始发生转变。[④]

---

① D. Harvey, *Social Justice and The City*, Edward Arnold, 1973, p.9.

② Ibid., p.303.

③ 吴敏：《英国著名左翼学者大卫·哈维论资本主义》，载《国外理论动态》，2001年第3期，第5页。

④ ［英］R. J. 约翰斯顿：《哲学与人文地理学》，蔡运龙，江涛译，商务印书馆2000年版，第425页。

第一章　走进哈维：空间理论的基本论域　　23

　　在哈维看来，自由主义的表述不能令人满意，马克思主义的理论视域和方法才是正确的选择。哈维抓住了"人类实践"这个马克思主义的首要的、基本的观点。从实践的观点出发，哈维认识到：

　　1. 知识是人类实践经验的一部分（理论创造），是社会环境的产物。同时，理论对人类实践具有一定的反作用。也就是说，理论与实践之间是一种互动关系。就理论本身与实践之间的关系而言，存在着三种不同的理论类型，即"描述现状的理论"（status quo theory）、"反革命的理论"（counter-revolutionary theory）和"革命的理论"（revolutionary theory）。就哈维本人而言，当然是选择创建一种"革命的理论"，寻求在地理学当中爆发革命性的转变，以回应时代的现实要求。①

　　2. 空间本质上是社会构成物。因此，正确的提问方式是："人类不同的实践活动是如何创造并且利用了特定的概念化的空间？"② 而不是追问"空间是什么？"在这个意义上，（人文）地理学所说的空间即是"社会空间（social space）"③。社会空间是一种人工建成的环境，而城市则是现代世界中典型的人工环境。④ 通过对诸如地租、房地产、城市景观、交通、区域规划等人工环境要素的剖析，哈维指出：在资本主义社会的市场机制、政治结构和社会文化心理中，资本作为主导性原则，贯穿于社会空间的生产、分配、交换和消费的整个过程。

　　3. 社会正义的核心问题是指利益和负担的分配以及这种分配的产生

---

① D. Harvey, *Social Justice and The City*, Edward Arnold, 1973, pp. 11 – 12, 150 – 152, 296 – 299.

② Ibid., pp. 13 – 14.

③ 值得注意的是，哈维在强调空间的社会相关性（social relevance）的同时，亦指明了社会空间的三重视域：绝对空间（absolute space）、相对空间（relative space）和关系空间（relational space）。在哈维看来，以空间本身而言，倒没有什么固定不变的所谓绝对的、相对的或关系性的空间；正是因为空间乃是社会空间，所以在进行理论阐述和概念化的时候，可以依照具体情况来加以判断和使用，具体地分析空间是具有其中一种性质还是多种性质。参见 D. Harvey, *Social Justice and The City*, Edward Arnold, 1973, p. 13；亦可参见本书第五章第三节的相关论述。

④ 在1977年发表的《发达资本主义社会中的劳动、资本与围绕人工环境的阶级斗争》这篇文章（该文被收录于《意识与城市经验》一书）中，哈维初步明确提出了"人工环境"这个概念。此处为叙述方便，提前予以使用，提请注意。不过，早在《地理学中的解释》这本书里，哈维就业已把空间看作一种关系性的概念，也明确提到了"社会空间"这个概念，并且从社会生活、社会实践的视域来探讨空间问题，可见，后者与"人工环境"这个概念具有交叉关系。

方式。从地理学的角度来看，社会正义则是指"空间正义"。在详细地考察了社会正义的原则之后，哈维认为，"区域的社会正义"应该包含如下的含义：每个区域内人们的需求都应该得到满足；资源按照能使区间乘法效应最大化的方式分配，从而使分配有利于国家经济利益；额外的资源应该分配给那些由于受到自然环境和社会环境影响而有着特殊困难的人们。① 另外，他还指出，如果恰好实现了正义的分配，那么最落后地区的前景也可能变好。问题在于，正义的实现涉及社会结构、经济模式、制度安排和社会文化心理等诸多方面，如何能够在资本原则主导下的社会空间里实现正义？这是一个难题！

4. 城市化是伴随着一体化的市场交换体系的出现而形成的一种与城市居住环境有关的生活方式。② 也就是说，城市化与劳动分工、社会分层、对生产资料的占有和利用的机会、消费方式以及主导性的生产方式等社会要素密切相关。这样看来，城市化也受制于资本原则。因此，在哈维看来，作为行为模式的城市化与社会经济一体化的方式、用来满足被制造出来的社会需求的大量剩余产品之间，有着复杂的结构性关联。

在运用马克思主义理论的过程中，哈维把马克思的理论看作一种具有"总体性"视域的理论，属于"能动的结构主义"（operational structuralism）。也就是说，马克思从人类实践的社会结构这个角度来解释社会总体是如何被塑形的，以及诸多社会结构本身又是如何发生变化的。

无论是"人类实践"还是"结构"，都包含着"相互作用"的旨趣。哈维认为，主体与客体的相互作用也是马克思认识论的根本思路。当以"相互作用"的视域来看待"理论"时，"理论"就与"实践"联系起来了，就被赋予了"物质的力量"。③ 在这个基础上，哈维对通过理论来改造世界充满了期待："以剥削为基础的城市化是历史的产物。真正的人性化的城市化还没有形成。这种情形呼唤革命的理论，为把人类从以剥削为基础的城市化转变到[真正]适合人类生存的城市化而开辟道路。这种情形也呼唤革命的实践，以便于完成这种转变。"④

---

① D. Harvey, *Social Justice and The City*, Edward Arnold, 1973, pp. 116 – 117. 另可参见 R. J. 约翰斯顿：《哲学与人文地理学》，商务印书馆 2000 年版，第 656 页。

② D. Harvey, *Social Justice and The City*, Edward Arnold, 1973, pp. 203, 239.

③ Ibid., pp. 10, 297 – 298.

④ Ibid., pp. 10, 314.

值得注意的是，哈维把马克思理论看作是综合了莱布尼茨、斯宾诺莎、黑格尔、康德、英国的政治经济学等杂多要素而构成的复合体。[1] 并且，他一再宣称，要用马克思主义的理论视域和方法来吸收和整合自由主义的阐述。[2] 不过，他只是提出了自己的初步看法，并没有系统地加以说明和论证。这表明哈维对马克思主义的理解还略显青涩，他本人的理论建构也有待进一步深化、完善。例如，一方面，他坚持认为，"工业社会及其内部结构在某些重要且关键的方面始终支配着城市化"，从而与列斐伏尔的立场（即城市化决定工业社会）划清了界限；另一方面，他坦言自己的关于工业社会以及其中的资本逻辑的论证并不完备："对剩余价值流通的理解实际上就是对社会运作方式的理解。不幸的是，我们尚未能洞悉这种流通的结构，这样就不能对此提出明确的论述。在这个意义上，本书第六章的缺陷极大，只是这种论述的极为初步的预备。这就要求起码需对马克思的《资本论》进行广泛的考察，以便于揭示其错综复杂的全貌"[3]。

由此可见，此时的哈维还没有达到对马克思主义的全面的深度把握，还没有建构出得心应手的理论框架。所以他承认，"撰写完《社会正义与城市》后我认识到，我不了解马克思，需要加强学习"[4]。当然，这也许也预告了《资本的界限》这部对《资本论》进行系统解读和全面重构的著作即将诞生。总的看来，我们不妨把《社会正义与城市》看作哈维向马克思主义转变和过渡的重要环节。

从《社会正义与城市》到《资本的界限》，相隔了大约10年的时间。在这段较长的时间里，哈维确实在加强学习马克思理论，写下了不少有力度的文章。例如，"为何种公共政策服务、什么样的地理学？"（1974）、"人口、资源和科学的意识形态"（1974）、"资本主义积累的地理学：马克思理论的重构"（1975）、"马克思的国家理论"（1976）、"空间修整：黑格尔、杜能和马克思"（1981），等等。[5]

上述写于1974年的两篇文章旨在进一步揭露地理学的科学外观和

---

[1] D. Harvey, *Social Justice and The City*, Edward Arnold, 1973, pp. 286–287.

[2] Ibid., pp. 10, 301.

[3] Ibid., p. 312.

[4] 吴敏：《英国著名左翼学者大卫·哈维论资本主义》，《国外理论动态》2001年第3期，第5页。

[5] 这几篇文章都收录于 D. Harvey, *Spaces of Capital*, Edinburgh University, 2001。

中立性之假象，要求走向"批判的地理学"。在写于 1975 年的文章中，哈维认为，马克思理论包含着一定的空间维度，虽然这些空间思想是零碎的、不系统的，但是只要经过仔细的探究，就可以发现：马克思是承认资本积累与地理环境之间的关联的。他甚至认为，马克思有自己的区位理论（location theory），它表明可以在理论上把经济增长的一般过程与空间关系连接起来。哈维进一步认为，由此可以发现马克思的积累理论与马克思主义的帝国主义理论之间至关重要的勾连。实际上，哈维对马克思空间思想的挖掘目的是试图重构马克思理论，把空间关系与积累、最终把地理与历史整合为一个整体。写于 1976 年的文章则讨论了国家在资本主义社会中的含义，以及对资本主义生产方式的支持作用。写于 1981 年的文章通过对黑格尔的《法哲学原理》、冯·杜能的《孤立国》和马克思的《资本论》（第 1 卷最后一章"现代殖民理论"）的讨论，提出了关于资本主义"空间修整（spatial fix）"①的基本观点。由此可见，这 10 年左右的时间是哈维潜心夯实马克思主义理论基础的重要阶段。

在经过长期的理论梳理和沉淀之后，哈维最终推出了《资本的界限》这部重要著作。这部著作在形式上紧扣《资本论》的脉络和框架，从对商品、使用价值、交换价值和价值的讨论开始，历经"生产与分配""生产与消费、需求与供应以及剩余价值的实现"、固定资本、"货币、信用和金融""地租"等资本积累和资本循环的各种形式、各个阶段，然后以"空间构型（spatial configurations）的生产"和"资本主义空间经济的危机"作为了结，最后进入到对原始积累、殖民主义和帝国主义的探讨。

《资本的界限》虽然在形式上仿照《资本论》，但它的真正出发点却是"使用价值"。哈维认为，在马克思那里，使用价值、交换价值和价值是辩证统一的关系，是考察商品的不同"窗口"，虽然马克思本人主要是从价值这个"窗口"来考察商品的，但这并不是说不能转而从使用价值这个"窗口"来考察商品，并且进而引导到对资本积累和资本循环的研究上来。于是哈维最终提出了对资本主义的整个资本积累和资本循环过程

---

① 关于"空间修整"的具体说明可参见本书第三章第一节。

进行解释和说明的"三重危机"理论:[1]

（1）第一重危机。哈维将马克思对工业资本生产过程的分析称为资本的"第一次循环"。马克思在《资本论》中已经指明了资本主义工业生产过程中过度积累的危机，主要表现为商品过剩、资本闲置、劳动力过剩等。当危机爆发时，工业资本剧烈地贬值，使许多工厂企业破产倒闭，带来了严重的社会动荡。这就是资本积累过程中利润率下降的一般规律。危机往往意味着接踵而至的阶级斗争和革命，这是解决危机的根本出路。（2）第二重危机。哈维认为，马克思没有料到资本主义会逐渐摸索出应对危机的新办法，即通过大规模的固定资本投资、人工环境建设来开辟资本积累和资本循环的新渠道，以吸纳过剩资本和过剩劳动力。这个积极干预过程是在国家和金融资本的紧密合作与主导下进行的，虽然能够解一时之困，却又因此而埋下了财政危机、金融危机的隐患。当危机最终再度爆发时，又会造成一系列问题，例如，固定资本的急剧贬值、消费资金的崩溃、全方位的社会动荡，等等。（3）第三重危机。哈维认为，资本主义解决危机的途径还是很多的，例如，通过对科技研发、社会消费等领域的投资来转移危机。当这些投资手段的效果最终也被消耗殆尽的时候，解决危机的另一种较好的办法就是利用不平衡的地理发展，在全球范围内进行"空间修整"，以便为资本积累和资本循环寻找新的更为广阔的利润空间。空间修整可谓是资本主义用来转移和缓和危机的杀手锏，实际上这是一种带有暧昧的殖民主义和帝国主义色彩的扩张行径，哈维的关注重点即在于此。在哈维看来，上述各种调控危机的手段都只是暂时性的过渡措施，危机迟早会周而复始地到来。

在《资本的界限》中，哈维对"空间修整"的阐述是从资本主义危机的外部转移和殖民扩张这个角度进行的。这种阐述视角显得还不够宽广和全面。实际上，无论是一个国家或地区内部的固定资本投资和人工环境

---

[1] 这里的论述结合了哈维在《资本的城市化》当中的相关论述（D. Harvey, *The Urbanization of Capital*, Hopkins University, 1985, pp. 1-31）。资本主义的三重危机理论实际上是要说明资本主义是如何通过资本积累的三次循环过程来应对、缓和并且暂时性地解决资本主义体系的危机的。另可参见［美］理查德·彼得《现代地理思想》，王志弘等译，（台湾）群学出版有限公司2005年版，第155—156页；［英］R. J. 约翰斯顿：《人文地理学词典》，柴彦威等译，商务印书馆2004年版，第118—119页；蔡禾主编：《城市社会学：理论与视野》，中山大学出版社2003年版，第175—190页。南京大学胡大平教授对此亦有深入探讨。

建设，还是投资资本向不同国家的转移、以寻找更广阔的利润空间，这些不同空间规模上的资本流动都是"空间修整"的具体表现。这个过程往往既意味着国家或地区内部的阶级斗争，又意味着世界范围内的帝国主义政策、新殖民主义或者战争。无论如何，不平衡的地理发展状态始终是广泛存在着的，从地方、区域、国家到国际乃至全球；在这种情况下，"空间修整"就成为资本积累和资本循环的基本手段，也是缓和危机的基本途径。周期性的危机伴随着周而复始的"空间修整"。在这个过程中，资本主义体系痛苦并快乐着。可以认为，哈维对资本主义"空间修整"的揭示，为他后来的新帝国主义批判和全球化批判打下了基础。

哈维认为，他的这个理论观点既可以用来解释资本主义体系为什么能够仍然幸存于世（例如，科技革命、组织变迁、空间的生产和修整、不平衡的地理发展、金融资本、新/旧殖民主义等原因），又从不同的角度（例如，使用价值、消费基金、国家干预等）、比较系统地补充和发展了马克思的政治经济学，特别是强化了马克思所缺乏的关于地理—空间的批判话语。种种迹象表明，哈维实际上据此重构了马克思的政治经济学。正是凭借《资本的界限》这部著作，哈维较系统地确立了自己的理论研究领域、地理—空间的视域和方法论，他后来的理论发展在很大程度上都是对这部著作所提出的思想观点和方法论的进一步拓展和具体延伸。所以，哈维对这部著作很看重，同时也感到遭受了冷遇："此书构成了以后我所做的每个研究的基础。它是我最喜爱的著作，但也可能是最少被人阅读的著作。"[①]

多年以来的对地理学的批判性反思，以及对马克思主义理论的深化理解与接受，推动哈维于1984年发布了《论地理学的历史和现状：一个历史唯物主义的宣言》。在对地理学的现状展开进一步批判的基础上，哈维提出了改革的设想：

> 现在可以较明确地规定我们面前的任务了。我们必须：1. 建立一种大众的地理学，摆脱偏见但要反映真实的冲突和矛盾，还要能够为交流和共同认识打开新的渠道；2. 创造一种人民的应用地理学，

[①] 吴敏：《英国著名左翼学者大卫·哈维论资本主义》，《国外理论动态》2001年第3期，第5页。

不专注于狭隘的、强权阶层的特别利益，而是具有广泛的民主概念；3. 接受科学诚实性和非中立性这双重的方法论原则；4. 把理论敏感性结合进源于历史唯物主义传统的普遍社会理论中；5. 寻找一个用历史—地理术语来看待从资本主义向社会主义的转变的政治方案。①

这个宣言后来被哈维收录于 2001 年出版的论文集《资本的空间》，并且被划归在"地理学知识/政治权力"这个标题之下，可谓意味深长。经过十几年的艰苦跋涉，在掌握了马克思主义理论的基本视域和基本方法之后，哈维终于正式宣告了自己的政治立场和理论旨趣：作为一个马克思主义者来思考和行动。

如果说此前的哈维主要是忙于清理和确立自己的理论立场与视域的话，那么，随着《资本的界限》的出版以及《一个历史唯物主义的宣言》的发布，他开始着重把自己的地理—空间的视域、思想观点及其方法论具体地落实和贯彻到对城市的研究、对现代性与后现代之争的辨析、对新帝国主义的阐发、对新自由主义的梳理和批判，以及对资本主义的超越性构想等各个方面当中去。这说明，哈维的理论主题继而得到了进一步的拓展和深化。

二 理论主题的进一步拓展和深化

1985 年，哈维同时出版了两部著作：《资本的城市化》和《意识与城市经验》。这是一对姊妹之作，主题都是"资本主义城市化的历史和理论的研究"，都贯穿着资本积累与阶级斗争这两条拧成一股的主线。不过，前者侧重于在理论铺陈的过程中揭示资本主义城市化的实质和面貌，而后者侧重于把在《资本的界限》那里得到的理论认识诉诸第二帝国时期的巴黎这个鲜活的个案当中来。②

《资本的城市化》使我们看到，资本主义条件下的城市化进程是受制于资本积累和阶级斗争之间的互动过程的，由此可以看清城市的兴衰、涨落和流变过程。首先，城市作为资本主义世界最为基本的和普遍的人工环

---

① ［美］哈维：《论地理学的历史和现状：一个历史唯物主义的宣言》，蔡运龙译，《地理科学进展》1990 年第 3 期。

② D. Harvey, *Spaces of Capital*, Edinburgh University, 2001, p. 12.

境的集合体，是适应资本主义生产发展的需要而诞生的。例如，在资本主义社会的早期，城市集镇大多沿着铁路线两侧或者围绕工矿企业而建；大量的人口集中于城市也有利于大规模的工业生产；等等。其次，城市满足了资本积累和循环的动态需要。例如，当工业生产的利润率下降时，城市基础设施建设和房地产开发则提供了一种良好的替代性选择；又如，城市中的固定资本投资具有长期性和不可移动性，有时候为了满足新一轮的投资需要而不得不将其摧毁（"创造性破坏"）。总之，城市的发展取决于资本流动的方向和力度。最后，围绕城市这个人工环境的各种阶级斗争也影响了城市化的面貌。"公开的阶级斗争——工人阶级集体抵制资本主义积累方式所施加的暴力——情况又如何呢？当这种抵制变得名副其实时，必然会在某些方面影响资本主义制度下的城市化进行"，例如，在住房、郊区化、社区改造等方面都可以看到阶级斗争的复杂影响与后果。[①]

总之，一方面，资本主义的城市化进程实际上就是资本的城市化进程，资本逻辑始终在按照自己的目的和需要塑造着城市的形态，支配着城市的命运。这样，那些看起来庞大亮丽的城市，只不过是资本海洋当中的一座座孤岛；另一方面，资本逻辑同时也把资本主义的内在矛盾植入到城市机体当中去了，因此城市实际上成为资本主义矛盾的物质载体，这意味着城市绝不是风平浪静的庇护港湾或者人类家园，恰恰相反，它带来了不定期的冲突或革命以及陌生感、异化感等充满现代性意味的城市经验。

《资本的城市化》当中的政治经济学分析看起来是比较艰涩的，而《巴黎，现代性之都》[②]则更多地具有了灵动的色彩，体现了哈维深厚的文学造诣。在对第二帝国时期的巴黎进行研究的过程中，哈维引人注目地引用了众多的文学作品，涉及巴尔扎克、狄更斯、福楼拜、哈代、左拉、詹姆斯等一大批著名作家。在写作此书时，哈维打算仿照美国历史学家卡尔·休斯克的著作《世纪末的维也纳》的写法，即透过城市中的物质生

[①] ［美］哈维：《资本主义制度下的城市化进程：分析框架》，张玫玫译，该文收录于汪明安等主编的《城市文化读本》，北京大学出版社 2008 年版，第 116—119 页。亦可参见蔡禾主编的《城市社会学：理论与视野》，中山大学出版社 2003 年版，第 181—190 页。

[②] 《意识与城市经验》这部著作的主体部分与《巴黎，现代性之都》的主体部分完全相同。此外，该著作当中的另三篇文章与其他著作中的内容亦多有重复，例如，"货币、时间、空间和城市"这篇文章的主旨在《后现代的状况》当中得到了更为全面的阐述。所以，本书将不再讨论《意识与城市经验》，而是直接讨论《巴黎，现代性之都》。

活、文化活动和思维模式等多重视野来传递城市的整体感,这种整体感的获得需要在历时性的层面呈现第二帝国时期巴黎的形成过程,同时,在共时性的方面呈现城市生活的结构以及它的方方面面。

哈维试图通过历时性和共时性的描述,立体地展示巴黎这个首都城市是如何最终转变为现代性的资本城市的。这个转变过程当然充斥着资本对利润的追逐、宏大的城市规划和城市改造、阶级和阶层的分化与对立等现代性场景。从写作方式来看:

其一,历时性的层面。哈维在书中以螺旋形的方式向前推进主题叙事,从空间关系开始,通过对"分配"(金钱、信贷与金融、租金和地主)、生产和劳动市场、再生产(劳动力、阶级和社区共同体关系),以及思想观念的形成等社会环节的阐述,让空间处于运动状态,使其成为拥有真实生命的城市历史地理学。哈维十分注重"过程"与"事物"之间的固有关系,所以我们看到了巴黎的资本主义发展:从原始积累阶段到金融资本的崛起以及消费文化的出现,这是一个物质的和历史的进程。其二,共时性的层面。哈维很注意凸显"整体"与"部分"之间辩证的结构性互动,他指出,"如果我们未对巴黎内部经济、政治、社会和文化的运作和互动有适当的理解,又怎能完整地描述这段转变的过程?……我将在整体与部分之间采取折衷途径"①。因此在书中可以看到诸多整体性的结构关联:金融资本、土地利益与国家之间的纠结,城乡对立,城市内部的功能分区,铁路网和电报系统,劳动分工和劳动力市场,城市空间布局,时空压缩,等等。

最终,哈维把历时性和共时性的叙事,聚焦于圣心教堂上,它是一个意义丰富的时空交汇点:这座纪念性的建筑物是建在严酷镇压巴黎公社、使公社成员流血牺牲的要塞高地上的,它的下面甚至还有公社成员的尸骨,因此具有非同寻常的象征意义和丰富的联想。可以说,圣心堂汇集了巴黎历史上那些不可磨灭的记忆与想象。

在写作《资本的城市化》和《意识与城市经验》时,从20世纪80年代中期开始,有关后现代的谈论就已经开始盛行。后现代主义对马克思主义理论中的所谓"宏大叙事"、作为革命主体的工人阶级这个整体性概

---

① [美]哈维:《巴黎,现代性之都》,黄煜文译,(台湾)群学出版社2007年版,第118页。

念、乌托邦想象等，统统加以拒斥，这种情况对马克思主义大为不利。话语热点的转换和切实的威胁使哈维感到有必要介入这场争论，于是写出了《后现代的状况》一书。当回忆起当时的心境时，他说，"我第一个冲动是失去耐心。人们突然到处在谈论后现代主义，后现代主义取代甚至淹没了资本主义。所以我想：……为什么我不坐下来就这一新主题提出我的看法呢？结果就是我所撰写过的一本最浅显易懂的书的问世。"① 可见，哈维的介入，是为了把后现代的时髦话语拉入他的关于资本主义的分析框架当中。

"二战"后到1973年这一段时期，资本主义体系实行的是凯恩斯主义—福特主义的发展战略，在市场控制和生产劳动方面体现出刚性的特征：以民族国家为基本架构的干预政策，大规模、标准化的生产与消费，积极的公共投资，劳资合作，福利主义等。这种发展战略不仅作用于资本积累的过程，同时也塑造了一种全面的生活方式。但其中所包含的各种矛盾和负担最终以1973年的石油危机为契机而爆发出来，资本主义体系向后凯恩斯主义—后福特主义的阶段转变：取消金融管制，全球金融资本流动，国际化的贸易和投资，工会力量被削弱后极为分散化的劳动力市场，大量的转包与外包，等等。

哈维把这种转变结果称之为"弹性积累"的资本主义发展模式，它带来了不同的时空体验。也就是说，弹性积累模式把从地方到全球的不同地理—空间规模都统统作为自己利润追逐的舞台，为此而竭力通过各种方法减少空间障碍，加速资本周转：加强创新和发明，不断的机构重组以便于应对竞争，快速决策，建立高效快捷的交通通信系统，启动新型的消费主义生活方式，并且，配之以能够迅速刺激感官的大众文化和流行元素，等等。最终的结果是，"资本主义的历史具有生活步伐方面加速的特征，而同时又克服了空间上的各种障碍，以致世界有时显得是内在地朝着我们崩溃了"②。这就是当代人的"时空压缩"（time-space compression）之体验。

哈维认为，资本主义弹性积累模式所导致的空前激烈的"时空压

---

① 吴敏：《英国著名左翼学者大卫·哈维论资本主义》，《国外理论动态》2001年第3期，第6页。此段译文根据原文有所调整。

② ［美］戴维·哈维：《后现代的状况》，阎嘉译，商务印书馆2003年版，第300页。

缩",给人们带来了全新的时空体验,这也就意味着一个特殊的后现代主义时代的降临。"时—空压缩影响着整个社会的经济、阶级、文化和日常生活。缩短了生产、交换和消费的周期,并且使消费时尚发生根本性转变,即从消费物品转向消费服务,从而逼迫人们去面对和处理更多的新奇事物、资源和一次性消费品。"[1] 由此出发,哈维进一步考察了后现代主义在建筑、城市规划、电影、绘画、无深度写作、广告等领域的表现和反应。哈维最终认为,后现代主义通过某种直率甚至粗糙的文化形式,最终沦陷于它曾经极力抵抗的商业市场当中,"后现代主义因而标志着的、确实就是市场力量向整个文化生产领域的合乎逻辑的扩展"[2]。也就是说,后现代文化亦被弹性积累的资本力量所捕获,并服务于它。

所以,哈维的结论是,在后现代主义文化形式的崛起、更加灵活的资本积累方式的出现,与资本主义体制中新一轮的"时空压缩"之间,存在着某种必然的联系。之所以说它是"新一轮的",乃是因为时空压缩是现代主义原本就有的现象和感受,只不过在当今时代,时空压缩变得更为显著和强烈了。[3] 由此可见,后现代主义与现代主义之间并不是断裂的,而是具有内在连续性的。更为根本的是,采用哪一种积累方式以及产生哪一种文化形式,有什么样的时空体验,这都取决于资本主义对利润的最大化追求以及对社会阶层的整体控制之需要。[4]

在对后现代主义做出批判和回应的同时,哈维也认识到,不可忽视后现代主义所提出的一些值得重视的问题(例如,"差异""他者"等),因此可以说,当今时代一系列新的显著变化对历史唯物主义的传统话语提出了新的任务。[5] 种种考虑之下,哈维于1996年推出了自己的新著:《正义、自然与差异地理学》。

在这部著作中,哈维主要论述了以下四个主题:其一,"提出一些非常基本的地理概念——空间、位置、时间和环境,并说明它们是任何历史唯物主义者了解世界的核心";其二"我们必须有历史—地理唯物主义

---

[1] 黄少华:《哈维论后现代社会的时空转变》,《自然辩证法研究》2005年第3期,第15页。

[2] [美]戴维·哈维:《后现代的状况》,阎嘉译,商务印书馆2003年版,第86页。

[3] 同上书,第367页。

[4] 同上书,第427页。

[5] [美]戴维·哈维:《后现代的状况》,阎嘉译,商务印书馆2003年版,第438—441页。

(historical-geographical materialism)的想法，为此我们需要一些辩证法的概念"；其三，另一主要线索是有关正义（justice）和权利的观念，"我认为可以重新引入正义，只要不放弃改变生产方式的基本目标。……在当今的世界，如果说资产阶级的意识形态存在着一个核心的问题，那就是关于权利的虚张声势。联想到1948年《世界人权宣言》第21—24条有关劳工权利的条款，我得到了很深的印象。如果这些原则得到了认真对待，今天我们会生活在一个多么美好的世界啊！如果马克思主义者放弃了有关权利的思想，他们就失去了解决那个矛盾的力量"[1]；其四，初步探讨了乌托邦理想。

这四个主题，需要概要地加以说明。南京大学胡大平教授认为，哈维在这部著作中依然坚持了一种总体性的抱负，例如，在空间、时间、位置和环境等基本的历史—地理概念上，他诉诸一种元理论的建构。诚然，哈维正是以这些概念为基础，由此而生发和提出了一个社会理论建构的一般框架，这个框架包含以下几个基本要素（moments）：(1)话语/语言；(2)权力；(3)信仰/价值/欲望；(4)制度/仪式；(5)物质实践；(6)社会关系[2]。这些基本要素构成了一幅"认知图式"（cognitive map）：

	话语/语言	
权力		信仰/价值/欲望
社会关系		制度/仪式
	物质实践	

实际上，哈维是要通过这个几乎无所不包的"认知图式"而把社会过程囊括其中，并以此来理解、把握和说明整个社会过程。对于这个认知图式，哈维强调必须以辩证的思维方法来看待。也就是说，(1)辩证的分析，即把这些基本要素看作一种内在联系着的关系性要素；(2)这些关系性要素通过"翻译活动"（activity of translation）而不断地相互转换；(3)这些基本要素通过彼此之间的各种"冲突效应"（conflicting effects）而使异质性内化到自身；(4)这些基本要素之间的相互作用构成一个开

---

[1] 以上引文均来自吴敏《英国著名左翼学者大卫·哈维论资本主义》，载于《国外理论动态》2001年第3期，第6—7页。引文个别译法稍有改动。

[2] D. Harvey, *Justice, Nature and The Geography of Difference*, Blackwell, 1996, pp. 78 - 79.

放的、流动的过程。①

总之,哈维试图以空间、位置、时间和环境等基本的历史—地理的概念为基础,通过辩证法——在理论建构和分析的层面上,这种辩证法实际上是一种"话语的辩证法"(the dialectics of discourse),因为写作本身是一种话语形式——来建构一种社会理论的一般框架,从而得以辩证地理解、把握和说明整个社会过程。这里所说的社会理论的一般框架,不言而喻,乃是哈维本人的历史—地理唯物主义的一般框架。

以上所言,正是《正义、自然与差异地理学》这部书的主题之"一"和"二"。

如果说,主题之"一"和"二"属于理论的层面,那么,主题之"三"和"四"则属于实践的层面。对实践层面的"公正""权利"和"乌托邦理想"的探讨,实际上规定了历史—地理唯物主义的现实任务和价值皈依。

正义问题包括社会正义(social justice)和环境正义(environmental justice)两个方面。但归根到底,它们都可归结为资本主义生产方式和资本积累逻辑的问题,换言之,以利润为定向的资本主义生产方式和资本积累逻辑造成了现实世界的社会不正义和环境不正义,而资本力量对社会的剥削和压迫与它对自然的掠夺和破坏是一体化的过程。② 因此,社会政治的议题与生态环境的议题是结合在一起的。因此,"正义运动"既可以选择以社会政治议题作为突破口和介入的通道,也可以选择从生态环境议题着手;对于反抗和超越资本主义的运动而言,这涉及斗争策略和现实选择,无论做出什么样的策略性选择,关键都是要牢记社会政治与生态环境的一体关联。

在社会政治议题上,哈维看到了人权运动所具有的极大能量和现实的可操作性。众所周知,现代社会历史在很大程度上可以说是一部人权斗争的历史,从一般的工人权利斗争到黑人运动、妇女运动以至于同性恋者权益斗争,等等。时至今日,"为权利而斗争"可谓深入人心,业已成为世

---

① D. Harvey, *Justice, Nature and The Geography of Difference*, Blackwell, 1996, pp. 80 – 81.
② 参见[印度]萨拉·萨卡《生态社会主义还是生态资本主义》,张淑兰译,山东大学出版社2008年版;[美]约翰·贝拉米·福斯特《生态危机与资本主义》,耿建新等译,上海译文出版社2006年版;[英]布赖·恩巴克斯特《生态主义导论》,曾建平译,重庆出版社2007年版;等等。

界潮流。所以，哈维感到有必要以《世界人权宣言》为蓝本，介入到人权政治当中。

此外，生态环境问题具有强烈的紧迫性、全球性和敏感性，因而生态环境运动越来越成为一股世界潮流，其号召力和规模上的广泛性都是不容忽视的。哈维据此提出"生态社会主义政治学（an eco-socialist politics）"的理念，以期"建设一种在社会上公正的、在生态上敏感的替代性社会"①。在这里，哈维实际上是要求社会主义运动必须积极地利用和发挥生态政治的潜能。综合来看，生态政治与人权政治实际上是相通的，因为"环境正义"本身就是一种基本人权。

当然，"一种在社会上公正的、在生态上敏感的替代性社会"何以可能、如何可能、是何种面貌？这一切都是未知数，还停留在原则性的构想层面。不过，哈维认为，当今世界已经普遍城市化，在这样一种现实情况下，可以以城市为依托，把城市作为一种探讨对象，思考一种"可能的城市世界"②。换言之，对城市进行研究、反思和乌托邦想象，是很有必要的，这是针对现实世界的政治透视与未来想象。问题在于，当哈维开始思考"可能的城市世界"时，它作为一种乌托邦想象，究竟应该呈现为哪一种乌托邦理想：空间形式的乌托邦（Utopias of spatial form）？过程的乌托邦（Utopias of process）？还是另有其他？……这些问题本身正有待考察。而这些方面，在其后的《希望的空间》这部著作当中都相应地得到了系统的、周详齐备的回答。

总之，《正义、自然与差异地理学》是一部十分重要的著作，哈维的思想在其中得到了进一步的发展和深化。但是，其中也有不少问题需要再思考，例如，生态政治、人权政治和乌托邦理想等。这些问题在他的另一本著作《希望的空间》当中得到了全面的梳理和建构。本书正是要以《希望的空间》这部著作的框架结构和思想观点作为依据，结合其他相关著作，如《后现代的状况》《正义、自然与差异地理学》《新帝国主义》和《新自由主义化的空间》等，着力研究哈维的"辩证的乌托邦理想"

---

① ［美］哈维：《希望的空间》，胡大平译，南京大学出版社2006年版，第68页。这里的说法还比较抽象，不过在《希望的空间》这部著作的附录中，哈维以思想实验的形式提出了一个关于未来社会的想象，名曰"埃迪里亚"（Edilia），寓意"如你所愿"。

② D. Harvey, *Justice, Nature and The Geography of Difference*, Blackwell, 1996, pp. 403 – 438.

(dialectical utopianism)，并展示其中的空间政治思想。

众所周知，任何一部严肃的理论著作，都是对其所处的时代状况和文化氛围的一种反映与回应，《希望的空间》这部著作亦不例外，它不仅试图直接面对后现代主义、后马克思主义与新社会运动（NSMs）、多元论的激进政治、生态主义、女权主义等现实的社会文化思潮，更是试图直接面对借由日裔美国学者弗朗西斯·福山（Francis Fukuyama）和英国前首相玛格丽特·撒切尔夫人之口说出的、被世界上芸芸众生引为心声的"历史的终结"论、"别无选择"论。也就是说，一方面，哈维试图对各种现实的社会文化思潮既从总体上加以批判，又部分地加以吸收，从而另一方面，他试图打破"历史的终结"，在虚妄的"别无选择"之外，展示"另一种可能"。一言以蔽之，他试图通过整合各种理论资源，从而给出一个对资本主义进行替代的理论方案和基本思路。

必须承认的是，在当前的社会文化氛围下，一说到对资本主义的替代，好像就是痴人说梦似的，立刻被扣上贬义的"乌托邦"这个大帽子。哈维的可爱和可敬之处正在于，他不但一以贯之地对资本主义进行揭露和批判，对解放政治始终抱有坚定的信念和追求，而且有一股"偏向虎山行"的劲头：凭借地理—空间的视域，从《共产党宣言》出发，通过对现实时代状况的批判和考察，挖掘出对资本主义进行替代的潜在资源和斗争路径；并且，在对传统的乌托邦理想进行系统的反思之后，整合出新型的"辩证的乌托邦理想"，论述了人类社会生活的另一番理想图景。

所以说，哈维之所以写下《希望的空间》这部著作，不是因为千禧年之交（《希望的空间》成书于 2000 年）时的一种"狂欢情绪"的流露或者个人想象力趁此时机的某种大发泄，而是要巧妙地提示：社会与历史，并不是、也不可能像资产阶级理论家和政治家所宣称的那样静止不前！所谓"历史的终结"或者"别无选择"，只是一种独断论或者意识形态论！社会历史是开放的，人类的想象力和创造力不会枯竭，一切皆有可能！在这个意义上，我们可以说，《希望的空间》代表了一种乐观主义的积极姿态和继续推进解放事业的庄严宣告。

鉴于《希望的空间》这部著作在本书中将得到全面详细的讨论和研究，所以这里不必再赘言。下面打算介绍一下《新帝国主义》和《新自由主义化的空间》，这两部著作对本书来讲也是很重要的。

《新帝国主义》这部著作完成于 2003 年的美国对伊拉克战争爆发之

际，这是哈维以"帝国主义"为题所开始的为期一年的课堂讨论课的成果。当然，这部著作的写作缘由还可以进一步追溯到此前哈维与阿锐基（G. Arrighi）合开的另一门讨论课那里，当时哈维已形成了一些模糊的看法。在这部著作中，哈维希望以长时段的视角，透过历史—地理的唯物主义，对全球资本主义的状况以及"新"帝国主义在其中所扮演的角色进行审视。

该书共有5篇文章：（1）全都是为了石油；（2）美国势力如何扩张；（3）资本的束缚；（4）夺取式积累；（5）从同意到胁迫。在这些文章中，有些是广为人知的论点，例如，"全都是为了石油"；有些是一再重复的论点，例如，"资本的束缚"和"夺取式积累"[①]。其中特别重要的是，"美国势力如何扩张"这篇文章提出了一个新观点：权力的领土逻辑与权力的资本逻辑。

哈维认为，可以从权力的领土逻辑与权力的资本逻辑这两套既不同又相连的逻辑来理解和把握美国帝国主义。前者实际上指称国家，后者实际上指称经济力量。国家与经济力量的运作程序和特性当然是不尽相同的，但又是纠结在一起的。哈维认为，它们之间的矛盾和转换过程实际上塑造了美国帝国主义的活动轨迹，也在一定程度上预示了其将来的可能命运。"这两套逻辑之间的关系，并非互为函数或偏向一方，而是一种形成问题，甚至时常互相矛盾（也就是辩证）的关系。这种辩证关系的存在，让我们得以透过这两种独特但纠结的权力逻辑的交错，分析资本主义、帝国主义。具体分析实际状况的困难之处，在于如何保持辩证双方同时运转，而不至于陷入纯政治或纯经济的论证模式。"[②]

帝国主义在权力的领土逻辑上的实践，不外乎是借助于国家力量，利用不平衡的地理发展状况来从事资本积累，从而进一步造成权力和财富高度集中于某些特点的国家或地区。这一点，我们确实看到，美国常常想方设法通过各种手段（例如，政治压力、外交、听命于自己的国际政治军事组织的威慑甚至直接的军事打击，等等）打开其他国家或地区的市场大

[①] 这些方面与《新自由主义化的空间》这部著作中的观点相同，内容有些重复。本书正文当中对它们也将有所论及。所以笔者打算待到介绍《新自由主义化的空间》时再简单地介绍一下其中的思想概貌。

[②] ［美］大卫·哈维：《新帝国主义》，王志弘等译，（台湾）群学出版有限公司2008年版，第26页。

门，以便使自己有机会在不平等的交换过程当中谋利。帝国主义在权力的资本逻辑上的实践，则是通过跨国公司在全球范围内的布局、资本和劳动力的广泛流动、国际贸易、"空间经济的生产"、新一轮的原始积累以及听命于自己的国际经济贸易组织的蛊惑、利诱等手段，以使自己的占据优势的资本力量主导甚至全面控制所在国家或地区的市场格局和经济命脉。对于美国在这些方面的种种举动，我们当然也是耳熟能详的了。

哈维指出，这两套逻辑中的任何一种，可能会在任何特定的时刻居于主导地位，但"资本主义的帝国主义与其他帝国概念不同之处，便在于这种帝国主义尽管有时会由领土逻辑占上风，但基本上是以资本逻辑为主导"①。然而问题在于，领土逻辑相对稳定且固定于一国之疆界内，而资本逻辑则很活跃且常常越出国家界限、驰骋于全球，那么这两套逻辑如何能够相互协调呢？此外，这两套逻辑一般而言固然会相互配合，但不能免除彼此对立的可能性，因为这里面涉及各种各样的复杂因素，甚至是人为因素。所以说，美国对伊拉克的战争，虽然其最直接的目的显然"全都是为了石油"，不过其背后暗含着权力的领土逻辑和权力的资本逻辑这两者之间的内在张力。并且，在这个过程中，美国的一系列举动令人担忧：她越来越倾向于直接通过军事手段去控制对资本积累和资本循环来讲至关重要的战略资源和地理空间，以便于维护资本主义帝国主义的霸权。这是否显示了新自由主义和新保守主义在过度积累问题日益严重的情况下的某种合流的趋势？

下面谈一谈《新自由主义化的空间》这部著作。2004年6月，哈维在海德堡大学地理系第八届"赫特纳讲座"（Hettner-Lecture）上发表了两场演讲："自由市场资本主义与阶级力量的复兴""迈向不平衡地理发展的一般理论"。这两场演讲稿经过修订后，加上另一篇论述"空间是个关键词"的论文，合编出版了这部著作。由于"空间是个关键词"将在本书第五章第三节当中得到详细的说明，所以此处不赘。下面即谈谈两场演讲稿（修改稿）。②

1. "新自由主义与阶级力量的复兴"。所谓新自由主义，是西方资本

---

① ［美］大卫·哈维：《新帝国主义》，王志弘等译，（台湾）群学出版有限公司2008年版，第28页。

② 本书还将对此有所论及，这里先简单介绍一下其概貌。

主义国家在应对 20 世纪 70 年代的石油危机和经济危机时所提出的一种思想理论与发展战略,是相对于福特主义—凯恩斯主义的替代模式。① 新自由主义作为思想理论是长期以来就存在着的,但只是在 20 世纪 70 年代的那个困难年头里,它才作为治疗资本主义病症的解毒剂而正式登上政治舞台,成为当代资本主义国家的发展战略。② 在当时,1979 年玛格丽特·撒切尔、1980 年罗纳德·里根在英国和美国的先后当选,标志着新自由主义在政治上的胜利,并且,撒切尔夫人认为,除新自由主义这条道路外,"别无选择(there is no alternative)"。

在新自由主义看来,市场是最佳的、可以自我调适的机制,如果不受外部干扰的话,它能够最大限度地满足人们的物质需求,最优化地配置资源,并且带来充分就业、经济繁荣以及安宁与进步。新自由主义相信,虽然市场不是完美无缺的,但相比较而言却是最好的机制。因此,为了开放市场,让它自由、畅通地运行,国家力量在政策上加以配合:削弱工会力量、缩减福利待遇、全面私有化、倡导自由化、解除金融管制、推动全球化、进行国际投资、鼓励自由贸易,等等。

西方发达资本主义国家不但在思想观念上鼓吹新自由主义,而且通过各种手段向世界各地推行新自由主义。哈维则指出,(1) 所谓自由市场,实际上成为阶级统治的有力手段,而对富人的减税,则意味着社会不平等的加剧,同时使上层阶级的力量得以巩固和扩大;(2) 作为自由市场在世界范围内蔓延的全球化,实际上是以美国为首的发达资本主义国家进行资本积累和利益输送的管道,甚至意味着新殖民主义或新帝国主义;(3) 新自由主义实际上是反民主的,也是一个分裂和矛盾的体系;(4) 新自由主义在全球规模上的移植、扩散和发展的过程,是一个伴随着私有化、金融化、危机管理与操纵、国家再分配的过程,这个过程又带来了阶级力量的复兴,因为新自由主义的扩散本质上就是一个"剥夺式积累"的过程。

2. "不平衡的地理发展理论笔记"。不平衡发展(uneven development)是资本主义生产方式的一个基本的地理学特征,它的出现并不完全

---

① 可参见[英]阿尔弗雷多·萨德—费洛、黛博拉·约翰斯顿主编《新自由主义批判读本》,陈刚等译,江苏人民出版社 2006 年版。

② [美]哈维:《新自由主义化的空间》,王志弘译,(台湾)群学出版有限公司 2008 年版,第 11 页。

是资本主义在发展过程中无意识地忽视的结果,在很大程度上却是有意为之的结果,是与资本积累的一般原理紧密相关的:生产力水平、资源状况和气候环境等方面的差异,竞争、剥削和垄断,在差别化当中赚取利润,区位优势,暴力干预、殖民主义,等等。所谓"三个世界"的划分、在美国出现的郊区增长与内城区衰退的现象等,都反映了发展的不平衡性。不平衡发展是高度动态的,不同的政治经济变量,例如劳动力价格和劳动生产率、基础设施的利用度和费用、政治稳定度和地租等,都调节着不同地方之间资本在地理范围上的流动。[①]

不平衡的地理发展理论有好几种彼此重叠的类型:(1) 历史主义/扩散主义。它把不平衡的地理发展看作一个从"中心"(西方发达资本主义国家)到"边缘"(落后国家、附属国家之类)的不断扩散过程。(2) 建构主义。它认为,处于强势地位的帝国主义和殖民主义国家凭借其政治、军事以及地缘政治的操作,实行和支持对其他国家或地区的剥削和压迫,这是不平衡发展的根源;同时,在被剥削和压迫一方之内部,买办阶级可能与外来统治力量合作。(3) 环境主义。它可追溯到孟德斯鸠和卢梭那里,将发展的差异归结于环境条件的不同。(4) 地缘政治学。它认为不平衡的地理发展是强权之间进行政治和社会斗争的不可预测的产物。这种观点强调权力政治的操弄、以疆域为基础的组织活动、在全球舞台上的争夺,它在强调人为活动的同时也就凸显了不平衡发展的偶然性。

哈维认为,这些彼此重叠的不平衡的地理发展理论,各有其优点和不足,可以把它们统一起来。所以,他提出了建构某种"统一的"理论境域("unified" field of theory)的四大前提条件:(1)"生命之网"当中社会过程的物质镶嵌。在这里,哈维论述了资本积累对作为"生命之网"的社会—生态系统的全面侵蚀与控制,为此,他要求重新夺回原本属于我们自己的权利,做回我们自己,拒绝异化。(2) 夺取式积累(原始积累)。在这里,哈维论述了资本主义通过各种手段在各种不同空间规模上的扩张和掠夺。(3) 空间和时间中的资本积累。在这里,哈维论述了市场交换、空间竞争的强制法则、地理分工、垄断式竞争、"通过时间消灭空间"、生产和消费方面的物质基础设施(固定资本投资)、区域体的生

---

① [英] R. J. 约翰斯顿:《人文地理学词典》,柴彦威等译,商务印书馆 2004 年版,第754—755 页。

产、空间规模的生产、干预主义国家、资本主义的地缘政治等各种资本积累的形式和手段。(4) 在各种地理规模上的政治、社会和"阶级"斗争。在这里,哈维简要地讨论了围绕资本积累所兴起的各种斗争形式,回应了劳苦大众的"夺权"和"解放"之要求。

哈维声称,这个笔记是想"尝试着为我们当今世界中最令人迷惑、政治上最显著的特色——长期且不断变动的不平衡地理发展状况——找到一个适当的理论框架"①。不过他承认,这只是迈出了一小步。

最后需要指出的是,哈维上述一系列著作及其基本思想,在《希望的空间》这部著作当中都得到了程度不等的体现与发挥。

第二节 思想渊源

上一节对哈维的思想历程的介绍,实际上已经在一定程度上包含了对他的思想渊源的揭示。例如,哈维在 1969 年出版《地理学中的解释》时,其学术立场是逻辑实证主义,而政治思想则接近费边社的渐进主义;从 1971 年开始,他埋头阅读马克思的《资本论》,学术立场和政治思想都转向了马克思主义。当然,大凡杰出的理论家,其思想渊源往往不可能是单一形态的,而是有着复杂的、多样性的来源,并且构成一个有机整体。这里面实际上包含着理论家的创造性的选择和整合。关于这一点,哈维在《资本的界限》这部著作的导言部分就很坦诚地指出:

> 我从许多作者、思想家和实践家的共同努力当中受益很多。例如像保罗·斯威齐、莫里斯·多布、保罗·巴兰、爱德华·汤普森、埃里克·霍布斯鲍姆、R. 罗斯多尔斯基以及其他一些人,在极其艰难的岁月里致力于保持马克思主义思想的火种生生不息,他们的勇气对我来讲始终是一种激励。很多的理论作家,例如阿尔都塞、普兰查斯、沃勒斯坦、阿明、曼德尔等,他们掀起了马克思主义思想的复兴浪潮,如果没有这种复兴浪潮的推动,我可能在很久以前就会放弃这项研究计划。在这些思想家当中,我把曼纽尔·卡斯特尔和维森特·

---

① D. Harvey, *Spaces of Global Capitalism*, Verso, 2006, p. 116.

纳瓦罗当作自己的私人朋友，他们时不时地给了我很多帮助和鼓励。①

试想一下，哈维的这段话还是在1982年说的，在这之后他的思想观点又得到了更为广阔深入的系统发展。由此可见，他的思想渊源确实是颇为复杂的。概况地说来，主要有以下几个部分：

（一）地理学方面的理论素养

众所周知，哈维首先是以地理学家的身份出现在国际学术界的，其成名之作《地理学中的解释》即是一部典型的地理学著作。虽然后来哈维的理论领域不断得到拓展和深化，没有局限于地理学②，而是跨越不同的学科边界，因此其身份也就具有多重色彩：人类学家、城市社会学家、马克思主义理论家等，但地理学方面的知识和素养始终贯穿于他的所有理论领域当中。这既可以从其著作当中频繁出现的诸如"空间""场所""区位""（自然的和文化的）景观""不平衡的地理发展"等地理学概念这一点上看得出来，也可以从他习惯于用地理学的视角来分析问题（例如，阶级斗争在不同空间规模上的互动、"权力的领土逻辑"、资本的空间修整，等等）这一点上看得出来。并且，哈维在研究地理学的过程中所获得的观点和认识，常常也是一以贯之、坚持到底的。例如，在《地理学中的解释》中，哈维通过比较研究指出，"距离只能用过程和活动来度量"、"在大量经验性工作中，适合于测量距离的度量是可变的""地理学中距离的观念，在20世纪中非常显著地改变了它的状态。我们可以从这类研究中得出的普遍结论是：距离不能独立于某种活动之外而确定。因此度量是为活动和物体的影响所决定的。这样的距离概念纯粹是相对性的"③。后来，哈维在《后现代的状况》中提出了脍炙人口、极其精炼的"时空压缩"这个观点，从其渊源上看可以一直追溯到二十年前的上述认识。类似的例子不胜枚举。总之，地理学方面的理论素养是哈维思想体系当中的一个重要基础。所以说，爱德华·W.苏贾把哈维定位为（后现代的）"地理学家"也就是再自然不过的事情了。

（二）传统马克思主义理论

哈维对传统马克思主义理论的吸收，包括了马克思、恩格斯、列宁、

---

① D. Harvey, *The Limits of Capital*, Basil Blackwell, 1982, p. xvii.

② D. Harvey, *Spaces of Capital*, Edinburgh University, 2001, p. 6.

③ ［美］哈维：《地理学中的解释》，商务印书馆1996年版，第254—255页。

卢森堡、希法亭等经典作家。这正如哈维在接受访谈时所说的那样，"马克思是我借以依靠的核心"①。所以这里需要重点谈谈马克思。

具体而言，其一，马克思对哈维的影响是全方位的。例如，马克思对思想理论的阶级性和意识形态性的揭示以及对自身政治立场的公开宣告，破除了哈维在《地理学中的解释》这个时期所持有的逻辑实证主义的立场和态度，对哈维产生了深深的触动，以至于他开始"接受科学诚实性和非中立性这双重的方法论原则"，始终把创立"革命的理论""批判的地理学"②"大众的地理学""人民的应用地理学"作为自己的根本任务。又如，马克思一方面对未来充满憧憬，号召建立一个理想的"自由人的联合体"的社会；另一方面又反对并批判空想社会主义，要求共产主义理想具有坚实的现实依据和科学的理论力量。这种态度在哈维身上的影响也是很鲜明的。③ 这一点，比较突出地表现在哈维论证"辩证的乌托邦理想"时，一方面，他在当代资本主义的现实矛盾当中寻找解放斗争的潜在能量；另一方面，对旧式的乌托邦理想进行批判和反思，从而整合出自己的新型的乌托邦理想。这种态度虽然不敢说完全源自于马克思，但也不能说没有马克思的影子，毕竟《共产党宣言》等著作是哈维重点解读的对象之一。至于马克思在其他方面（例如，本书将重点讨论的哈维对辩证法、阶级分析和"联合的行动"的重视与坚持，等等）对哈维的具体影响，这里就不必赘言了。

其二，马克思对哈维的影响，最根本的一点就在于以政治经济学批判的话语模式展开资本批判和资本主义批判。哈维认为，"马克思的著作是对资本主义的批判，我对应用这种批判乐此不疲。我总是一方面发展普遍性的理论，但另一方面，理论要脚踏实地。马克思主义往往被设想为与苏联或中国有关的学问，但我想说它是关于资本主义的学问，而资本主义在美国盛行，这决定了我们在研究方面的优势"④。自从开始转向马克思主

---

① 吴敏：《英国著名左翼学者大卫·哈维论资本主义》，《国外理论动态》2001年第3期，第7页。

② D. Harvey, *Spaces of Capital*, Edinburgh University, 2001, p. ix.

③ 对哈维进行访谈的记者也认为，他的著作体现了理想主义的"激情"与现实主义的"冷静"之间的恰当的平衡。参见 D. Harvey, *Spaces of Capital*, Edinburgh University, 2001, pp. 8–9。

④ 吴敏：《英国著名左翼学者大卫·哈维论资本主义》，《国外理论动态》2001年第3期，第7页。

义以来,哈维始终坚持把政治经济学与资本批判、资本主义批判紧密结合起来。这一点包含在他的所有著作当中,他对固定资本、人工环境、资本主义的城市化过程、空间的生产、空间修整、资本主义的危机和存在、后福特主义、"时空压缩"以及后现代主义文化等一切方面的分析都体现了这一点。政治经济学批判的特征如此显著,以至于有的学者把他的城市社会学称为"城市空间政治经济学"[1]。正是借助于马克思主义政治经济学批判的方法,哈维才能够明确地指认事情的真相:资本逻辑全面地渗透和控制了社会生活的各个方面,从商品、城市景观、消费文化到整个全球化过程!也正是如此,他才能破除所谓的阶级消失论、新自由主义道路"别无选择"论、历史终结论、乌托邦即歹托邦等时髦的意识形态的干扰,并对它们进行有力的驳斥。唯有如此,他才能矢志不移地要求超越资本主义,尝试着以新型的乌托邦理想的形式去建构关于未来社会生活的想象。

其三,哈维对马克思的接受和吸收不是照本宣科,而是改造、补充和更新。他认为,时代在发展,理论应用的各种环境和地点存在着诸多差异,更何况,马克思未能完成许多著作的全部写作(包括最重要的《资本论》),这就需要创造性地继承和发挥马克思的理论。

> 所以我着手通盘阅读他的所有文本,试图了解如果马克思活着完成他的著作的话他可能会说些什么。阅读的方式有两种:一是把马克思看作一位他的言论当中承载着绝对真理的思想巨匠;二是,我更愿意把他的著述看作一些尝试性质的、初步的思想观点。这些思想观点需要被整合到更为严密的理论论证形式当中去,具有一种辩证的精神,而不是像他的绝大部分未出版的手稿、笔记和书信那样只是在言辞上显得精细。通过第二种方式的阅读,我在马克思那里为我随后的整个研究领域(这部文集[2]中的某些部分)以及后来的著作例如《资本的界限》(1982)、《后现代的状况》(1989)和《希望的空间》(2000),提供了肥沃的土壤。[3]

---

[1] 蔡禾主编:《城市社会学:理论与视野》,中山大学出版社2003年版,第175—190页。

[2] 指的是《资本的空间》这部文集。——引者注

[3] D. Harvey, *Spaces of Capital*, Edinburgh University, 2001, p. ix.

按照这个思路，哈维最终的主要成果是：（1）通过《资本的界限》这部著作，哈维以自己的方式重构了马克思的政治经济学；（2）从地理—空间的视域出发，把历史唯物主义升级为"历史—地理的唯物主义"；（3）从地理—空间的视域出发，结合政治经济学的分析，对资本主义的城市空间、城市化、全球化、身体、文化—意识形态等方方面面进行了全新的批判和揭示；（4）通过《希望的空间》这部著作，对《共产党宣言》以及共产主义理想进行了重新规划。当然，在其他的诸如"权利斗争"等许多具体的问题上，哈维也有自己的不同看法。[①] 也许有人会对哈维的所作所为有这样或那样的异议甚至质疑，但他至少让我们看到了他对马克思主义的信念和热情，并且见解独到、有所建树。

（三）当代马克思主义/左翼理论

哈维对当代马克思主义/左翼理论的吸收，既包括上面引文中提到的保罗·斯威齐、莫里斯·多布、保罗·巴兰、R. 罗斯多尔斯基、昂内斯·曼德尔、爱德华·汤普森、阿尔都塞、普兰查斯、沃勒斯坦、萨米尔·阿明等人，还包括米歇尔·阿格里塔、葛兰西、雷蒙德·威廉斯、艾伦·M. 伍德等人，他们都在不同方面对哈维产生了不同程度的影响、启示和触动。当然，哈维对他们也有自己的看法甚至批评。

这里不妨把《资本的界限》作为个案来加以透视，因为它比较集中地呈现了哈维对保罗·斯威齐、莫里斯·多布、保罗·巴兰、R. 罗斯多尔斯基和昂内斯·曼德尔等著名的马克思主义经济学家理论的援用和评价。例如，在论及《资本论》的三个基本概念（使用价值、交换价值和价值）时，哈维认为，"马克思从来没有孤立地对待概念，似乎透过它自身就可以被理解。他总是聚焦于概念之间可能的三重联系——使用价值与交换价值之间的关系、使用价值与价值之间的关系、交换价值与价值之间的关系……马克思从一组关系项转移到另一组关系项，把从一个观点所积累起来的洞见运用于对另一个观点的解释"[②]。马克思的这种手法就相当于从不同的"窗口"去看风景，视野更为开阔，能够得到立体性的认识，理解当然也就更为深刻。但是哈维指出，不但资产阶级经济学家们不能理解马克思的这种辩证思维，他们把这三个概念看作像"积木"一样彼此

---

① D. Harvey, *Spaces of Capital*, Edinburgh University, 2001, pp. 18–19.
② D. Harvey, *The Limits to Capital*, Basil Blackwell, 1982, p. 2.

孤立的东西，因而导致对《资本论》的"线性的解释"（linear interpretation），"甚至保罗·斯威齐（P. Sweezy）1968 年的著作①——其他方面值得高度敬慕——看起来也掉进了这个陷阱。照我看来，他由于没有充分理解马克思所说的使用价值和价值概念之间的关系而困难重重"②。

当然，哈维对这三个概念之间辩证关系的理解，很可能又是由于受到了 R. 罗斯多尔斯基的启发，因为他在继续论证必须"把使用价值与交换价值、价值联系起来进行思考"时曾经明确指出，"R. 罗斯多尔斯基对马克思的使用价值概念，以及这个概念主要在《1857—1858 年经济学手稿》，包括《资本论》中所起的作用做过十分优异的讨论。他也对保罗·斯威齐（1969，p. 26）的下面这段相当令人惊讶的话很关注，'马克思把使用价值（或者它现在应该被称之为'用处'）排除在政治经济学的研究领域之外，因为他认为使用价值不直接体现社会关系。'正如 R. 罗斯多尔斯基所指出的那样，保罗·斯威齐在这里重新犯了一个最早至少可以追溯到 20 世纪早期希法亭的著作中对马克思的误解这个错误"③。

又如，在论及马克思主义传统中对"生产方式"与"社会形态"这两个概念之间的区分时，哈维对当代马克思主义理论家的谙熟也是一目了然的，并且同样能够在权衡之下提出自己的见解：

> "生产方式"这个术语在马克思的著作中随处可见，而"社会形态"这个概念则相对较少些。在阿尔都塞的著作（1969）、阿尔都塞和巴里巴尔的著作（1970）、普兰查斯的著作（1975）以及其他著作中，这两个概念之间的不同成为一个热烈争论的话题……E. P. 汤普森（1978）被争论过程中那种非历史的、无知的格调所激怒，他义正辞严地把那种格调斥之为彻头彻尾的、傲慢的谬论。不过，安德森（1980）正确地批评 E. P. 汤普森把大量的"煤渣"与混杂其中的一些"金块"统统丢弃掉了。
>
> 马克思自己使用"生产方式"这个术语时有三种相当不同的情况……在这个方面我们还是把握住他的意思为好……阿尔都塞和巴里

---

① 指保罗·斯威齐的名著《资本主义发展论》。——引者注
② D. Harvey, *The Limits to Capital*, Basil Blackwell, 1982, p. 3.
③ Ibid., p. 7.

巴尔提出了思考社会形态的两条思路……要理解它们的话,我们必须采取一种分析框架,它要比那种通过任何一个特定的生产方式(想象一下那个狭义的含义)概念所进行的分析更为丰富。正是在这个意义上,所以说,"生产方式"与"社会形态"这两个概念的搭配是十分有益的。①

诸如此类的理论探讨在《资本的界限》当中触目可及,不胜枚举。上面的引述只是很小的一部分,比较典型的大规模讨论还有很多。例如,对于当代马克思主义理论阵营内部的关于工人阶级意识和阶级斗争问题的争论,哈维注意到了卢卡奇(Lukacs)、葛兰西(Gramsci)、弗洛姆(Fromm)、马尔库塞(Marcuse)、霍克海默(Horkheimer)和哈贝马斯(Habermas)以及汤普森等人的观点。② 所以说,即便在《资本的界限》这部著作中,哈维对当代马克思主义理论家的关注、镜鉴和整合的程度之深由此也可见一斑了。

至于哈维所提到的昂内斯·曼德尔、沃勒斯坦和萨米尔·阿明等人,他们的理论之间有着显著的承继关系和共同线索:沃勒斯坦关于资本主义"世界体系"及其中心、边缘和半边缘的结构与特征的论述;安德烈·冈德·弗兰克关于大都市—卫星城市的关系、依附性积累与不发达的论述;萨米尔·阿明关于全球范围的资本积累、中心资本主义与边缘资本主义的论述;伊曼纽尔·阿尔吉里关于不平等的交换以及价值转换的论述……所有这些论述都暗含性地补充和扩展了从曼德尔那里生发出来的"各民族和区域的不平衡发展"这个基本思想,但是,他们都"很少直接审视曼德尔在阐释《晚期资本主义》中所提出的马克思主义理论和资本主义发展具体历史的强有力的空间化"③。所以,美国后现代地理学家爱德华·苏贾认为,虽然他们的著作中实际上包含着某种在区域和国际规模上的"空间问题框架",但这种空间问题框架又是一种偶然性质的附属物,附属于他们对资本主义制度下扩大再生产的分析。笔者倒是由此认为,昂内斯·曼德尔、沃勒斯坦和萨米尔·阿明等人对于哈维来讲的意义就在于:他们

---

① D. Harvey, *The Limits to Capital*, Basil Blackwell, 1982, pp. 25 – 26.
② Ibid., p. 114.
③ [美] 爱德华·W. 苏贾:《后现代地理学》,商务印书馆2004年版,第157页。

的国际政治经济学所包含的内容，及其所具有的"偶然性质的附属物"（区域和国际规模上的空间问题框架），这两个方面都被哈维明确地整合到"不平衡的地理发展"这个观点当中去了，虽然他们的思想观点对于哈维而言并不是垄断性的。

法国调节学派对哈维的影响也值得一提。在谈到当代的所谓后现代主义建筑风格为何如此风头十足时，哈维认为，这就需要我们去把握现实经济领域中的潜在变化。这种想法使他把目光投向了法国调节学派——他们在这个议题上的理论声誉显赫一时。"调节主义者打动我的地方是，他们十分正确地聚焦于工资合同的变化以及劳动过程的重组……他们提出，福特制——这种历史性的机制已经让位于另一种机制——弹性积累——后者有效地取代了前者。"[1] 不过，哈维同时指出，调节学派虽然正确地看到了当代资本主义的"弹性积累"这个新特征，但却把它夸大了，把它看作是资本主义体系的整体性变革。这是不对的，因为就经验层面来看，并没有证据能够证明这是一种全面变革。实际上，"弹性积累"制也许只具有局部性的或临时性的主导地位，而没有呈现出系统性的格局。换言之，弹性积累只是问题的一个方面，不是事实的全部。换言之，福特制仍然主宰着广泛的工业领域，尽管它也有所调整。哈维对调节学派关于弹性积累问题的深入探讨，在《后现代的状况》当中得到了系统的说明。

此外，葛兰西的文化—意识形态霸权理论以及他所发出的"理论上的悲观主义和意志上的乐观主义"之喟叹都对哈维造成了触动。[2] 哈维指出，资本主义的未来前景不仅取决于各种调节手段（例如，必要的贬值、虚拟资本的扩张、空间修整等），而且还始终依赖于这样一个基础，即人民大众被社会性地建构起来的对未来的"期望"，也就是说，"人们必须确信财富——共同基金、养老基金、投机基金等——肯定会持续不断地增加。确保这些期望是国家担负的一项文化—意识形态霸权工作，它有赖于媒体来进行。这就是对上一次世界危机有着深刻认识的伟大理论家葛兰西和凯恩斯的见解，把他们的著作相互参照着阅读是有指导意义的"[3]。也

---

[1] D. Harvey, *Spaces of Capital*, Edinburgh University, 2001, p. 14.

[2] [美]哈维：《希望的空间》，胡大平译，南京大学出版社 2006 年版，第 16 页；D. Harvey, *Spaces of Capital*, Edinburgh University, 2001, p. 23.

[3] D. Harvey, *Spaces of Capital*, Edinburgh University, 2001, p. 23.

就是说，当代资本主义世界中虚拟资本的不断扩大，在带来更多的利润的同时也带来了显著的不稳定性，因此，文化—意识形态霸权的控制对于维持对资本主义体系的信心而言就显得越来越重要了，这是葛兰西的重要贡献。不过哈维不能同意葛兰西的"理论上的悲观主义"，而是试图把它转变为"理论上的乐观主义"，这种积极的姿态和思考在《希望的空间》这部著作中得到了系统的展示。

说到"希望的空间"这个书名，得益于著名的马克思主义文化批评家雷蒙德·威廉斯的著作《希望的资源》，哈维由此产生灵感而命名自己的著作。当然，这个书名就内容来看倒也十分契合他所要表达的乐观主义姿态①。而且，在阅读了雷蒙德·威廉斯的小说《第二代》之后，哈维对他就已十分敬佩了，《正义、自然和差异地理学》即是对他的小说的一种回应和思考。正是因为哈维感到自己与雷蒙德·威廉斯拥有很多相同的认识和体验，所以他与雷蒙德·威廉斯可以说是惺惺相惜，对其敬慕之情溢于言表②。雷蒙德·威廉斯的"战斗的特殊主义"（militant particularism）对哈维也有着特别重要的影响，这在《正义、自然和差异地理学》以及《希望的空间》等著作当中得到了广泛的讨论。

此外，加拿大左翼理论家艾伦·M. 伍德在语言、话语政治、身份和认同、阶级、国家、社会主义的前途和道路等诸多方面对所谓的后马克思主义和后现代主义的批判，以及在如何认识新帝国主义这个问题上与哈维所展开的争论，都对哈维有所影响。虽然两者在思想理论的具体问题上有分歧，不过就理论立场等重大方面而言没有什么根本性的对立，并且，艾伦·M. 伍德对后马克思主义和后现代主义的有力批判为哈维提供了很大的理论支持。

以上提到的与哈维有着密切关联的当代马克思主义/左翼理论家只是其中的一部分，实际上还应该包括其他的著名人物，例如布雷德曼（Braverman, H.）、詹姆逊（Jameson, F.），等等。限于行文篇幅的考虑，对其他著名人物的考察这里就不再一一展开了。

（四）城市规划理论和城市社会学中的相关思想

哈维的理论研究包含诸多主要议题：资本、城市、全球化、帝国主义

---

① ［美］哈维：《希望的空间》，胡大平译，南京大学出版社2006年版，第16页。
② D. Harvey, *Spaces of Capital*, Edinburgh University, 2001, pp. 16–17.

和乌托邦,等等。单就城市研究这个主题来讲,使得哈维必然会对城市规划理论和城市社会学中的相关思想有所关注。例如,埃比尼泽·霍华德的关于"田园城市"的构想,罗伯特·帕克对"我们建造了房子,房子创造了我们"的阐释,沙龙·祖金关于迪士尼主题公园的分析,迈克·戴维斯对"监禁群岛"的论述,威廉·朱丽叶斯·威尔逊关于美国城市内城区"底层阶级"的揭示,等等(参见本书第五章第一节)。哈维的这种关注,其中隐含的批判性的反思成分是很明显的。此外,法国情境主义理论家居伊·德波(Guy Ernest Dobord)关于城市景观的批判①、曼纽尔·卡斯特尔的"集体消费"理论对资本主义城市问题和资本主义经济危机的阐发等,也与哈维的空间理论有着不可忽视的联系。

这里需要重点探讨一下哈维与列斐伏尔之间的关系,因为他们之间的关系看起来更复杂些。总的看来,哈维相对于列斐伏尔的思想体系而言具有相当大的独立性,是一种吸收和整合的关系,在空间问题上就是如此。

综上所述,哈维原本的专业领域就是地理学,而地理学是一门系统地思考空间问题的传统学科,所以很自然地,他一开始就对地理—空间有着非同寻常的知识基础、理论素养和领悟力。早在1969年出版的第一部著作《地理学中的解释》当中,哈维就对"空间的感知"与"空间的表达"、空间的社会—文化属性、空间概念的多维特征(绝对性、相对性和关系性)、空间观念与社会实践的矛盾和互动等很多方面进行了周详而清晰的阐述②。至于"社会空间"这个在社会理论当中得到极大阐发的概念在地理学那里其实也是早就被提出来了③,因此,哈维很早就把握住了这个概念,他指出,"由区位论——经常以欧式几何学来讨论的空间表达——提出的一些问题激起了对社会空间的新思想的兴趣"④。在1973年出版的《社会正义与城市》那里,他进一步明确划分了空间的三重视域:绝对空间(absolute space)、相对空间(relative space)和关系空间(rela-

---

① [法]居伊·德波:《景观社会》,王昭凤译,南京大学出版社2006年版,"代译序"第3—4页。
② [美]大卫·哈维:《地理学中的解释》,高泳源等译,商务印书馆1996年版,第231—275页。
③ [英]R.J.约翰斯顿:《人文地理学词典》,柴彦威等译,商务印书馆2004年版,第660—661页。
④ [英]大卫·哈维:《地理学中的解释》,高泳源等译,商务印书馆1996年版,第231页。

tional space)①。直到 2005 年，他依然强调他的空间观念是一以贯之的。②种种情况都表明，哈维对空间和时间的认识与思考既是由来已久的，又是自成一体的。

而列斐伏尔关于空间问题的思考成果正式出现在 20 世纪 60 年代末期出版的著作，特别是 1974 年出版的《空间的生产》这部著作当中。从时间上来看，列斐伏尔对哈维不构成直接的、显著的影响。虽然美国后现代地理学家爱德华·苏贾曾经说过，"列斐伏尔的空间理论早已以法语的形式通过曼纽尔·卡斯特尔的重要著作《城市问题》（1972）而为人们所熟知"③；不过，一方面，所谓列斐伏尔在 1972 年就"广为人知"这个说法恐怕不切实际，因为苏贾同时也说过，"直至最近十年，他的杰出成就才逐渐被广为认同，并在英语国家以历史为中心的马克思主义文化中备受推崇和赏识"④。另一方面，哈维在 1973 年的《社会正义与城市》当中明确表示：直到自己的这部著作收官之际他才接触到列斐伏尔的《马克思主义与城市》和《城市革命》。哈维的这个说法从他们两个人的著作出版时间上来看倒是十分可信的。

由此可以认为，哈维与列斐伏尔在对空间问题的关注和研究上，一开始基本上是平行开展的，在较长的一段时间里没有直接的影响和承继关系。这当然不是说哈维始终对列斐伏尔置若罔闻，而是说哈维有自己的理论自主性，他们之间只是存在着一种吸收和整合的关系。例如，在 2005 出版的《新自由主义化的空间》中，哈维把绝对空间、相对空间、关系空间与列斐伏尔提出的物质空间、"空间的再现""再现的空间"结合在一块，建构出了所谓的"空间性的通用矩阵"⑤。

还值得注意的是，哈维一方面对列斐伏尔表示尊敬，亲自为其著作《空间的生产》撰写后记，但即使在这个后记当中，他也没有意愿去正面

---

① D. Harvey, *Social Justice and The City*, Edward Arnold, 1973, p. 13.

② [美] 哈维：《新自由主义化的空间》，王志弘译，（台湾）群学出版有限公司 2008 年版，第 115—124 页。

③ Edward W. Soja, *Postmodern Geographies*, Verso, 1989, pp. 76 – 77. [美] 爱德华·W. 苏贾：《后现代地理学》，商务印书馆 2004 年版，第 116 页。引文参照中文版译出。

④ [美] 爱德华·W. 苏贾：《后现代地理学》，商务印书馆 2004 年版，第 73 页。

⑤ [美] 哈维：《新自由主义化的空间》，王志弘译，（台湾）群学出版有限公司 2008 年版，第 125—131 页。

说明自己与列斐伏尔的关系。并且，哈维对列斐伏尔还有所批判。例如，在《社会正义与城市》中，一方面，哈维指出，自己的这部著作是在看到列斐伏尔的著作之前独立完成的，并且发现：其中的研究成果在许多具体方面与列斐伏尔的理论思考是十分契合的；但另一方面，他并不赞同列斐伏尔的一个重要结论，即"曾经作为城市化的生产者的工业化现在正在被城市化所生产。工业社会从属于城市社会"，或者说，"城市化现在主导了工业社会"。对于列斐伏尔的这种"城市革命"论，哈维认为它言过其实，因为城市化的空间组织虽然就其自身来看可以说具有一种独立的结构，但它同时又包含于并且体现于某种一整套更为广阔的社会结构（例如，各种社会生产关系的网络）当中；也就是说，工业社会仍然是主导性的现实状况，工业社会及其内部结构在某些重要且关键的方面始终支配着城市化[①]。

对此，美国后现代地理学家爱德华·苏贾也指出，哈维和曼纽尔·卡斯特尔一样，都倾向于认为列斐伏尔"已将城市空间的'问题框架'抬高到难以容忍的中心地位和十分明显的自主地位。各种空间关系的结构被给予了过分的强调……列斐伏尔似乎是一个'空间独立主义者'，因此屈从于所谓的空间拜物教"[②]。这也表明，哈维从接触到列斐伏尔伊始，批判的态度就是比较鲜明的。

此外，哈维在接触到列斐伏尔之前，因为受到社会问题和城市问题的触动，遂从1971年开始自觉地研读《资本论》，很快就形成了把资本逻辑与城市空间的变化情况结合起来进行考察的理论进路，将马克思主义的政治经济学批判运用于城市研究，并试图把握空间、资本与阶级之间的微妙关系。哈维的这种方法论和思考路径，同样也不能说源自于列斐伏尔。其他许多方面，诸如在乌托邦问题上哈维对列斐伏尔的批评等[③]，这里就不必赘言了。

那么，列斐伏尔在哪些方面对哈维构成了重大的积极影响呢？笔者认

[①] 具体论述可参见 D. Harvey, *Social Justice and The City*, Edward Arnold, 1973, pp. 10, 302-314.

[②] Edward W. Soja, *Postmodern Geographies*, Verso, 1989, pp. 76-77；[美] 爱德华·W. 苏贾：《后现代地理学》，商务印书馆2004年版，第116—117页。引文参照中文版译出。

[③] 吴敏：《英国著名左翼学者大卫·哈维论资本主义》，载《国外理论动态》2001年第3期，第5页。

为，这主要体现在宏观方面的促进和推动作用，因为"唯有少数几个特别洪亮的声音，才震撼了以往二十年依然处于霸权地位的历史决定论，这些声音启动了后现代地理学的发展。在这些呼吁空间化的声音中，最具毅力、最执着并最坚持不懈的声音，当推法国马克思主义哲学家亨利·勒菲弗"①。简言之，作为空间转向运动先驱者的列斐伏尔，开拓了一片曾经荒芜的土地，激起了一股声势浩大的空间研究浪潮，也留下了大量可资利用的理论素材。对包括哈维在内的研究者来说，这本身就是一笔无形资产。在许多具体的学术层面，列斐伏尔的资本主义"幸存"论（空间的生产）、资本批判与城市空间批判相结合的方法、时间—空间—社会存在三位一体的辩证法、全球化批判与身体批判、超越性的乌托邦理想等，这些具体的方面或者与哈维的思想不谋而合，或者提供了进一步思考的方向，或者成为被整合的对象，或者变成了批判的资源和理论发挥的平台。总之，这些对后继研究者而言，弥足珍贵。

行文至此，现在有必要指出的是，上面所论述的哈维空间理论的四大思想源泉，渗透和体现于他的一系列著作当中，具有同时在场的性质，共同构成了哈维空间理论的基本背景。除此之外，由于哈维在不同时期关注和思考的主题有着比较明显的转换，例如，在20世纪70年代对发达资本主义国家的社会问题和城市问题的关注，在80年代对后现代主义文化问题的关注，在世纪之交对乌托邦理想问题的关注，等等。所以，对于他不同时期的著作来讲，其思想渊源就显得更为复杂、更为具体了。所以具体而言，哈维还与以下当代思潮有着复杂的互动关系：（1）生态主义思想以及生态主义的马克思主义理论；（2）女权主义思想以及女权主义的马克思主义理论；（3）后现代思潮以及后马克思主义理论；（4）乌托邦思想、当代反乌托邦和歹托邦的思潮，以及福柯关于异托邦的断想；等等。对于这些当代思潮，哈维从来不是简单化地照搬、排斥或对抗，而是具体问题具体分析，批判与吸收并举，以我为主，为我所用。

总之，作为一个对理论整合十分娴熟的高手，其思想渊源如此纷繁复杂，以至于要想在有限的篇幅里把它们完全梳理出来，这几乎是不可能完成的任务。更主要的是，哈维一般不会具体交代自己与其他理论家的关系。例如，在2001年的时候他就含糊地说，"过去30多年来关于这些议

---

① ［美］爱德华·W. 苏贾：《后现代地理学》，商务印书馆2004年版，第24页。

题的写作，我十分有幸地与很多学者和活动家展开交流……我亏欠他们太多太多，只是因为他们的人数如此众多，以至于难以一一道来"（我相信他们知道他们是谁）①，这显然也平添了很多条分缕析的难度。

第三节 研究概况

哈维是一个被贴上多重标签的人，他的思想理论所涉及的学科十分广泛，甚至可以说十分庞杂。这既表明他的理论把握和整合的能力令人敬佩，也表明他在多个学科领域都取得了成就。所以，不难理解哈维在接受《新左派评论》的访谈、回答为什么会突然在《巴黎，现代性之都》这本书中引用了众多文学作品时，他能够很自信地说："那时我的学术地位相当稳固；我感到没有必要墨守于任何狭窄的专业领域。"②这种情况使我们在介绍国内外的"研究概况"时会不时地转入不同的话题，更何况，人们在对哈维那错综复杂的思想理论进行研究时的切入点和视域是不一样的。

一 国外概况

哈维作为地理学家的形象相对更为鲜明，而且往往被看作新马克思主义地理学代表人物之一。20世纪80年代初，著名地理学家、英国谢菲尔德大学地理学教授R. J. 约翰斯顿在《哲学与人文地理学》这部杰出的学术著作中，频繁地提到哈维的思想观点，尤其是大量地引用《地理学中的解释》所提出的思想观点，由此，哈维一开始作为实证主义地理学开拓者的地位与影响力，可见一斑。当谈到结构主义对人文地理学的影响和渗透时，R. J. 约翰斯顿再度提到了哈维，把他称之为"马克思主义在地理学中发展的主要始作俑者之一"③。此外，约翰斯顿对《社会正义与城市》这部著作也赞誉有加。

在由R. J. 约翰斯顿主编、几十位英国著名的地理学家集体撰写的

---

① D. Harvey, *Spaces of Capital*, Edinburgh University, 2001, p. x.

② 吴敏：《英国著名左翼学者大卫·哈维论资本主义》，《国外理论动态》2001年第3期，第6页。

③ ［英］R. J. 约翰斯顿：《哲学与人文地理学》，蔡运龙等译，商务印书馆2000年版，第171页。

《人文地理学词典》① 中，凡是哈维于 1994 年之前发表和出版的著作，其相关的思想观点常常被用来作为许多词条的解释，并且，哈维的著作都被列为推荐书目。

法国著名地理学家、地理学思想史家保罗·克拉瓦尔在《地理学思想史》当中对哈维多有论述。他指出，哈维原先为实证主义地理学之干将，但于 1972 年开始转向了马克思主义并出版《社会正义与城市》一书，"他这个转变的影响极广"②。保罗·克拉瓦尔在论及《资本的界限》这部著作时指出，哈维"为了提供西方马克思主义一个现代观点，使空间在其中扮演了一个角色……他在西方马克思主义理论上维持了一个主流地位，借用危机分析来引介空间和地理学"③。不过，保罗·克拉瓦尔又认为，哈维在《资本的界限》这部著作中所采用的主导性的解释模式实质上仍然属于过度积累的正统观点，而空间在其中仍然扮演着有限的第二角色。也就是说，哈维著作中那个主导性的"非空间大理论"（即历史唯物主义视域以及这种视域下的过度积累和危机的理论）与夹杂其间的"一般空间的中层理论"之间存在着不容忽视的反差，这种理论内部的反差削弱了理论的力道④。

杰出的后现代地理学家、洛杉矶学派的领军人物、美国加利福尼亚大学教授爱德华·W. 苏贾在《后现代地理学》中对哈维也做出了详细的考察。首先，他认为，哈维向马克思主义的戏剧性转变，"起到了开路先锋的作用，并产生了特殊的影响，尤其是对年轻一代的地理学者来说，他们这段时期在教授的指导下开始关注哈维的研究成果。经过哈维令人振奋的方向性改变，现代地理学的面貌从此焕然一新。尽管激进的地理学在起初显得更具有异质性，但它仍然很快走上了对地理分析进行热诚的马克思化的道路，其开路先锋者依然是哈维"⑤。

其次，苏贾注意到了早期马克思主义地理学著作当中的结构主义成

---

① 该词典首版于 1981 年，在 1994 年增订到第 3 版，颇受赞誉和欢迎。
② [法]保罗·克拉瓦尔:《地理学思想史》（第 3 版），郑胜华等译，北京大学出版社 2007 年版，第 167 页。
③ 同上书，第 186 页。
④ mega-theory: 大理论；meso-theory: 中层理论。具体可参见保罗·克拉瓦尔《地理学思想史》（第 3 版），郑胜华等译，北京大学出版社 2007 年版，第 186 页。
⑤ [美]爱德华·W. 苏贾:《后现代地理学》，商务印书馆 2004 年版，第 80 页。

分，例如，哈维在《社会正义与城市》这部著作当中追寻皮亚杰的结构主义认识论；但是，苏贾并不认为早期马克思主义地理学是纯粹的结构主义。苏贾还认为，哈维对资本主义制度下城市化进程的分析，虽然有很大的形式化色彩，但总的看来是深刻的、鞭辟入里的。

最后，苏贾还注意到，哈维在把地理学与马克思主义结合起来，从而使历史唯物主义空间化的过程中，对于如何协调空间与马克思主义之间的关系，即如何确定空间在马克思主义理论中的恰当位置，一度是游移不定的。一方面，"马克思主义本身必须进行批判性的重构，以便包容显著而又重要的空间这一方面……沿袭传统而来的历史唯物主义正统观念并没有为空间这一问题留出多少余地。因而，仅仅使地理学具备马克思主义思想，这已显得不足。对马克思主义进行空间化、重新将历史的构建与地理学的构建结合起来，这就有必要开展另一轮更具有破坏性的批判性思维"[1]。另一方面，问题在于，社会理论的空间化以及对空间的强调和重申到底能被允许到什么程度，这是争议很大的。有些人超越性地提出了某种空间本体论，著名的社会学家彼得·桑德斯（P. Saunders）则认为只需要"将空间视为经验主义考察中的一个偶然因素"[2]，也就是说，空间只具有经验的意义，因此不必把它理论化并提升到普遍性的高度。对于哈维试图在历史唯物主义的大框架当中加入空间议题，桑德斯认为这种折中做法不是没有困难："哈维一直采取模棱两可的态度，犹豫不决而又富有想象力地迈向社会—空间的辩证法，但是，他似乎总要回归到严格的马克思程式，即使这种程式化的局限性已变得更加清晰可见。"[3] 所以，在苏贾看来，《资本的界限》这部著作即是哈维专横地进行"合成"的产物，里面存在着很不和谐的成分。不过，苏贾也承认，哈维最终突破了早期的矛盾心理，开始发展出一种改革性的历史—地理唯物主义。

美国克拉克大学地理研究所教授理查德·皮特（R. Peet）在其专著《现代地理思想》当中对哈维评价颇高。理查德·皮特指出，20世纪60年代关于地理学学科性质和研究路线的争论，随着哈维《地理学中的解释》这部著作的出版而得到了解答，因为"哈维的《地理学中的解释》

---

[1] [美] 爱德华·W. 苏贾：《后现代地理学》，商务印书馆2004年版，第91页。
[2] 转引自 [美] 爱德华·W. 苏贾《后现代地理学》，商务印书馆2004年版，第106页。
[3] [美] 爱德华·W. 苏贾：《后现代地理学》，商务印书馆2004年版，第89页。

以逻辑实证论和科学方法的重炮,轰击独特区域的'单纯描述',将它击为碎片","地理学耗费了一个多世纪,才以其现代形式现身"①。理查德·皮特还认为,展示了哈维思想转变过程的《社会正义与城市》一书,为那些同样在自由主义与马克思主义之间徘徊的人们提供了指引②。对于《社会正义与城市》,理查德·皮特的一个评论值得重视,笔者也深以为然。他说,"在《社会正义与城市》(Social Justice and The City)里,哈维在解释都市状况和空间时,运用了某个版本的结构主义,引自皮亚杰(Piaget)。但是,他并未尝试有系统地阅读列维—施特劳斯或阿尔都塞,没有刻意地将他们的著作整并到马克思主义地理学,事实上,他确实不是个阿尔都塞派的结构主义者"③。

理查德·皮特把转向马克思主义之后的哈维视为"资本逻辑(capital logic)"学派之成员,这个学派的理论逻辑是这样的:(1)揭示资本积累之历史动态中的矛盾;(2)指明这些矛盾在空间中显现的效果;(3)确证那些空间效果又以不平衡发展的形式加剧了矛盾。无疑,资本逻辑学派始终把资本积累置于生产方式在地理空间中的动态过程的核心。在理查德·皮特看来,哈维1973年之后的一系列著述,已经牢牢地抓住了资本逻辑,例如哈维写于1975年的"资本主义积累的地理学:马克思理论的重构"④这篇文章,而这一系列创造性阐述的巅峰之作当数《资本的界限》一书⑤。

理查德·皮特还注意到了哈维在对待后现代主义时的某种态度缓和。在《后现代的状况》当中,哈维对后现代主义的批判很尖锐:资本主义政治—经济模式从福特主义—凯恩斯主义向"弹性积累"的转变,导致了显著的

---

① [美]理查德·皮特:《现代地理思想》,王志弘等译,(台湾)群学出版有限公司2005年版,第50、48页。

② 同上书,第118页。

③ [美]理查德·皮特:《现代地理思想》,王志弘等译,(台湾)群学出版有限公司2005年版,第197—198页。引文中"列维—施特劳斯"和"阿尔都塞"这两个人名的现译,是笔者按照大陆的通常提法改过来的,原译为"李维史陀"和"阿图塞"。——引者注

④ 这篇文章在1978年得到修订和扩充,后来被哈维连续收录于1985年的《资本的城市化》和2001年的文集《资本的空间》。

⑤ [美]理查德·皮特:《现代地理思想》,王志弘等译,(台湾)群学出版有限公司2005年版,第153—156页。

"时空压缩",这是后现代主义话语急剧升温的基础。因此,后现代主义话语不但遮蔽了问题之根本所在,而且终将为资本积累所捕获。就哈维的这个结论而言,这样一来,马克思主义阵营与后现代主义派系之间的敌意就越来越高。① 时隔7年之后,在《正义、自然与差异地理学》当中,哈维对"差异"、他者、异质性等话语已是很关注了。当然,理查德·皮特并没有明确地说哈维因此而成为一个后现代地理学家,也许他确实不是这样看待哈维的。但值得注意的是,美国后现代地理学家爱德华·W.苏贾却已经把哈维看作是后现代地理学的先驱人物了②,这个看法其实是值得怀疑的。

这里需要指出的是,哈维在被看作一个新马克思主义地理学家的同时,由于他当时的研究视野比较明显地放到城市上面,并取得了不俗的成绩和反响,所以他同时也被看作新马克思主义城市社会学家。

据山东大学哲学与社会发展学院高鉴国教授的考察,就西方学界来看,"在所有论述新马克思主义城市研究的著述中,都要涉及卡斯泰尔斯和哈维这两个代表人物"。早在1984年,约翰·L.佩特森(John L. Paterson)就出版了一本关于哈维地理学思想的研究专著:《大卫·哈维的地理学》(*David Harvey's Geography*)。艾拉·卡茨内尔森(A. Katznelson)则撰写了一部研究马克思和新马克思主义城市理论的专著:《马克思主义与城市》(*Marxism and the City*)。英国苏塞克斯(Sussex)大学彼得·桑德斯(P. Saunders)教授则在《社会理论与城市问题》③当中对哈维等人的学术观点进行了介绍和评论。类似的著作还有《城市与社会理论》④(Smith,1980)、《城市社会学、资本主义与现代性》⑤(Savage and Warde,1993)、《新城市社会学》⑥(Gottdiener,1994),等等。虽然这些研究活动推动了马克思主义城市理论的深入发展,但高鉴国教授同时认为,西方学者的研究中也存在着一些问题:(1)大部分研究作品只是一般性的介绍,其作者多是年轻之辈,所以缺乏深刻的、独到的和比较性的研究;(2)不少评论带有明显的自由主义色

---

① [美]理查德·皮特:《现代地理思想》,王志弘等译,(台湾)群学出版有限公司2005年版,第300页。
② [美]爱德华·W.苏贾:《后现代地理学》,商务印书馆2004年版,第12页。
③ P. Saunders, *Social Theory and Urban Question*, Hutchinson, 1981.
④ P. M. Smith, *The City and Social Theory*, Blackwell, 1980.
⑤ M. Savage and A. Warde, *Urban Sociology, Capitalism and Modernity*, Macmillan, 1993.
⑥ M. Gottdiener, *The New Urban Sociology*, McGrawHill, 1994.

彩，攻击有余，说理不足。总体上看，头头是道的综合性成果实在是不多见。①

英国苏塞克斯大学社会学教授彼得·桑德斯（P. Saunders）的空间观对哈维的空间理论构成了压力。在一个以明确界定"无空间的城市社会学"为宗旨的文章中，桑德斯的结论如下：

> 自本世纪初罗伯特·帕克的研究开始以来，城市社会学家一直在努力发展各种理论洞察力，但由于坚持要与空间问题相结合，其洞察力反而受到了削弱。现在，该是我们脱掉这一理论紧身衣的时候了；该是赋予空间以应有的地位的时候了，将空间视为经验主义考察中的一个偶然因素，而不是从其普遍性的角度出发，将其视为一个不可或缺的因素加以理论化；该是城市社会理论对存在于空间中的社会组织的某些方面提出一种鲜明的聚焦点的时候了，而不是企图去维系对社会中空间组织的无效强调。概言之，该是发展一种无空间性的城市社会学的时候了，尽管这种社会学承认空间安排的经验性意义，可并不竭力去将这些空间安排提升到一种特殊的理论研究对象的高度。②

哈维当然不会同意桑德斯的观点，他说，"出现了这么一股危险的，并且没有根据的论调，即认为嬗变着的城市和区域政治学不可能与任何一种关于马克思主义资本积累理论的严格阐述相兼容。这种论调的气息让人感到很奇怪。它不仅包括像桑德斯这样的本性上倾向于戴着有色眼镜看待任何版本马克思主义理论的人，还包括马克思主义传统中一些过去的同情者和现在的实践者"③。哈维不为所动，以继续推出自己的著作作为回应。

在哈维一系列的著作中，最为有名、广为人知的当数《后现代的状况》了。不少作者纷纷加以评论和引证。例如，乔治·拉伦（Jorge Larrain）的《意识形态与文化身份》④、南·艾琳（Nan Ellin）的《后现代城

---

① 本段综述来源于高鉴国《新马克思主义城市理论》，商务印书馆2006年版，第39—41页。
② 转引自［美］爱德华·W. 苏贾《后现代地理学》，商务印书馆2004年版，第105—106页。
③ D. Harvey, *The Urbanization of Capital*, Hopkins University, 1985, p. 125.
④ ［英］乔治·拉伦：《意识形态与文化身份》，戴从容译，上海教育出版社2005年版。

市主义》①、乔治·瑞泽尔（Jorge Ritzer）的《后现代社会理论》②、布赖恩·特纳（B. S. Turner）主编的《Blackwell 社会理论指南》③、阿雷恩·鲍尔德温（E. Baldwin）等编写的《文化研究导论》④，等等。其中，美国南加州大学地理学教授米歇尔·J. 迪尔（Michael J. Dear）对哈维的批判显得比较激烈。

在《后现代都市状况》这部专著中，通过考察哈维《后现代的状况》关于后现代主义的观点，米歇尔·J. 迪尔认为，"它在总体上难以避免对后现代思想、后现代政治学、后现代建筑和后现代主义者所持的憎恶态度。虽然他在对待地理和政治经济方面还像以前那样具有洞察力，但他似乎难以认同差异性（米执安·默里也指出存在着两个哈维，'作为马克思主义地理学家的好哈维和作为文化批评家的坏哈维'）"⑤。米歇尔 J. 迪尔认为，与哈维的想象不同的是，后现代主义者不是在玩弄纯粹的游戏，而是始终在深思熟虑地思考，并且对现实的社会运动和斗争也提供了不少有益的帮助。然而，哈维有一种强烈的排斥其他理论存在、却对自己的理论过于信赖的倾向，"哈维对后现代主义横加批驳，却几乎没有对自己的历史唯物主义进行任何审视"⑥。

总之，在米歇尔·J. 迪尔看来，哈维的著作中充满了霸权，"只不过是一个过了时的马克思主义的贫民窟。1989 年以来，哈维发表了一些文章，以此来回答人们对他的批评，继而转向公正和环境问题。他最新出版的《正义、自然和差异地理学》，几乎没有涉及后现代主义，'后现代主义'这个词虽然也频繁出现，但常加着引号"⑦。

通读米歇尔·J. 迪尔的文章，笔者感到他情绪有余，说理不足。因

---

① [美] 南·艾琳：《后现代城市主义》，张冠增译，同济大学出版社 2007 年版。
② [美] 乔治·瑞泽尔：《后现代社会理论》，谢立中等译，华夏出版社 2003 年版。
③ [英] 布赖恩·特纳主编：《Blackwell 社会理论指南》（第 2 版），李康译，上海人民出版社 2003 年版。
④ [英] 阿雷恩·鲍尔德温等：《文化研究导论》，陶东风等译，高等教育出版社 2004 年版。
⑤ [美] 米歇尔·J. 迪尔：《后现代都市状况》，李小科等译，上海教育出版社 2004 年版，第 107 页。
⑥ 同上书，第 108 页。
⑦ 同上书，第 114—115 页。

为，米歇尔 J. 迪尔在环境、女权、同性恋、差异、他者等方面对哈维进行指责的同时，由于意气用事而无视哈维在《正义、自然和差异地理学》《希望的空间》等著作中所做出的新的努力。

二　国内概况

虽然从时间上看，哈维与中国学界可以说是结缘已久，因为早在 1996 年商务印书馆就出版了他的成名之作——《地理学中的解释》。但是，哈维当时的声名和影响只限于地理学界，并没有扩散开来。所以，长期以来，一方面，迄今为止还没有专门研究哈维的专著出现，甚至硕士生和博士生在毕业论文选题时，往往未能敏感地注意到哈维突出的学术价值和地位[①]；另一方面，在最近几年里，国内不少学者也越来越重视哈维，他的一些著作相继被翻译成中文，哈维的思想观点逐渐被更多的学人们所了解，一些研究性的文章开始陆续见诸报刊。因此，哈维的声名和影响开始波及哲学、地理学、城市社会学、文学等比较广泛的领域。不过，总的看来，目前国内的哈维研究显然还处于起步阶段，有待深入。

北京大学地理系的蔡运龙先生早在 1990 年就已经注意到了作为实证主义者的哈维，他在《地理研究》上发表了《地理学的实证主义方法论——评〈地理学中的解释〉》。[②] 这篇文章交代了《地理学中的解释》这本书的来龙去脉和主要内容。同年，蔡运龙先生把哈维的《论地理学的历史和现状：一个历史唯物主义的宣言》翻译出来，发表于《地理科学进展》[③]。自此之后，国内的哈维研究大约沉寂了 4 年时间，直到华中师范大学科技史与科学哲学研究中心的硕士生导师张祖林先生在进行"当代西方地理学方法论流派研究"时推出了一个阶段性的成果：《当代西方地理学中的马克思主义学派》，这篇文章发表于 1994 年的《自然

[①] 这是指本书稿于 2009 年 6 月成稿时的情况。可喜的是，五年后的 2014 年下半年，国内两位博士出版了他们关于哈维研究的专著，是国内哈维学术研究的有益探索。参见张佳《大卫·哈维的历史—地理唯物主义理论研究》，人民出版社 2014 年版；唐旭昌《大卫·哈维城市空间思想研究》，人民出版社 2014 年版。

[②] 蔡运龙：《地理学的实证主义方法论——评〈地理学中的解释〉》，《地理研究》1990 年第 8 期。

[③] [美] 哈维：《论地理学的历史和现状：一个历史唯物主义的宣言》，蔡运龙译，《地理科学进展》1990 年第 3 期。

第一章 走进哈维：空间理论的基本论域　　63

辩证法研究》①，主要是对哈维的"人民地理学"思想进行了介绍。此后，张祖林先生还与孙爱军合作撰写了《结构主义与结构主义地理学》②一文，刊载于1996年的《自然辩证法研究》，此篇文章对结构主义的地理学进行了比较全面和系统的说明，并且注意到了哈维在《社会正义与城市》这部著作当中对资本主义城市化进行研究时所包含的结构主义的方法论色彩，但是文章并没有就此具体展开，而是一语带过。

1996年，哈维的成名之作《地理学中的解释》③被高泳源、刘立华和蔡运龙三位先生联合翻译出版。译者还专门写了"译者前言"，详细介绍了哈维。不过学界的反应好像并不明显。在该书被译出大约两年后，中国人民大学社会学系夏建中副教授在《社会学研究》上发表了《新城市社会学的主要理论》④一文，明确地把哈维划归为"新城市社会学"的奠基人和中坚人物。并且，该文还提到了哈维在《资本的界限》《资本的城市化》《意识与城市经验》等一系列著作中所体现出来的把"资本积累"与"阶级斗争"接在一起进行解释的模式（笔者愿意把这种并列交错的解释模式称之为"双螺旋结构"）。尤其值得肯定的是，该文讨论了哈维关于资本积累和资本主义危机的"三次循环"理论，这在国内的哈维研究领域可以说当属首次。笔者认为，最重要的地方在于，夏建中副教授的文章作为一个信号，标志着社会学界开始关注哈维其人其书，不单单把哈维看作一个地理学家，而且还看作一个城市社会学家。可以说，哈维的形象和影响力从此开始突破了地理学这个领域，呈现出扩散的苗头了。例如，《武汉城市建设学院学报》发表了同济大学建筑与城市规划学院韩丽桃女士的文章《城市的"冲突"——"新马克思主义"与西方现代城市规划》⑤，把哈维看作新马克思主义城市社会学的代表人物之一。

1999年，南京大学城市与资源学系的顾朝林教授，偕同刘海泳在《地理科学》上发表了《西方"马克思主义"地理学——人文地理学的一

---

① 张祖林：《当代西方地理学中的马克思主义学派》，《自然辩证法研究》1994年第3期。
② 张祖林、孙爱军：《结构主义与结构主义地理学》，《自然辩证法研究》1996年第2期。
③ 哈维：《地理学中的解释》，高泳源等译，商务印书馆1996年版。
④ 夏建中：《新城市社会学的主要理论》，《社会学研究》1998年第4期。
⑤ 韩丽桃：《城市的"冲突"——"新马克思主义"与西方现代城市规划》，《武汉城市建设学院学报》2000年第1期。该文收稿于1999年4月，发表于2000年3月。

个重要流派》①一文，这篇文章在介绍西方马克思主义地理学时，顺带谈到了哈维，所占篇幅只有一段。不过，他们开始注意到了哈维的新著《正义、自然与差异地理学》，并且比较准确地点出了哈维在《资本的界限》这本书中试图对马克思的《资本论》进行"再解释和再构造"这个主旨。值得一提的是，《国外理论动态》2001年第3期刊载了著名杂志《新左派评论》于2000年对哈维的访谈录，不过，由吴敏编译的访谈录是精简版，做了大量删减，这不能不说是一大遗憾。②

哈维在国内学界所受到的关注在持续增加。2002年5月29日的《中华读书报》"学术大师"栏目登载了介绍哈维的一系列文章。例如，唐晓峰的《思想者哈维》、顾朝林和李平合写的《哈维与马克思主义地理学》，以及蔡运龙的《大卫·哈维：地理学实证派的集大成者和终结者》，等等。这一组文章概要地向广大读者介绍了哈维，很有意义。这无疑表明国内学者越来越重视哈维了。如果说以往对哈维的关注是断断续续的话，那么此后的关注则显得越来越密集了。

随着国内学界对全球化、现代性、后现代主义等话语的讨论和争论越来越激烈，国人豁然再度发现了哈维，因为他早已有一部阐述全球化、后福特主义、现代性与后现代主义的佳作——《后现代的状况》。这部佳作即使在西方学界也堪称广为人知，虽然对它不乏批评之音，但更多的是赞誉之声。因此，2003年，四川大学文学与新闻学院阎嘉教授翻译了《后现代的状况》，由商务印书馆出版③。自此以后，"时空压缩"一词迅速流传开来，成为时髦话语。可以说，哈维之所以能够被国内学术界迅速而广泛地接受，《后现代的状况》这部著作以及著作当中的"时空压缩""弹性积累"等术语都居功至伟！总的看来，这本书确实是哈维"迄今最成功的一本书"④。

这里有必要指出的是，虽然大家往往以谈论"时空压缩"为时髦，但笔者认为，在谈论"时空压缩"时，更要牢牢把握住资本积累这个核

---

① 顾朝林、刘海泳：《西方"马克思主义"地理学——人文地理学的一个重要流派》，《地理科学》1999年第3期。

② 哈维：《英国著名左翼学者大卫·哈维论资本主义》，吴敏编译，《国外理论动态》2001年第3期。

③ 戴维·哈维：《后现代的状况》，阎嘉译，商务印书馆2003年版。

④ ［美］哈维：《新自由主义化的空间》，王志弘译，（台湾）群学出版有限公司2008年版，第2页。

心。按照哈维的思路，《后现代的状况》这部著作的核心主旨当属"资本积累"这个资本主义的要害。因为我们知道，哈维之所以毅然决然地介入后现代的讨论，是因为他觉得，后现代这种话语的滥觞，其危险在于：可能会掩盖和淹没诸如"利润""资本积累""阶级斗争"这类能够直接切入和揭示当代世界的资本主义实质的话语，从而使人们既摸不透现实，又看不清未来。哈维对后现代状况的剖析，就是要澄清它的脉络：资本积累→时空压缩→后现代的状况，这样就可以把人们重新拉回到自从现代性以来的资本积累进程当中去，也就可以把人们重新拉回到马克思主义的资本批判这个层面上了。并且，既然后现代主义只是现代主义的强化版，那么，如果只是在表层凸显后现代主义者的那些"他者""多样性"和"否思"的话语，就不能从根本上击破一体化的资本逻辑。因为，只要一体化的资本逻辑得不到根除，那么只能导致两种结果：资本积累要么凭借其强大的侵蚀能力吞噬掉后现代主义者的多彩想象，要么使后现代的状况服从和服务于资本积累的逻辑。笔者的这个看法是有依据的，哈维曾明确指出："当时公认的两种观点是：现代主义以其非人性的信条，用理性规划的刻板模式，毁坏了我们的城市；相反，后现代主义尊重城市的自然发展和无序格局的价值，促成建筑风格的自由多样性"，而哈维本人则"屏弃了这两种观点，指出众多丑陋的发展现实的出现，不是因为过于遵从规划原则，而是因为规划者屈服于市场的压力"，他"要揭示的是，即使建筑艺术想象力真的开花也只会导致新的千篇一律，而诸多后现代主义者过于天真烂漫。人们需要在经济领域探索深层的变化"[①]。总之，我们认为，谈论时空压缩是必要的，但不是最主要的。

总之，目前对哈维著述的翻译和研究渐渐形成了一定的气候。初步看来，目前国内的哈维研究，形成了一些颇具特色的板块：

1. 哈维曾经几次访问台湾，到大学或者研究院所作演讲。台湾学者比较侧重于从日常生活空间、消费空间、心理空间、女性空间等多个（分属）层面来探讨"社会空间"，而政治经济学、阶级斗争之类的视角则不那么明显。还有一点，台湾的翻译工作做得比较勤快，一些近期的哈维著作能够被很快地翻译出来并出版发行，例如，《巴黎，现代性

---

① 吴敏：《英国著名左翼学者大卫·哈维论资本主义》，载《国外理论动态》2001年第3期，第6页。此段译文根据原文有所调整。——引者注

之都》①《新帝国主义》②《新自由主义化的空间》③，等等。此外，与哈维研究有关的中文繁体译著也得以比较快地面世，例如，理查德·皮特的《现代地理思想》④、加斯东·巴舍拉的《空间诗学》⑤，等等。

2. 南京大学的胡大平教授一直在稳扎稳打地推进对哈维著作的翻译和研究工作。2006 年，胡大平教授译出的《希望的空间》由南京大学出版社出版发行。据了解，哈维的另一部十分重要的著作《正义、自然与差异地理学》也将于近期由胡大平教授译出并出版。在这个过程中，胡大平教授还写下了一些介绍性和研究性的文章。例如，"从历史唯物主义到历史地理唯物主义——哈维对马克思主义的升级及其理论意义"⑥、"社会批判理论之空间转向与历史唯物主义的空间化"⑦、"晚期马克思主义研究（笔谈）"⑧、"为什么以及如何通过空间来探寻希望？——哈维〈希望的空间〉感言"⑨、"马克思主义理论的时间敏感性"⑩、"日常生活的时间意识与历史意识的时间性"⑪，等等。特别值得一提的是，依托于南京大学马克思主义社会理论研究中心的《社会理论论丛（第 3 辑）》，在 2006 年推出了"专题研讨：大卫·哈维与现代性空间研究"。该专题研讨主要由以下几篇文章组成："从地理学到生态社会主义政治学——文献史和问题史中的哈维""历史地理唯物主义与希望的空间——晚期马克思主义视域中

---

① [美] 哈维：《巴黎，现代性之都》，黄煜文译，（台湾）群学出版社 2007 年版。

② [美] 哈维：《新帝国主义》，王志弘等译，（台湾）群学出版有限公司 2008 年版。

③ [美] 哈维：《新自由主义化的空间》，王志弘译，（台湾）群学出版有限公司 2008 年版。

④ [美] 理查德·皮特：《现代地理思想》，王志弘等译，（台湾）群学出版有限公司 2005 年版。

⑤ [法] 加斯东·巴舍拉：《空间诗学》，龚卓军等译，（台湾）张老师文化事业股份有限公司 2003 年版。

⑥ 胡大平：《从历史唯物主义到历史地理唯物主义——哈维对马克思主义的升级及其理论意义》，《南京大学学报》（哲学社会科学版）2004 年第 5 期。

⑦ 胡大平：《社会批判理论之空间转向与历史唯物主义的空间化》，《江海学刊》2007 年第 2 期。

⑧ 胡大平：《晚期马克思主义研究（笔谈）》，《南京大学学报》（哲学社会科学版）2004 年第 5 期。

⑨ 胡大平：《为什么以及如何通过空间来探寻希望？——哈维〈希望的空间〉感言》，《中国图书评论》2007 年第 5 期。

⑩ 胡大平：《马克思主义理论的时间敏感性》，《河北学刊》2006 年第 2 期。

⑪ 胡大平：《日常生活的时间意识与历史意识的时间性》，《江海学刊》2000 年第 2 期。

第一章　走进哈维：空间理论的基本论域　　67

的哈维""地理学想象与社会理论——社会理论视域中的哈维"以及"全球空间中的身体和政治人"[1]，等等。这些文章阅读起来，总的感觉是比较注重马克思主义政治经济学批判，比较注重历史唯物主义的视域和框架，并且，这些文章的说理很透彻。[2]

3. 上海有比较浓厚、得天独厚的研究城市文化和城市空间的条件与氛围，相关出版物相对比较多。例如，由上海师范大学都市文化研究中心、上海高校都市文化 E—研究院主办，上海三联书店出版发行的连续刊物《都市文化研究》；由许纪霖任主编的《知识分子论丛》在第 4 辑也推出了都市译作，其中就包括哈维的两篇文章："新自由主义和阶级力量的重建"和"社会正义、后现代主义和城市"；[3] 由汪明安等人主编的《城市文化读本》也选编了哈维的两篇文章："从管理主义到企业主义：晚期资本主义城市治理的转型"和"资本主义制度下的城市化进程：分析的框架"；[4] 由包亚明主编的《现代性与空间的生产》则含有哈维的另一篇重要文章："时空之间——关于地理学想象的反思"[5]。此外，由复旦大学国外马克思主义与国外思潮创新基地、复旦大学当代国外马克思主义研究中心、复旦大学哲学学院联合主编的《国外马克思主义研究报告》，分别在 2007 年度和 2008 年度的报告中纳入了翻译、介绍和研究哈维著作的相关文章，例如，华中科技大学董惠副教授对哈维新著《全球资本主义的空间》的评介，孔明安对哈维《新帝国主义》部分章节的翻译，等等。[6]

还需要指出的是，四川大学的阎嘉教授不但译出了《后现代的状况》，而且据他透露，很快也将译出《巴黎，现代性之都》，并交由广西师范大学出版社出版。[7] 在阎嘉教授的带领下，四川大学在文学的空间批

---

[1] 张一兵等主编：《社会理论论丛（第 3 辑）》，南京大学出版社 2006 年版。
[2] 笔者在研究和写作的过程中，在很多方面受到了胡大平教授的帮助和启发。在此深表谢意！
[3] 罗岗主编：《帝国、都市和现代性》，江苏人民出版社 2006 年版。
[4] 汪明安等主编：《城市文化读本》，北京大学出版社 2008 年版。
[5] 包亚明主编：《现代性与空间的生产》，上海教育出版社 2003 年版。
[6] 俞吾金主编：《国外马克思主义研究报告》（2007），人民出版社 2007 年版；俞吾金主编：《国外马克思主义研究报告》（2008），人民出版社 2008 年版。
[7] 阎嘉：《现代性的文学体验与大都市的空间改造——戴维·哈维的〈巴黎，现代性之都〉》，《江西社会科学》2007 年第 8 期，第 78 页注释①。

评、空间叙事研究等方面取得了不俗的成绩,具有自己的特色。苏州大学的任平教授对空间理论亦有自己独到的思想观点,他出版了专著《交往实践的哲学:全球化语境中的哲学视域》①,并且写下了一些空间研究的文章,例如,"论空间生产与马克思主义的出场路径"②、"空间的正义——当代中国可持续城市化的基本走向"③,等等。以任平教授为首的苏州大学研究团队,在空间研究包括哈维研究方面所取得的成果值得关注,例如,苏州大学的孙江博士最近出版了自己的著作《"空间的生产"——从马克思到当代》④。此外,山东大学哲学与社会发展学院高鉴国教授在《新马克思主义城市理论》⑤当中对于新马克思主义城市社会学的来龙去脉、发展阶段等基础问题的阐述十分清晰,所提供的资料信息很丰富,对哈维也多有介绍。再者,2009年初,社会科学文献出版社推出了初立忠的译著《新帝国主义》⑥。

不过,单就《希望的空间》这部著作来看,对之进行阐述的文章则显得十分稀少,除了胡大平教授所写出的部分文章外,国内学者鲜有着墨。包亚明先生主编的《现代性与都市文化理论》这部书中倒是有一章专门谈论了《希望的空间》,但其内容属于概括性质,甚至其语句大多乃是直接来自中文版译著。⑦

以上综述难免有所遗漏,并且,对哈维的研究也正在深入发展中。总的看来,国内学界的哈维研究大体上还处于著作翻译和思想介绍的阶段,缺乏深入而专门的系统探讨,因此需要学界同仁继续努力。

第四节 认真对待乌托邦理想

行文至此,有必要集中谈一谈哈维为什么要提出"辩证的乌托邦理想"。

---

① 任平:《交往实践的哲学:全球化语境中的哲学视域》,云南人民出版社2003年版。
② 任平:《论空间生产与马克思主义的出场路径》,《江海学刊》2007年第2期。
③ 任平:《空间的正义——当代中国可持续城市化的基本走向》,《城市发展研究》2006年第5期。
④ 孙江:《"空间的生产"——从马克思到当代》,人民出版社2008年版。
⑤ 高鉴国:《新马克思主义城市理论》,商务印书馆2006年版。
⑥ [美]哈维:《新帝国主义》,初立忠等译,社会科学文献出版社2009年版。
⑦ 包亚明主编:《现代性与都市文化理论》,上海社会科学院出版社2008年版,第137—155页。

第一章　走进哈维：空间理论的基本论域

作为一个坚定的马克思主义者，哈维的理论思考始终以"解放"为根本指向。这一点，在他刚刚把目光转向马克思主义理论时就已经很明显了。在《社会正义与城市》中，他反对那些鼓吹维护既定统治秩序和社会现状的理论，把它们称之为"反革命的理论"，而他本人则追求"革命的理论"，并要求付诸革命的实践。在《资本的界限》中，通过改造和更新马克思主义政治经济学批判，哈维揭示了资本主义积累和循环的内在矛盾与危机，为突破资本主义这个牢笼打开了新的理论境界。在《资本的城市化》这部著作中，哈维进一步指出，资本主义危机主要有三种类型，即局部性的危机（partial crises）、转换性的危机（switching crises）和全球性的危机（global crises）[1]。如果说早期资本主义危机主要表现为局部性的危机和转换性的危机，那么随着全球化时代的到来，资本主义危机则越来越具有显著的全球化特征。全球性危机的影响范围十分广大，覆盖了资本主义生产体系中的所有部门、所有领域和所有地区；这也是一种全方位的危机，包括固定资本和消费基金的贬值、科学技术的危机、国家财政支出的危机、劳动生产力的危机等。虽然资本主义全球性的危机迄今为止只爆发了两次[2]，分别在20世纪30年代和70年代对人类社会造成了巨大的伤害和诸多复杂的后果，不过由此可以想象：提出超越资本主义的替代方案已经紧迫地提上了议事日程，而且势在必行。

所以，在《正义、自然与差异地理学》的最后一章中，哈维直接探讨了"可能的城市世界"。在那里，通过对城市化进行历史地理学的阐释和反思，哈维认为，普遍存在着对资本主义的不满和愤怒，也存在着各种反对资本主义的现实运动，但这些反资本主义的声音和运动也存在着诸如"狭隘化""地方化"之类的缺点；同时，马克思主义理论中既有许多有益的理论资源，也有一些教条需要打破，譬如政党问题上的僵化立场，等等。因此，出路在于以新的马克思主义视域来整合一切可以团结、可资利用的力量，在不同的空间规模上同时进行斗争，互相配合、遥相呼应，以至于形成一股巨大的解放洪流，最终拥抱理想的"体面的生活环境"，步入"正义的和生态敏感的城市化过程"。不过，要实现这个目标，哈维认为，在探索和追寻"新的城市过程和城市形式的可能性"时，需要破除

---

[1] D. Harvey, *The Urbanization of Capital*, Hopkins University, 1985, pp. 12–13.

[2] 当然，进入21世纪，危机越发呈现全球性特征，也越来越频繁。

"十大"流俗的"神话",这样才能以崭新的、更加开阔的视野来谱写我们这个时代的"诗学"[①]。

总之,哈维一直十分关注资本主义社会的"可能的替代方案"。虽然他以往的理论思考各有其阶段性的侧重点和主题,但是解放问题始终萦绕其间,这是哈维思想理论的总要求和总归属。如果说哈维以往的关于解放问题的思考是比较零碎地散落在文本之中的话,那么这种思考在世纪之交最终汇集成了《希望的空间》这部著作。这是哈维对"解放"的可能性和斗争策略进行系统论证,并且对未来世界的生活原则进行认真规划和构想的集大成之作。换言之,哈维把解放政治与乌托邦想象结合在一起,试图以此激励人们积极地思考和选择新的可能性,并付诸行动。

无疑,鉴于当代资本主义依然十分强大,并且具有不可忽视的灵活性,所以所谓超越资本主义的"可能的替代方案"之类的说法,必然会表现为一种乌托邦理想。然而,在当今时代谈论乌托邦理想是一件很尴尬的事情。虽然关于乌托邦的丰富想象和思想理论源远流长,最早可以一直追溯到公元前8世纪上半叶古希腊的赫西俄德(Hesiod)[②],并且在托马斯·莫尔那里得到发扬光大,一系列广为人知的作品也接连不断地问世(例如,空想社会主义者的著作、弗兰西斯·培根的《新大西岛》、爱德华·贝拉米的《回顾》,等等)。不过,自从出现了被称之为"敌托邦三部曲"[③]的文学作品以来,乌托邦就受到了人们的质疑,这种质疑伴随着法西斯主义、斯大林主义等极权政体的出现而加剧。尤其当"二战"以来一批著名的思想理论家如汉娜·阿伦特、以赛亚·柏林和卡尔·波普尔等人,著书立说,从学理层面对法西斯主义、斯大林主义进行剖析和批判,并把它们与极权主义挂钩的时候,乌托邦理想遭受到了根本的动摇。

这股绵延不绝的质疑和批判浪潮,以苏联的垮台、资本和市场经济的全球化、发达资本主义社会的丰裕图景以及日本裔美国著名学者弗朗西斯·福山的著作《历史的终结与最后的人》为标志而宣告大获全胜。就思想界而言,绝大多数的知识分子转向和臣服于新自由主义,有些则奉行

---

① D. Harvey, *Justice, Nature and the Geography of Difference*, Blackwell, 1996, pp. 434–438.
② [古希腊]赫西俄德:《工作与时日》,张竹明等译,商务印书馆1991年版,第4—5页。
③ 敌托邦——"dystopia",又译为"歹托邦""反面乌托邦"等。所谓"敌托邦三部曲"是指尤金·扎米亚金的《我们》、奥尔德斯·赫胥黎的《美丽的新世界》和乔治·奥威尔的《一九八四》这三部文学作品。

"学院化",总体上已失去了构想未来、提出替代方案的勇气,变得"鼠目寸光"。就广大的人民群众而言,他们被灌输了大量的关于乌托邦与纳粹主义、极权主义(包括共产主义)之间存在着种种隐秘勾结的意识形态观念,以至于乌托邦思想在今天遭到了普遍的怀疑和嘲笑。时至今日,历史似乎真的已经终结了,新自由主义资本主义似乎正如英国前首相玛格丽特·撒切尔夫人所说的那样,成为人类"别无选择(there is no alternative)"①的唯一道路。所以,美国历史学教授拉塞尔·雅各比指出,"乌托邦精神,即相信未来能够超越现在的这种观念,已经消失了……甚少有人想象未来,认为它不过是今天的复制品而已……出现了一种新的一致性看法:不存在其他选择。这就是我们这个时代,一个政治衰竭和退步的时代的智慧"②。

问题是,当我们质疑和反对乌托邦理想时,不妨首先想一想,乌托邦想象是可以被消除的吗?一方面,众所周知,乌托邦想象来源于现实世界,是对既定生活的不满与批判:"充满愿望的思考总是出现在人类的事务中。当想象力不能在现实取得满足时,它便寻求躲避于用愿望建成的象牙塔。"③ 所以说,只要现实世界还存在着种种灰暗和黑暗的景象,只要人类还是一个充满着欲望和追求的存在物,那么乌托邦想象就是不可避免的;另一方面,倒过来看,"乌托邦成分从人类的思想和行动中的完全消失,则可能意味着人类的本性和人类的发展会呈现出全新的特性。乌托邦的消失带来事物的静态,在静态中,人本身变成了不过是物……变成了不过是有冲动的生物而已"④。

此外,我们也应该审慎地思考:当代反乌托邦的大合唱难道完全成立、毋庸置疑吗?在这一点上,美国历史学教授拉塞尔·雅各比的分析值得称道,足以开阔我们的视界,击破喧嚣的拒斥氛围。

拉塞尔·雅各比指出:

1. 通常使用的乌托邦概念,其含义被无限地扩大化和泛化了,似乎

---

① D. Harvey, *Spaces of Global Capitalism*, Verso, 2006, p. 16.
② [美] 拉塞尔·雅各比:《乌托邦之死:冷漠时代的政治与文化》,姚建彬译,新星出版社 2007 年版,"前言"第 1—2 页。
③ [德] 卡尔·曼海姆:《意识形态与乌托邦》,黎鸣译,商务印书馆 2000 年版,第 209 页。
④ 同上书,第 268 页。

任何一种关于未来社会的观念都是乌托邦理想,这样一来,即使那些奉行种族灭绝政策的法西斯主义帝国想象也会被打上乌托邦的标签,而事实上,乌托邦的本质理念是平等、自由、博爱、多元、宽容、和谐、公正、安逸等——这些理念在众多的乌托邦作品当中是很明显的,不能视而不见。

2. 通过历史考察,我们可以发现,"在大多数情况下,是民族主义的、种族的和宗派主义的激情——而不是乌托邦的观念——推动了全球的暴力"[①]。

3. 对所谓"敌托邦三部曲"的考察表明,"20 世纪的敌托邦小说并非特别反—乌托邦的,而且可以肯定的是,这些小说的作者也并非如此"[②]。具体而言,《我们》这部小说反对的其实不是革命或者改革,而是那种历史已经停滞不前的静态观点;该书作者尤金·札米亚金要求历史继续动态地发展下去,而不是停留在(前)苏联这个特定阶段。《美丽的新世界》讽刺的是福特主义与科技主义的结合对人性的压抑,是对美国化道路的抗拒;该书作者赫胥黎既不反对共产主义,也不反对社会正义。《一九八四》的批判矛头确实直接指向了苏联共产主义,但它反对的是一切形式的极权主义,而非单指苏联专制政权,该书所描绘的阴暗画面有些地方其实暗示了资本主义英国。该书作者乔治·奥威尔始终保持着对未来"民主社会正义"的信念,他对人们的误解感到愤怒。

4. 只要认真地研究汉娜·阿伦特、以赛亚·柏林和卡尔·波普尔等人的著作,就可以发现,把乌托邦主义与纳粹主义、民族主义、极权主义等暴力和专制画面联系起来的做法在逻辑上有很大的断裂。[③] 由此可见,对于当今的反乌托邦浪潮,应该保持一定的清醒头脑并加以审慎的辨析。

当然,拉塞尔·雅各比并不是要完全推卸掉乌托邦主义所担负的某种负面的历史—文化责任。他认为,实际上有两种乌托邦传统,一种是"蓝

[①] [美]拉塞尔·雅各比:《不完美的图像:反乌托邦时代的乌托邦思想》,姚建彬译,新星出版社 2005 年版,"前言"第 6 页。

[②] 同上书,第 11 页。

[③] 参见 [美] 拉塞尔·雅各比《不完美的图像:反乌托邦时代的乌托邦思想》,姚建彬译,新星出版社 2005 年版,第二章。

图派乌托邦主义"（the blueprint utopianism），像托马斯·莫尔[①]、19世纪的社会主义者傅里叶等，他们在宣告乌托邦图景的"完美无缺"的同时，也就堵塞了进一步的开放空间，换言之，这幅完美图景成为静止的、封闭的图景。此外，他们往往事无巨细地规定和描述理想世界中人们的作息规律和社会运行法则，这样一来，自由本身反倒悄然衰落了，换言之，这种规定和描述已然成为教条和僵化的代名词。这样看来，蓝图派的乌托邦主义传统确实存在着演变为专制体制的基因。另一种是"反偶像崇拜的乌托邦主义"（the iconoclastic utopianism），像卡尔·马克思、特奥多·阿多诺、瓦尔特·本雅明、恩斯特·布洛赫等，他们既关注当下，又倾注于未来，但是竭力避免对未来进行具体的规定和描述，绝不使乌托邦的图景确定化、实体化。因此，这种乌托邦主义的观念是敞开的、启发式的：它只是告诉我们现存的社会框架可以被打破、也应该被打破，更美好的未来可以期待，但未来并不是一幅必然如此的画面，一切都在于人们的判断、选择、谋划和实践。

由此可见，不能一股脑地抹杀所有的乌托邦理想。蓝图派的乌托邦主义也许会被消耗殆尽，而反偶像崇拜的乌托邦主义则是不可或缺的，因为历史事实告诉我们："脚踏实地的改革或切实可行的社会变革与乌托邦思想并行不悖，而且前者常常得益于后者的滋养。"[②] 所以，问题不在于彻底拒斥乌托邦理想——这岂不是因噎废食？而在于明确采纳哪一种形式的乌托邦理想。显然，拉塞尔·雅各比以条分缕析的澄清和区分的方式，从学理上为乌托邦话语争取到了基本的存在权利。

更何况，从现实生活的层面来看，世界范围内人们的不满情绪似乎越

[①] 拉塞尔·雅各比把托马斯·莫尔的乌托邦划归为蓝图派乌托邦主义。哈维也许有不同意见，他说"我总是认为莫尔写《乌托邦》的目的不是为未来提供一份蓝图，而是为了审视他那个时代荒谬的浪费和愚蠢，并坚持事情可以而且必须变得更好"（[美]哈维：《希望的空间》，胡大平译，南京大学出版社2006年版，第271页）。哈维这段话当中的"一份蓝图"，是否就是雅各比所说的蓝图主义意义上的蓝图，值得进一步考证。不过，就哈维这段话所表达的观点本身来讲，没有什么说服力，因为相当多的乌托邦都具有各种极强的现实批判性，也都是为了表明将来"可以而且必须变得更好"。此外，哈维也批判莫尔的乌托邦所具有的封闭性、永恒性、极度的内部控制性和监禁效果，等等。在这个意义上，哈维与雅各比之间有太多的共同语言。

[②] [美]拉塞尔·雅各比：《不完美的图像：反乌托邦时代的乌托邦思想》，姚建彬译，新星出版社2005年版，第4页。

来越强烈了：在自然资源、生态环境、宗教、种族、民族、人权、局部战争、文化形态、移民、性别、社会分层、福利政策等几乎可以想到的所有领域，都冒着热腾腾的怒气。哈维也指出，"世界上任何一个地方都会发现对资本主义制度愤怒和不满的示威运动。反资本主义运动被强烈地灌输到一些地方或一部分人群之中。局部化的'战斗的特殊主义'……在任何地方都可以发现，从密歇根丛林中的民兵运动（大多数是极端反资本主义、反社团主义的，并且也是种族主义、排他主义的）到墨西哥、印度、巴西等国反对世界银行发展计划的运动，再到世界各地到此发生的数不清的'IMF 骚乱'。甚至在资本积累的心脏地带也运转着许多的阶级斗争（比如1995年秋天法国意外爆发的暴力事件，以及1997年在美国发生并取得胜利的 UPS 工人罢工）"①。这样看来，乌托邦的想象不但在现实世界中无法取消，反而更迫切了！

哈维感受到了使命的召唤，即使身处新自由主义盛行、似乎"别无选择"的想象力贫瘠的时代，他也乐观地说，"我相信，在历史的这一时刻，我们有一些极为重要的事情需要通过实践一种理论的乐观主义来完成，以便打开被禁锢已久的思想的道路"②，"对我来说，第一个共产党破产于1840年的巴黎，之后所有叫共产主义的都是破产的，我甚至不知道什么叫作共产主义。但有一个很好的说法是，'今日乌托邦，明日的现实（today utopia planning, tomorrow going real）'。因此我必须回头与乌托邦之理想合作……这就是希望"③。

哈维的关于希望/乌托邦的论述是在马克思主义政治经济学批判的框架中展开的。当然，这实际上是一种更新后的哈维式的政治经济学框架（参见上文），它以地理—空间的视域发展出的不平衡地理发展理论（参见本书第三章），作为建构自己的联合斗争理论的一个重要基础。因此，虽然《希望的空间》这部著作的语言风格和叙事主题容易使人感受到一种"温暖、善意，并充满教诲式的启发"，但实质上还是哈维一以贯之

---

① [美]哈维：《希望的空间》，胡大平译，南京大学出版社2006年版，第68页。
② 同上书，第16页。
③ 哈维曾经于2003年初访问台湾，做了三场演进，并接受了访谈。这里的引文出自台湾学者黄孙权等人对哈维的访谈：《今日乌托邦，明日的现实》，由黄孙权整理刊布。该访谈原文可在网上搜索得到。这里提供一个网址：http://pots.tw/node/369。下文若再次涉及此访谈，只注明访谈名称。

的、与地理—空间相结合的政治经济学的论述手法。他认为，与地理—空间结合起来的政治经济学的论述手法是一种能够帮助人们看穿那些柔软的世界、日常生活和流行观念的上佳途径。①

哈维指出，马克思的《资本论》是一个理论宝库："就马克思对资本主义组织和积累之间逻辑的描述而言，却存在着某种全然使人非信不可和中肯之处。重读他在《资本论》中的描述，它以某种使人震惊的见识切中了要害。我们读到了工厂系统可能与家庭的、作坊的和手工工匠的制造体系交错的方式，读到了工业后备军如何被当作抗衡针对劳动力控制和工资等级的工人势力的砝码，读到了知识力量和新技术被利用来瓦解工人阶级有组织的力量的方式，读到了资本家如何试图在工人中间培养竞争的精神……"② 总之，即使在今天，《资本论》也不能说是过去式，因为"这一文本充满了适应解释当今世界的观点。例如……近几十年来，劳动力的'产业储备军'（industrial reserve army）是如何依照资本积累的利益被生产、维持并日益壮大的？玛格丽特·撒切尔的前顾问艾伦·巴德公开承认，20 世纪 80 年代初的反通货膨胀斗争正是提高失业率并削减工人阶级力量的一个借口。巴德说：'用马克思的话说——被设计出来的正是资本主义危机，它重新创造了劳动力的储备军，并使资本获得前所未有的高利润'"。一言以蔽之，"现在，所有的这一切很容易把马克思的文本与日常生活联系起来"③。所以，哈维特别看重"归来的马克思"。

无疑，试图在政治经济学的框架中论述乌托邦理想，并非哈维的创举，这本身也是马克思式的。我们常常强调马克思主义的共产主义理想是科学而不是空想，就是指马克思对共产主义的论证具有严密的、从现实出发的政治经济学基础。而哈维的创新之处则主要体现在以下三个方面：

一 对《共产党宣言》的再考察

《共产党宣言》（以下简称《宣言》）历来被看作科学共产主义理论最伟大的纲领性文件，但时至今日，资本主义依旧安然于世。这就需要说明《宣言》本身是否依然值得追寻？资本主义依然存在是否意味着《宣言》

---

① 哈维访谈：《今日乌托邦，明日的现实》，由黄孙权整理刊布。
② ［美］哈维：《后现代的状况》，阎嘉译，商务印书馆 2003 年版，第 236—237 页。
③ ［美］哈维：《希望的空间》，胡大平译，南京大学出版社 2006 年版，第 7 页。

需要在某些方面被反思和重构？是否可以以及如何能够重新开展"联合的行动"并取得最终的胜利？

在哈维看来，《宣言》对社会异化的描述与抨击、对现存世界的内在不稳定性的判断、对资本主义危机的揭示、对联合斗争的呼吁等，仍然契合并击中了当今时代之根本，具有鲜明的当代意义。

不过，由于《宣言》中主导性的时间—历史的视域压制了散落其间的地理—空间的视域，主导性的时间—历史的辩证法淹没了微弱的地理—空间的辩证法，所以导致以往的马克思主义者包括马克思本人，都低估了资本主义在地理—空间上的回旋余地和灵活性，特别是忽视了资本主义通过种种手段包括地理—空间上的策略而顺利实现的对无产阶级的分化瓦解，马克思主义力量却没有能够在地理—空间上采取针锋相对的斗争策略，相反，解放政治倒是遭受了严重的挫败，以至于现在看来仍然遥遥无期。就此而言，哈维实际上提出了对《宣言》的重构要求，这个重构要求也就为他以地理—空间的视域、从地理—空间的辩证法入手来创建新型的乌托邦理想打开了大门。

为此，哈维一方面认同《宣言》所呼吁的"联合的行动"这个被认为是唯一可行的解放路径，另一方面也认识到必须寻找到能够克服无产阶级所面临的多样性和差异（即实际的分裂情形）的办法，必须引导无产阶级在不同的空间规模上来回穿梭、相互配合，这样才能实现联合的斗争。当然，这些联合斗争和解放政治的前提条件必须在现实的时代状况当中而不是在幻想当中来寻找和建构。

二 探求现实矛盾中的解放潜能

任何一种乌托邦理想，如果在现实的时代状况中没有切实的根基和依据，那么它将沦为彻头彻尾的空想。所以，哈维在"全球化"和"身体"这两个流行的话语层面上，以地理—空间的视域，借助于政治经济学的分析，具体地批判分析了现实的时代状况并提出了相应的斗争策略，从而为他的乌托邦理想提供了一种来自现实时代状况的解放潜能，或者说，提示了乌托邦理想的现实可能性。

具体而言，其一，哈维通过对资本主义全球化的考察，揭示了全球化的实质——"资本主义的空间生产过程的一个新阶段"，以及全球化的矛盾和后果——"不平衡的地理发展"。从而，一方面，揭示了全球资本主义体系所蕴含的内在矛盾、深重的破坏性、世界范围内的不平等格局和巨大的不稳定性。换言之，全球化的进程充满着危机的因素和崩溃的征兆，而无产阶级/人类之解放的前途就蕴含在资本主义全球化的内在矛盾和危机当中。另一方面，哈维提炼和归纳出"不平衡的地理发展理论"，它指明了资本主义的全球化过程既是空间规模的生产，又是地理差异的生产。当把地理差异的生产与空间规模的生产结合起来思考全球化时，就可以发现：全球化既带来了差异与冲突，又带来了休戚与共的全球命运、全球共识和全球行动的要求，人类在全球规模上结成了一个不可分割的紧密整体。并且，不同的空间规模之间具有传导效应。这就为联合的斗争奠定了基础，而资本主义体系在全球范围内的剥夺、新一轮的阶级生产、观念—意识形态的传播恰恰也为联合的斗争准备了可资利用的资源。

所以，其二，哈维顺势而上，在全球化这个宏观的空间规模上提出了争取"普遍权利"的斗争。紧接着，哈维在明确了劳动者的"身体"既是全球空间中资本积累的策略，又是联合斗争的原初起点之后，在身体这个微观的空间规模上提出了争取"最低生活工资"的斗争。并且，哈维也论证了全球化与身体、普遍权利与最低生活工资之间在结构上的一体化关联。

这样，哈维就以自己的思路回应了无产阶级斗争的"机遇"以及联合斗争的"策略"这两个至关重要的难题，从而可以以此为基础来进一步探讨乌托邦理想，思考人类社会不同于资本主义形态的另一种可能的未来。

三 乌托邦理想的反思、整合及其行动纲要与未来想象[①]

历史上的乌托邦理想为什么会失败甚至招致厌恶（有一些论调认为，对乌托邦理想的信奉和践行必将不可避免地走向极权主义或歹托邦），这是一个不容回避的问题。唯有厘清了这个问题，从中吸取教训，才能整合出新型的乌托邦理想，才能重新提出针对资本主义的替代方案。

[①] 需要指出的是，哈维并没有完全否定传统的乌托邦理想，而是在原则性地批判传统乌托邦理想的各种缺陷或错误（这一点在《希望的空间》这部著作的正文当中得到了充分、全面的体现）的同时，也吸收了它们当中的一些具体看法（这一点在哈维以文学虚构的形式来描述自己的乌托邦理想"埃迪里亚"（Edilia）时有所体现，可参见《希望的空间》这部著作的"附录"部分）。总之，哈维对托马斯·莫尔、刘易斯·芒福德等人都是采取既原则性地加以批判，又选择性地加以具体吸收的态度。

哈维把历史上的乌托邦理想划分为"空间形式的乌托邦理想"和"社会过程的乌托邦理想"这两种类型,并从时间—空间的辩证法角度来说明传统的乌托邦理想如何最终走向了自身的反面。哈维认为,无论是空间形式的乌托邦理想还是社会过程的乌托邦理想,都内在地割裂了时间—空间的辩证关联,各执一端,因此,空间形式的乌托邦理想一旦试图实现自身、转入社会历史进程当中,或者,社会过程的乌托邦理想一旦试图实现自身、诉诸空间形态,它们最终都将会转化成为歹托邦。换言之,它们都无法在实践层面真正地成就其自身。在这个基础上,哈维强调,必须重新实现时间与空间之间原生性的、但被以往的乌托邦主义者所忽视或放弃的辩证关联;从而,他也就顺势提出了"辩证的乌托邦理想"(即时—空辩证地一体化的乌托邦理想)这个新式的乌托邦类型。

对于辩证的乌托邦理想到底要达成何种目标,哈维原则性地提出了自己的看法,即"建设一种在社会上公正的、在生态上敏感的替代性社会"。这句话清晰扼要地表达了要求对资本主义进行全面超越的基本原则与理念。在这里,哈维把论证的重点放在了超越资本主义的替代方案何以可能、如何可能这个问题上,即试图给出替代方案的行动纲要。他的论述主要从三个方面进行:(1)讨论"作为类存在物的我们",归纳出一些人类本身所具有的基本技能。在这里,哈维的思路是从人出发、以人为本,为替代方案奠定人学基础;(2)把人类和自然重新置于"生命之网"这个境域当中,以此来考察作为类存在物的我们"对自然与人类的双重责任",从而再度提出了联合行动的任务;(3)赋予人以"建筑师的形象",在"剧场"情境下讨论人类的"反叛行动",既强调了不同规模的互动,又给出了一个比较全面、严密的"权利体系",从而对上文中关于权利斗争的论述作出了进一步的具体回应。最后,哈维还以文学的形式,虚构了一个乌托邦诞生和运行的过程与场景。他的这个乌托邦名曰"埃迪里亚(Edilia)",寓意"如你所愿",这是一幅关于未来社会的理想图景。

初步看来,哈维能够紧跟时代的步伐和需要,借助当下流行的多重理论旨趣,赋予他的乌托邦理想以理性的说服力和感性的亲和力,也体现出了他的理论综合能力和创新能力。

既然人类终将需要一个必须被进一步完善的未来,那么就必须认真对待乌托邦理想。哈维满腔热忱地提出了自己的乌托邦理想,我们很有必要认真看一看他到底说了些什么。

第二章

解放政治与乌托邦理想：从《共产党宣言》出发的重构意图

哈维所要开辟的思想道路，其出发点是《共产党宣言》，这个文本对他而言具有多重意义：其一，它是马克思主义的，这无疑满足了哈维作为"坚定的马克思主义者"的立场要求；其二，它是一种尚未实现的乌托邦理想，这正凸显了哈维将要着手的工作价值；第三，它对资本主义的批判和对共产主义的期许是以辩证的思维方式建构起来的，而辩证法能够帮助哈维在似乎"别无选择"的思想氛围和全球资本主义体系的罗网中开辟出一条新路。总之，在哈维看来，《共产党宣言》具有一定的当代价值。进言之，如果以"不平衡的地理发展"这个视域来看，《共产党宣言》既包含着隐而未发的地理—空间维度，同时，又对它提出了重构的要求。

第一节 《共产党宣言》的当代意义

在国际共产主义运动中，《共产党宣言》（以下简称《宣言》）历来被看作科学共产主义的最伟大的纲领性文件。[①] 因为正是在这个历史文件中，马克思、恩格斯以简洁明快的语言，辩证地阐述了资本主义的成就和危机、工人阶级的苦难及其作为资产阶级掘墓人的使命，驳斥了资产阶级对共产党人的各种污蔑，也批判了存在于工人运动内部的各种错误的社会主义观念；并且，原则性地提出了阶级斗争的要求，以推动人类社会进入"一个联合体，在那里，每个人的自由发展是一切人的自由发展的条件"[②]。最后，《宣言》号召"全世界无产者，联合起来"，打破身上的锁

---

① 列宁：《列宁全集》（第 2 版，第 26 卷），人民出版社 1984 年版，第 50 页。
② 马克思、恩格斯：《共产党宣言》（第 3 版），人民出版社 1997 年版，第 50 页。

链，获得整个世界。

不过，就《宣言》所提出的共产主义理想而言，不少人出于对斯大林主义集权体制的抗拒而对之冷嘲热讽，甚至认为共产主义理想包含着专制、独裁的基因。必须着重指出的是，马克思、恩格斯对未来社会的理想图景到底是什么样子是极为谨慎的，拒绝加以具体的描述。只是有时候，出于对现存资本主义社会进行批判的需要，马克思才试着从理论逻辑上提出一些设想，例如，"在协作和对土地及靠劳动本身生产的生产资料的共同占有的基础上，重新建立个人所有制"①、消灭商品货币关系、有计划的生产调节、按劳分配与按需分配、个人的自由而全面的发展，等等。这些设想无疑具有明显的时代特征和直接的针对性，所以不能僵化地理解，更不能教条主义、激进主义地推广这些设想；这一点，马克思、恩格斯早就明确指出："这些原理的实际运用，正如《宣言》所说的，随时随地都要以当时的历史条件为转移。"② 由此可见，他们对待理论的态度是辩证的、开放的，他们本身也是这么做的。例如，在《宣言》1872年德文版序言中，恩格斯就明确指出：首版《宣言》第二章末尾所提出的那些革命措施根本没有什么特别的意义。总之，从总体上看，马克思、恩格斯始终认为不需要、也不可能提出任何关于未来社会的一劳永逸的具体方案。正因为如此，美国历史学教授拉塞尔·雅各比把马克思主义的共产主义理想划归为"反偶像崇拜的乌托邦主义"，因为马克思宁可坚持"事实的真相"，也不书写"未来的餐馆的食谱"③。所以说，共产主义理想是面向未来的开放思想，而不是封闭的体系。

至于共产主义理想在实践中的失败，其原因错综复杂，其教训无疑值得引以为戒，但是，理论本身在很多方面仍然具有深刻的当代意义："《宣言》中的某些段落似乎有些古怪、过时，或者说完全让人反对。但是，《宣言》的绝大部分是那样深刻、清晰有力，以致其当代相关性令人震惊。"④ 对此，哈维具体地谈了以下几点：

首先，《宣言》中"某些为人熟知的段落依然击中了当代异化和感性

---

① 马克思、恩格斯：《马克思恩格斯全集》（第23卷），人民出版社1972年版，第832页。
② 马克思、恩格斯：《共产党宣言》（第3版），人民出版社1997年版，第3页。
③ [美]拉塞尔·雅各比：《不完美的图像：反乌托邦时代的乌托邦思想》，姚建彬译，新星出版社2005年版，第112—113页。
④ [美]哈维：《希望的空间》，胡大平译，南京大学出版社2006年版，第21页。

第二章 解放政治与乌托邦理想：从《共产党宣言》出发的重构意图

的核心，特别是过去20年间它们一直在自由市场的自由主义时代中发展着"[1]。例如，《宣言》指出，正是资产阶级社会中纯粹的雇佣劳动关系、剥削与利润的内在连接，以及人与人之间的交易性质，"使人和人之间除了赤裸裸的利害关系，除了冷酷无情的'现金交易'，就再也没有任何别的联系了。它把宗教虔诚、骑士热忱、小市民伤感这些情感的神圣发作，淹没在利己主义打算的冰水之中……资产阶级抹去了一切向来受人尊崇和令人敬畏的职业的神圣光环。它把医生、律师、教士、诗人和学者变成了它出钱招雇的雇佣劳动者"[2]。所以，哈维强调，现代人的痛苦和挣扎，以及随之而来的各种形式的文化反抗，例如宗教原教旨主义、神秘主义等，都可以、也能够从资产阶级社会的政治经济体制当中寻找根源。这当然不是说政治经济学的视域就是一切，而是说它是回避不了的，并且可以击中问题的核心！这一点，正如美国纽约市立大学政治学教授马歇尔·伯曼（Marshall Berman）所言："一个事实，那就是，这些精神的和文化的运动尽管有着爆发的力量，一百多年来却始终在沸腾而多产的社会和经济大锅的表面上冒泡翻滚。正是现代资本主义而不是现代的艺术和文化，使得这口锅不停地沸腾着——虽然由于怕热而不情愿。"[3] 所以说，如果只是停留于文化沉思或文化抗拒层面，恐怕是不得要领的。由此可见，马克思在这个方面的阐述，依然给我们提供了不少深刻的启示。

《宣言》还揭示自由市场资本主义使社会陷入了"不停的动荡，永远的不安定和变动"[4] 状态。这是因为，激烈的市场竞争和资本积累的压力，把资产阶级抛入"为生产而生产，为积累而积累"的巨大旋涡当中；资产阶级要想生存下去，就必须日复一日地四处寻找利润的来源——当旧的利润空间已经被压榨殆尽时，就必须转移到新的利润空间中汲取生存的养料，或者，干脆把旧的利润空间推倒重来。所以，马歇尔·伯曼也指出，"正如马克思所见，事情的真相却是，资产阶级社会建设的每样东西都是为了被摧毁而建设起来的。'一切坚固的东西'……所有这一切都是为了在明天被打破……它们能够在下星期就被复制或者替换，而这整个过

---

[1] [美] 哈维：《希望的空间》，胡大平译，南京大学出版社2006年版，第21页。
[2] 马克思、恩格斯：《共产党宣言》（第3版），人民出版社1997年版，第30页。
[3] [美] 马歇尔·伯曼：《一切坚固的东西都烟消云散了》，徐大建等译，商务印书馆2003年版，第158页。
[4] 马克思、恩格斯：《共产党宣言》（第3版），人民出版社1997年版，第30页。

程能够一而再、再而三地、希望能永远为了获得更多的利润而不断地继续下去"①。这样看来，当今时代随时随地可以耳闻目睹到的"创造性破坏"，这种观念以及这种景象，在马克思那里已然了然于胸。这种创造性破坏活动有什么后果呢？"它使我们所有人都陷入了奇怪的矛盾的境地。我们的生活受到了一个不仅是变化，而且是危机和无序都对其有好处的统治阶级的控制……大灾难转化成了有利可图的重新发展和更新的机会；分裂起到了一种发动的作用，从而成为整合的力量。"② 对此，哈维感叹道：《宣言》中对资产阶级浮士德式的创造性破坏活动的描述"确实给人留下了深刻的印象"③。

《宣言》进一步告诉我们，资产阶级不停息的生产活动和交换活动将使自身陷入危机："如此庞大的生产资料和交换手段的现代资产阶级社会，现在像一个魔法师一样不能再支配自己用法术呼唤出来的魔鬼了……只要指出在周期性的重复中越来越危及整个资产阶级社会生存的商业危机就够了……资产阶级用什么办法来克服危机呢？一方面不得不消灭大量生产力，另一方面夺取新的市场，更加彻底地利用旧的市场。这究竟是怎样的一种办法呢？这不过是资产阶级准备更全面、更猛烈的危机的办法，不过是防止危机的手段越来越少的办法"④。对此，哈维一方面承认，马克思所说的"资本主义社会的危机趋势时时、处处在扩大、在深化"，另一方面也指出，资本主义社会的灵活性和活力也不可低估、不容小觑⑤。马歇尔·伯曼亦有同感："假定资产阶级有能力在破坏和动乱中有利可图，那么便不存在明显的理由来说明，为什么这些危机不能无限地螺旋上升，一方面毁灭个人、家庭、公司、城镇，另一方面却仍然完整无损地保持着

---

① ［美］马歇尔·伯曼：《一切坚固的东西都烟消云散了》，徐大建等译，商务印书馆2003年版，第127—128页。

② 同上书，第122—123页。

③ ［美］哈维：《希望的空间》，胡大平译，南京大学出版社2006年版，第22页。

④ 马克思、恩格斯：《共产党宣言》（第3版），人民出版社1997年版，第33页。

⑤ ［美］哈维：《希望的空间》，胡大平译，南京大学出版社2006年版，第23、39页。哈维关于资本主义应对危机的能力和手段的阐述，集中体现于他的著作《资本的界限》（1982）当中，亦可参见［美］哈维《后现代的状况》，阎嘉译，商务印书馆2003年版，第159—248页，其要点在第228—232页。

第二章　解放政治与乌托邦理想：从《共产党宣言》出发的重构意图

资产阶级社会的生活和力量的结构。"① 显然，这个问题重大而尖锐！一切解放政治都必须对此有所回应，哈维空间理论的重心正在于此。

此外，《宣言》鲜明地描述了"世界市场"的形成，预示了资本全球化的前景："大工业建立了由美洲的发现所准备好的世界市场。世界市场使商业、航海业和陆路交通得到了巨大的发展。这种发展又反过来促进了工业的发展，同时，随着工业、商业、航海业和铁路的扩展，资产阶级也在同一程度上得到发展，增加自己的资本……""资产阶级，由于开拓了世界市场，使一切国家的生产和消费都成为世界性的了……过去那种地方的和民族的自给自足和闭关自守状态，被各民族的各方面的互相往来和各方面的互相依赖所代替。物质的生产是如此，精神的生产也是如此。各民族的精神生产成了公共的财产。民族的片面性和局限性日益成为不可能，于是由许多种民族的和地方的文学形成了一种世界的文学。"② 对此，哈维指出，"如果这不是对我们现在所知的'全球化'的令人信服的描述，那么就很难想象'全球化'到底说什么了"③。

还需要指出的是，《宣言》所提出的阶级对立和阶级斗争在今天仍然以各种各样的形式存在。阶级斗争是《宣言》的中心论题。马克思、恩格斯指出，"随着资产阶级即资本的发展，无产阶级即现代工人阶级也在同一程度上得到发展"④。在阐述了无产阶级所遭受的压迫和剥削及其贫困与异化状态之后，马克思、恩格斯话锋一转："随着工业的发展，无产阶级不仅人数增加了，而且它结合成更大的集体，它的力量日益增长，它越来越感觉到自己的力量。机器使劳动的差别越来越小，使工资几乎到处都降到同样低的水平，因而无产阶级内部的利益、生活状态也越来越趋于

---

① [美]马歇尔·伯曼：《一切坚固的东西都烟消云散了》，徐大建等译，商务印书馆2003年版，第133页。不过，伯曼认为，"放弃对超越进行探求就是把光环罩到了人们自己的停止和退缩上面，不仅背弃了马克思而且也背弃了我们自己。我们应当努力追求一种不稳定的变动中的平衡，那就是伟大共产主义著作家和我们这个世纪的领导者之一葛兰西所描述的'智力的悲观主义，意志的乐观主义'。（第154页）"哈维的态度则更进一步，他不但坚持意志的乐观主义，而且要求提出理论上的乐观主义，"与意志乐观主义一起，创造更美好的未来"。（[美]哈维：《希望的空间》，胡大平译，南京大学出版社2006年版，第16页）

② 马克思、恩格斯：《共产党宣言》（第3版），人民出版社1997年版，第28、31页。

③ [美]哈维：《希望的空间》，胡大平译，南京大学出版社2006年版，第25页。

④ 马克思、恩格斯：《共产党宣言》（第3版），人民出版社1997年版，第34页。

一致。"换言之，无产阶级作为一个整体出现了。于是，无产阶级针对资产阶级的斗争就不再像以前那样零敲碎打，或在低水平徘徊，而是走上了理论化、组织化甚至政党化的道路，"工人革命的第一步就是使无产阶级上升为统治阶级，争得民众"①，最终是实现共产主义。

在当今时代，讨论阶级斗争在很多人看来是多么不合时宜；不少人宣称阶级这个概念是不合法的，作为一个整体的阶级并不存在，因为人们在性别、种族、欲望、宗教、民族、地位和身份等许多方面都有着各种各样的差异。但是，哈维始终坚持阶级分析的方法，对于有些学者指责他"从来不谈性别、性倾向、种族问题而老是以阶级观点出发"，他回答道，"我不喜欢讨论性别议题的时候，好像就与阶级无关。分析种族问题时，好像不需要提到阶级。的确，阶级分析是有限制的，但是每种研究都有其限制，我也从其他领域里学到很多"②。

哈维虽然承认，"阶级斗争在发达资本主义世界中作为一支统一的力量［已经］减退（虽然仍然以无数种碎片形式出现）"③，但他认为，只要资本主义正像马克思、恩格斯所说的那样，"按照自己的面貌为自己创造出一个世界"④，那么，随着全球化的日益推进和深入，阶级斗争在世界范围内的蔓延会是一种必然："如果资产阶级的地理使命就是在逐步扩大的地理规模上再生产阶级和社会关系，那么资本主义的两种内在矛盾和社会正义革命同样有可能在地理上扩大。阶级斗争变成全球性的，当然，这使得那句著名的口号'全世界无产阶级，联合起来'，成为反对资本主义并支持社会主义革命的一个必要条件"⑤。

哈维根据世界银行、国际劳工组织、联合国开发计划署等国际组织所提供的报告数据指出，与贸易自由化、国际直接投资和跨国公司相伴而生的是广大发展中国家的"工人生活在贫穷、暴力、长期的环境退化和强烈的压抑条件下之中。这群无产阶级化的大众卷入全球贸易网络是与广泛的社会动乱和剧变……以及正在发生变化的结构状况相联系的，对此不必感到惊讶，诸如地区间……及阶级间螺旋式上升的不平等"。总之，两极分

---

① 马克思、恩格斯：《共产党宣言》（第3版），人民出版社1997年版，第48页。
② 哈维访谈：《今日乌托邦，明日的现实》，由黄孙权整理刊布。
③ ［美］哈维：《希望的空间》，胡大平译，南京大学出版社2006年版，第47页。
④ 马克思、恩格斯：《共产党宣言》（第3版），人民出版社1997年版，第32页。
⑤ ［美］哈维：《希望的空间》，胡大平译，南京大学出版社2006年版，第26页。

化是惊人的。所以说,"激起弥漫于《宣言》中的道德愤慨的那种物质状况并没有消失。它们具体体现在每一件事情中,从耐克鞋、迪士尼产品、GAP 服饰到丽诗加邦产品……《宣言》的背景并没有得到根本的改变。全球无产阶级比以前更加壮大了,全世界无产阶级团结起来的要求也比以前更加强烈"①。

所以,对于当今时代各种形式的抗议、示威或罢工等运动,哈维基本上持肯定的态度,同时也强调要把这些运动引向深入:"列宁有句评语:'革命是人民的嘉年华',这些活动是重要的,一开始是重要的,对于广泛的政治召唤来说是重要的……如果没有后面的东西出来,那只是作为某种焦虑的释出,然后又回归正轨。所以问题不在是否有用,而是运动的人能否认真思考他们如何能愈来愈壮大?机会的确在这里,在 90 年代后期,人们可以用各种形式去对抗政府,表达他们的不愿意,我不是反对这种形式,街头政治仍是当代政治重要的一环,我也参加其中,然而我关心的还是,然后要怎么做?去哪里?"②——这正是哈维的《希望的空间》这本书所思考和所要回答的主题。

通过以上对《宣言》的简要回顾,我们不难看出,它作为一个历史文献,仍然具有突出的当代价值。之所以这么说,是基于"这一事实:资本主义生产方式的基本规律继续在历史—地理的发展中作为一种不变的塑造力量在起着作用"③。哈维认为,虽然自从 20 世纪 70 年代以来,资本主义世界的政治经济状况发生了显著的变化,从福特主义转向后福特主义,但是,表面的浮华和色彩掩盖不了资本主义积累的根本逻辑及其危机趋势,变化的只是积累方式而已④。而所谓的全球化,实际上就是新自由主义资本主义所推动的资本全球化,同时也带来了全球范围内的阶级斗争。由此我们看到,马克思在他那个时代所看到的时代状况之根本特质、所提出之根本问题,在我们这个时代依然存在,并且扩大和深化了。在这个意义上,我们可以说,马克思是我们同时代的人,《宣言》所提出来的"扬弃异化、走向自由"这个任务本身仍然有效,正有待于我们以新的视

---

① [美]哈维:《希望的空间》,胡大平译,南京大学出版社 2006 年版,第 44 页。
② 哈维访谈:《今日乌托邦,明日的现实》,由黄孙权整理刊布。
③ [美]哈维:《后现代的状况》,阎嘉译,商务印书馆 2003 年版,第 161 页。哈维的具体论证请参见该书第 161—248 页。
④ 同上书,第 238 页。

域和行动重新展开。这样看来，哈维把《宣言》作为其理论建构的出发点和文本依据是恰当的，也是高明之举——这使他有理由进一步考察《宣言》，并能够以后来人和继任者的姿态重提乌托邦理想之口号。

第二节　《共产党宣言》中的地理—空间：成就与缺憾

我们知道，哈维作为一个以地理学家身份出道的马克思主义者，热衷于以地理—空间视域来检视马克思主义经典文本以及现实的政治经济状况，以至于提出了"不平衡的地理发展"理论①。在《资本的界限》这部著作中，哈维就是这么做的，从而解释了资本主义是如何通过"空间修整(spatial fixes)"②这种手段才得以继续生存下来的，这样就揭示了资本主义之所以具有长期的生命力和活力的秘密，回答了人们普遍的困惑：马克思主义者经常宣称资本主义是腐朽的、垂死的，但为什么它还活得好好的？——在哈维看来，以往的马克思主义者包括马克思本人，都低估了资本主义在地理—空间上的回旋余地和灵活性。在这个意义上我们可以说，哈维凭借"不平衡的地理发展"理论，补充和发展了马克思主义政治经济学批判，赋予它以新时代的内涵和生命力。同时，哈维一直强调，"不平衡的地理发展"在《资本论》《1857—1858年经济学手稿》《剩余价值理论》等著作当中都可以找到理论依据。换言之，马克思的著作本身业已隐含着被遮蔽的、被历史视域所掩盖的地理—空间维度，而哈维则对其加以清理和揭示、发挥和系统化。

单是从理论的连续性和完整性的角度来考量，哈维就应当把不平衡的地理发展理论贯彻到对《宣言》的分析上来，看一看这个文本当中是否隐含着一定的地理—空间的维度，并进一步回答人们普遍的困惑：马克思主义者经常宣称共产主义理想是科学的结论、历史的必然，但为什么它在现实的社会实践中一再失败？——在哈维看来，以往的马克思主义者包括马克思本人，都低估了阶级斗争在地理—空间上的复杂性，甚至可以说存

---

①　哈维在这里提出的"不平衡的地理发展"理论，是受到其学生奈尔·史密斯的影响。

②　空间修整——spatial fixes，又译"空间调适""空间定位"等。哈维的这个术语是指资本主义为了转移矛盾、缓和危机而采取的在地理—空间上的稳定机制。这实际上意味着资本主义的地理扩展甚至新殖民主义。

第二章　解放政治与乌托邦理想：从《共产党宣言》出发的重构意图

在着各种错误的认识，也低估了资本主义在地理—空间上对无产阶级的分化和瓦解！下面就让我们来看看哈维是如何揭示《宣言》中的地理—空间维度，并以理论反思的形式说明共产主义理想的暂时失败的。

哈维指出，《宣言》揭示了欧洲的资产阶级在地理—空间上从内部和外部这两个方向同时对封建势力进行蚕食和瓦解，最终建立起符合资产阶级需要的体制：其一，"美洲的发现、绕过非洲的航行，给新兴的资产阶级开辟了新天地。东印度和中国的市场、美洲的殖民化、对殖民地的贸易、交换手段和一般商品的增加，使商业、航海业和工业空前高涨，因而使正在崩溃的封建社会内部的革命因素迅速发展。以前那种封建的或行会的工业经营方式已经不能满足随着新市场的出现而增加的需求了。工场手工业代替了这种经营方式……市场总是在扩大，需求总是在增加。甚至工场手工业也不再能满足需要了。于是……现代大工业代替了工场手工业……现代资产者，代替了工业的中间等级。"[1] 其二，"资产阶级的这种发展的每一个阶段，都伴随着相应的政治上的进展。它在封建主统治下是被压迫的等级，在公社（指由城市市民从封建主那里购买获得或者通过斗争而争取获得的城市共同体——引者注）里是武装的和自治的团体，在另一些地方组成君主国中的纳税的第三等级；后来……最后，从大工业和世界市场建立的时候起，它在现代的代议制国家里夺得了独占的政治统治。"[2]

哈维进一步指出，《宣言》还揭示了资产阶级在掌握政权之后继续从地理—空间上巩固、扩大和调整自己的增殖战略：首先，"使农村服从于城市，它创立了巨大的城市，使城市人口比农村人口大大增加起来……资产阶级日甚一日地消灭生产资料、财产和人口的分散状态。它使人口密集起来，使生产资料集中起来，使财产聚集在少数人的手里。由此必然产生的结果是政治的集中……统一的政府、统一的法律……"[3] 也就是说，社会发展要素的集中，有利于资产阶级的经济发展；政治统治的一体化，有利于推动和保障全国大市场的形成，也可以为经济发展提供法律等秩序上的服务。其次，马克思、恩格斯在《宣言》中多次提到资产阶级很擅长

---

[1] 马克思、恩格斯：《共产党宣言》（第3版），人民出版社1997年版，第28页。
[2] 同上书，第29页。
[3] 同上书，第32页。

于利用铁路、轮船、电报等先进的交通通信手段进行大规模的地理——空间上的整合，使其经济、政治甚至文化力量像一张巨网一样向四周伸展开来。对此，哈维赞叹道："《宣言》正确地强调了通过交通和通信的创新和投资来减少空间障碍对维持和发展资产阶级权力是必不可少的。而且，这一主张指出，这是一个正在形成的而非已经完成的过程。在这方面，《宣言》极有远见。正如马克思后来强调的，'通过时间消灭空间'深深地嵌入到资本积累的逻辑中，并伴随着空间关系中虽然常显粗糙但却持续的转型，这些转型刻画了资产阶级时代（从收费公路到铁路、公路、空中旅行，直至赛伯空间）的历史地理特征。"①

而且，《宣言》也明确指出，一旦资本主义危机爆发时，资产阶级会采取哈维所说的"空间修整"这个办法——"夺取新的市场，更加彻底地利用旧的市场"，以此来转移和缓和危机。所谓"夺取新的市场"，无非是形形色色或直接或隐晦的殖民扩张，为过度积累寻找到新的容纳空间；所谓"更加彻底地利用旧的市场"，无非是各种形式的创造性破坏，遭受严重贬值的（固定）资产被抛弃或者被推倒重来，在人为的消耗和浪费过程当中达到刺激经济重新启航的目的。值得注意的是，马克思认为，这些办法只能解决资产阶级的一时之需、燃眉之急，而不能从根本上解决资本主义生产方式的内在矛盾。换言之，这些措施只是在短期内有效。不过，问题在于，"这个短期是多久呢？如果它延续许多代（如罗莎·卢森堡在她的帝国主义理论中所暗示的），那么它对马克思理论及其此时此刻在市民社会中心地带寻求革命的相关政治实践会产生怎样的影响呢？"② 哈维的这个提问暗示了他打算把乌托邦理想与现实主义的、阶段性的、多元化的斗争策略相结合的理论态度，以便于终止资本主义体系的循环往复。

哈维还指出，《宣言》强调了无产阶级在地理——空间上的集中对作为整体的无产阶级的形成所起到的重要作用。也就是说，大规模的工业生产把众多的工人聚集起来，这样就推动了无产阶级的阶级意识和身份认同，从而导致无产阶级的整体行动。并且，"工人的越来越扩大的联合。这种联合由于大工业所造成的日益发达的交通工具而得到发展，这种交通工具

---

① ［美］哈维：《希望的空间》，胡大平译，南京大学出版社2006年版，第33页。
② 同上书，第30页。

把各地的工人彼此联系起来。只要有了这种联系，就能把许多性质相同的地方性的斗争汇合成全国性的斗争，汇合成阶级斗争。而一切阶级斗争都是政治斗争"①。照此逻辑，当资本法则以及与之相伴而生的无产阶级的同质化跨越民族国家的疆界，走向世界市场时，工人阶级就超越了它的民族性②，以至于"全世界无产者，联合起来"也就成为可能。总之，在《宣言》中，"工人阶级斗争的组织形式以反映资本行为的方式在空间中集中和分散"③。

此外，《宣言》实际上也表达了"不平衡的地理发展"这层意思。例如，"使农村从属于城市……使未开化和半开化的国家从属于文明的国家，使农民的民族从属于资产阶级的国家，使地方从属于西方"④，以及关于征服国家与殖民地之间关系的理论，等等。

综上所述，正如哈维所说的那样，"仔细地考察就会发现，关于地理转型、'空间定位（spatial fixes）'和不平衡的地理发展在资本积累的漫长历史中的作用，《宣言》包含了一个独特的论证。……《宣言》详细地说明了资产阶级如何既创造又毁灭它自己活动的地理基础（生态的、空间的和文化的）、并按照自己的面貌来创造一个世界"⑤。就此而言，探讨无产阶级的形成、与资产阶级的斗争以及无产阶级的解放事业当然离不开地理—空间的视域。

不过，应该强调的是，上面所阐述的《宣言》中的地理—空间维度，是通过对马克思理论文本的局部的语句和语境进行有意识的分析、挖掘和整理而得到的成果。假如从总体上来看，哈维则认为，"马克思和恩格斯用来研究不平衡地理发展和空间定位问题的方法略微有点矛盾。一方面，城市化、地理转型和'全球化'这些问题在他们的论述中占据着显著的地位；但另一方面，地理重构的潜在结果往往会迷失于下列这样一种修辞模式中，即最后总是把时间和历史凌驾于空间和地理之上来考虑"⑥。"资产阶级追求阶级统治虽然很明显地曾经是（而且现在也是）一个真实的

---

① 马克思、恩格斯：《共产党宣言》（第3版），人民出版社1997年版，第36页。
② 同上书，第46页。
③ [美] 哈维：《希望的空间》，胡大平译，南京大学出版社2006年版，第25页。
④ 同上书，第32页。
⑤ 同上书，第23页。
⑥ 同上书，第24页。

地理事件,但这个文本近乎直接地回复到一个纯时间的和历史的描述却是令人吃惊的。看起来,要辩证地看待空间是很难的。"①——而辩证法,正如列斐伏尔所说的那样,一贯被看作时间的辩证法,仅此而言,空间就很难与时间等量齐观。

所以,从总体上看,"在马克思的著作中占有绝对主导地位的概念是时间而不是空间,更不是地点。历史更多的是按照时间序列展开的,不是空间或地点"②。这主要是由于马克思的一生"都在从事社会阶级的产生和消亡的研究。马克思十分关注阶级的本质以及任何促进社会历史发展的因素"③。此外,也是因为马克思虽然曾经打算探讨世界贸易和资本主义的地理扩展等主题,但最终没能完成④。

我们知道,《宣言》不仅是历史唯物主义的,而且也是辩证法的杰作,历史唯物主义与辩证法是合二为一的。不过,《宣言》中的辩证法,是时间—历史的辩证法。与时间—历史视域的主导地位相对应,《宣言》中时间—历史的辩证法也很突出、很鲜明。然而,与《宣言》中地理—空间视域的弱势地位相对应的是,地理—空间的辩证法也很微弱、很沉闷,甚至可以说是断裂的、缺失的!当然,哈维承认,自己的这种看法是"主要从自己时代的立场而不是1848年的角度来进行的(虽然,正如我偶尔指出的,即使就其时代观点来说,《宣言》也存在着一些需要商榷的地方)"⑤。

在哈维看来,辩证法不仅是时间—历史的辩证法,同时也是地理—空间的辩证法,这样的辩证法才是完整的形态。如果说《宣言》以历史唯物主义的辩证法提出了共产主义理想的话,那么这个论证过程则由于地理—空间辩证法的微弱、断裂和缺失而导致理论方面的不足和遗憾。不言而喻,哈维所说的这些方面值得我们认真对待,这里需要进一步对《宣

---

① [美]哈维:《希望的空间》,胡大平译,南京大学出版社2006年版,第54页。
② 转引自[美]安东尼·奥罗姆等《城市的世界》,曾茂娟等译,上海人民出版社2005年版,第11页。
③ [美]安东尼·奥罗姆等:《城市的世界》,曾茂娟等译,上海人民出版社2005年版,第11页。
④ [美]爱德华·W. 苏贾:《后现代地理学》,王文斌译,商务印书馆2004年版,第130—131页。
⑤ [美]哈维:《希望的空间》,胡大平译,南京大学出版社2006年版,第31页。

第二章　解放政治与乌托邦理想：从《共产党宣言》出发的重构意图

言》中的辩证法进行考察。这不但有助于我们理解哈维对《宣言》所提出的"批评性重构"的要求，而且有助于我们理解他后来提出的"辩证的乌托邦理想"——即对"社会过程的乌托邦理想"（时间—历史的乌托邦理想）与"空间形式的乌托邦理想"（地理—空间的乌托邦理想）的辩证整合（参见本书第五章）。

首先考察一下《宣言》中时间—历史的辩证法。矛盾是辩证法的实质和核心。在《宣言》的阐述中，对矛盾的把握是它的主线。例如，《宣言》正文中声势夺人的第一句话就是：迄今为止，一切［有文字记载］的社会历史都是阶级斗争的历史，"自由民和奴隶、贵族和平民、领主和农奴、行会师傅和帮工，一句话，压迫者和被压迫者，始终处于相互对立的地位，进行不断的、有时隐蔽有时公开的斗争"①。如果说以往的社会历史中阶级矛盾和阶级斗争的具体情形还不那么层次分明，还显得盘根错节，还需要下一番抽丝剥茧的解析功夫的话，那么资本主义时代的阶级关系就很明显了：整个社会日益分裂为两大直接敌对的阵营，即资产阶级和无产阶级。《宣言》正是要阐明资产阶级与无产阶级之间的矛盾，并提出这个矛盾的解决方案。《宣言》还进一步把阶级矛盾归结为生产力与生产关系之间的矛盾。在这里，我们看到，马克思、恩格斯在直截了当地指明了社会历史中阶级矛盾、阶级斗争及其根源的同时，也就把辩证法落实到社会历史的基地上，并植入其中。换言之，辩证法与社会历史呈现出一体化的面貌。

《宣言》强调，事物的矛盾是对立与统一的结合。例如，资产阶级与无产阶级相伴而生，既是对立的，又是统一的："资产阶级生存和统治的根本条件，是财富在私人手里的积累，是资本的形成和增殖；资本的条件是雇佣劳动。雇佣劳动完全是建立在工人的自相竞争之上的。"《宣言》中诸如此类的阐述——资产阶级带来的进步与异化以及它本身的革命与反革命、无产阶级正在遭受的屈辱和苦难与它作为新人的未来前景，等等——可以说不胜枚举。

在《宣言》中，我们可以看到，事物被置于社会历史的运动过程当中来加以理解，因为辩证法是过程的辩证法，在形式上，它表现为"量变—质变—新的量变""肯定—否定—否定之否定"。所以，如果以辩证

---

① 马克思、恩格斯：《共产党宣言》（第3版），人民出版社1997年版，第27页。

法的思维来看这个世界,则不存在什么"终结"或"永恒"之类的神话。也就是说,必须把事物的当下存在理解为它的生灭变化之过程中的一个阶段。《宣言》对此有很明确的表述。例如,"现代资产阶级本身是一个长期发展过程的产物,是生产方式和交换方式的一系列变革的结果"①。既然它是历史过程的产物,那么按照辩证法的逻辑,它必将被历史的辩证运动所扬弃:在此之前是封建的私有制关系被克服,"现在,我们眼前又进行着类似的运动"②。

过程的辩证法是内在扬弃的道路。马克思曾经说过这么一段经典的话:"辩证法在对现存事物的肯定的理解中同时包含着对现存事物的否定的理解,即对现存事物的必然灭亡的理解;辩证法对每一种既成的形式都是从不断的运动中,因而也是它的暂时性方面去理解;辩证法不崇拜任何东西,按其本质来说,它是批判的和革命的。"③ 在《宣言》中,关于社会历史中矛盾的自我瓦解的话语俯拾皆是。例如,"这个曾经仿佛用法术创造了如此庞大的生产资料和交换手段的现代资产阶级社会,现在像一个魔法师一样不能再支配自己用法术呼唤出来的魔鬼了"④ "资产阶级用来推翻封建制度的武器,现在却对准资产阶级自己了。但是,资产阶级不仅锻造了置自身于死地的武器;它还产生了将要运用这种武器的人——现代的工人,即无产者"⑤,人类当下的分裂处境与未来的作为"自由人的联合体"的共产主义,等等。这些话语无疑是辩证法思维的表达,表明历史是以扬弃的形式开展道路的。

总之,《宣言》中浓郁的时间—历史的辩证法氛围是一目了然的。列宁早已指出,《宣言》中包含了"发展学说的辩证法……无产阶级肩负的世界历史性的革命使命"⑥。所谓"发展""世界历史"这些词语的历史—时间视域的寓意是不言而喻的。在谈到马克思和《宣言》时,马歇尔·伯曼也提醒我们"注意到那种隐藏在他的思想底下激发他的思想

---

① 马克思、恩格斯:《共产党宣言》(第3版),人民出版社1997年版,第29页。
② 马克思:《资本论》(第1卷),第二版跋,人民出版社2004年版,第33页。
③ 同上书,第22页。
④ 马克思、恩格斯:《共产党宣言》(第3版),人民出版社1997年版,第33页。
⑤ 同上书,第33—34页。
⑥ 列宁:《列宁全集》(第2版,第26卷),人民出版社1984年版,第50页。

第二章　解放政治与乌托邦理想：从《共产党宣言》出发的重构意图

的辩证运动"①。并且，"马克思在时间的层面上运动，努力使人们注意到一种正在继续的历史戏剧和精神创伤"②，他"所理解的批判是一个运动的辩证过程的组成部分。它意在变动，意在推动双方走向一种新的综合"③。这种新的综合就是共产主义，在这个意义上，马克思赋予共产主义理想以历史辩证法的支撑。

我们之所以详细地说明《宣言》中的时间—历史的辩证法，是要说明这种辩证法在马克思、恩格斯那里是十分强烈的，与下文哈维所批评的《宣言》中"地理—空间的辩证法"之微弱、断裂和缺失的情形构成了鲜明的对比。这当然不是说哈维反对时间—历史的辩证法，恰恰相反，他对此很重视——如果失去了时间—历史的辩证法，那么乌托邦理想哪有什么社会历史的潜在支撑呢？不过，让他感到遗憾甚至焦虑的是地理—空间的辩证法在《宣言》中的这种暧昧状态，他认为，这种暧昧状态促成了对《宣言》的重构要求。哈维的批判主要包括以下几个方面：④

1. 哈维认为，《宣言》中"文明—野蛮"的世界划分以及资本积累的"中心—外围"的普遍模式是不恰当的，这实际上表达了一种把欧洲作为文明和资本的起源，并向世界上其他区域扩散的"传播论"；但是，"资本主义诞生于何处、它是否形成于唯一一个地方，或者它是否同时出现于各种不同的地理环境中，所有这些问题是学者们辩论的舞台，至今还无迹象显示会达成一致意见。撇开这些不说，随后的资本主义发展……还不能被这样一种传播论的思维方式所包括"。例如，明治维新之后的日本、今天的韩国和中国所发生的情况与传播论并不一致，因为

---

① ［美］马歇尔·伯曼：《一切坚固的东西都烟消云散了》，徐大建等译，商务印书馆2003年版，第22页。
② 同上书，第115页。
③ 同上书，第154页。
④ 哈维对《共产党宣言》的批判中有一点是关于货币和金融资本的。他认为，"尽管《宣言》中关键的政治提议之一就是'通过拥有国家资本和独享垄断权的国家银行，把信贷集中在国家手中'，但缺乏对货币和金融的调停机构进行分析也让人吃惊……但《宣言》则是偶尔提及金融和货币资本在组织资本积累的地理动力方面的作用"（［美］哈维：《希望的空间》，胡大平译，南京大学出版社2006年版，第35页）。总之，他认为《共产党宣言》不应该对这些问题保持沉默。不过，他也承认马克思后来在《资本论》等著作中阐述了货币和金融资本的问题。而且，值得注意的是，恩格斯在《共产党宣言》"1872年德文版序言"中明确声明放弃以前那些作为革命措施的政治提议，所以这里不予讨论。

这些国家"实行某种内在化的原始积累形式并使自己的劳动力和产品介入到全球市场"①。

在哈维看来,传播论实际上是把地理—空间想象成一个水平的运动场,这是不正确的,因为"地球曾经并且还将继续是一个高度多样化的表面,包含着生态、政治、社会及文化的千差万别"②。高度的多样化和差异使不同地域的发展呈现出不平衡的面貌,因此,原始积累在何处发生、怎么发生也就是不一致的。另外,资本在不同的发展阶段上会寻找那些比其他地方更容易占据和谋利的空间,资本的不断流动也加剧了不平衡的地理发展。这一切都使得资本、文化和政治力量在不同的地理—空间关系上始终处于演变状态,这个演变过程既有一些结构性的力量在起作用,也存在着各种偶然因素。例如,日本在60年代的崛起以及中国改革开放之后对日本所构成的压力等。总之,应该更加辩证地看待资本在立体性的地理—空间中的变迁和流动。

2. 众所周知,国家是矗立在一定的领土之上的政治组织形式,它在现代世界图景中占据着特别重要的位置,《宣言》在谈到资产阶级国家时,指出它不过是"管理整个资产阶级的共同事务的委员会"③,并且,从人口、生产资料和财富的集中会带来政治的集中这个思路出发来推断国家的形成——"统一的政府、统一的法律、统一的民族阶级利益和统一的关税的统一的民族"④。除此之外,《宣言》没有更多的论述。哈维认为,这种概述过于简单了。因为国家的形成与巩固,无论是从国际条约或国际法对主权国家独立存在的权利进行确认和肯定这个观念过程来看,还是从诸多国家在建国过程中以及建国后为维护国家的领土和主权完整而展开的艰巨斗争过程来看,它都是一种复杂的、不稳定的和漫长的事态。"此外,交通和通信的变革以及阶级斗争的不平衡发展和天然资源的不平衡分布造成了某种相对性,这意味着领土构型(territorial configuration)不能保持长期稳定。商品流、资本流、劳动力流及信息流总是会使边界变得可以渗透。"⑤ 如此看来,国家既不是一种固定不变的地理空间现象,也不拥

---

① [美]哈维:《希望的空间》,胡大平译,南京大学出版社2006年版,第32页。
② 同上书,第33页。
③ 马克思、恩格斯:《共产党宣言》(第3版),人民出版社1997年版,第29页。
④ 同上书,第32页。
⑤ [美]哈维:《希望的空间》,胡大平译,南京大学出版社2006年版,第34页。

第二章　解放政治与乌托邦理想：从《共产党宣言》出发的重构意图

有一种固定不变的定义，始终在被重组（例如，国家的独立、分裂以及领土划分与调整，等等）和再定义（例如，"民族国家""主权国家"、主权至上与人权至上的争论、"超国家"，等等）。由此可见，国家是一个复杂的社会历史现象，就现实生活中国家与资本积累和阶级斗争之间的互动来看，必须予以特别的重视。

3.《宣言》认为，工业化和快速的城市化推动了工人在地理—空间上的大规模集中，并且，借助方便、快捷的现代交通工具和通信网络，无产者能够在全国以至于全世界范围内形成统一的工人阶级意识和整体性的行动。在这里，《宣言》实际上提出了无产阶级利用地理—空间上的条件进行整合的问题，哈维则指出，这种描述和构想固然十分重要和非凡，但同时也是单方面的、理想化的理论设计。因为，"面对明显威胁其存在的阶级力量的兴起时，资产阶级也可以发展它自己的空间策略：分散、分而治之、在地理上瓦解它们……有大量的例子可以反映资产阶级如何运用这些策略来达到那种效果"①。例如，19 世纪晚期在美国发生的制造业从市中心向郊区的分散，就避免了无产阶级力量的带有威胁性的集中；现在，跨国公司则在全球规模上把自己的生产过程和生产组织加以拆解，越来越分散化了！更何况，工人阶级运动的内部始终都存在着地方主义和民族主义等复杂的问题。并且，由于工人阶级往往以"地方"为限，而资产阶级的地理—空间的眼界则宽广远大得多，所以资产阶级反而能够利用自身在物质、信息等各方面的优势力量针对工人阶级进行分化瓦解的工作，这样也就从总体上打败了工人阶级。一言以蔽之，工人阶级能够想到的、可资利用的地理—空间上的条件，资产阶级反过来同样可以加以利用，而且效果更突出。

4. 哈维还指出，在社会历史和现实生活中，以乡村、农业和农民为基础的革命运动一直都很活跃，其潜能不可低估，而《宣言》则把工业无产者设定为革命的主体力量，作为革命成功的希望之所在，然而，这样的视野显得不够开阔——"不要说由小商品生产者、种植园工人和其他农业劳动者所发动的斗争，就是随后相当长的农民斗争和游击战争史就已使人们对《宣言》在何处能够发现革命作用（和反作用）潜能的主要假设

---

① ［美］哈维：《希望的空间》，胡大平译，南京大学出版社 2006 年版，第 36—37 页。

提出质疑"①。在这里，哈维并不是要否定工业无产阶级的革命主体地位，而是要求把不同层次、不同规模的地理—空间上的斗争力量和斗争形式统统结合起来，发挥它们各自的潜能，而不必局限于一隅。

5. 在哈维看来，《宣言》中关于无产者在全世界范围内的"无民族性""联合的行动"等推理也很成问题。《宣言》说，"工人没有祖国。……随着资产阶级的发展，随着贸易自由的实现和世界市场的建立，随着工业生产以及与之相适应的生活条件的趋于一致，各国人民之间的民族分隔和对立日益消失。无产阶级的统治将使它们更快地消失。联合的行动，至少是各文明国家的联合的行动，是无产阶级获得解放的首要条件之一。人对人的剥削一消灭，民族对民族的剥削就会随着消灭。民族内部的阶级对立一消失，民族之间的敌对关系就会随之消失"②。对此，哈维指出，"《宣言》坚持——在我看来是正确的——抵抗资本主义、实现社会正义的唯一方法就是通过一场全球性的斗争，在这场斗争中，一步步地由地方到国家再到全球所完成的全球工人阶级的形态会获得充足的力量来实现自己的历史潜能，在这种情况下，共产主义运动的任务就是想方设法地、不计成败地去集合各种高度分化的、常常是地方性的运动，使它们朝着共同的目标努力"③。

但问题是，在高度多样化的地理—空间的领域中，要消除各国无产者的民族性和地方性是很不容易的。我们记得，第一次世界大战一爆发，各国的无产者就为了保卫自己的"祖国"而自相残杀；从世界上的第一个社会主义国家建立到现在，社会主义国家之间的争斗不可谓不惨烈。诚然，资本法则确实把亿万个劳动群众变成了具有同样的身份和地位、作为无产者的工人，劳动群众本身也很清楚这一点！但是，顽强地以地方为限的地域忠诚和纽带使他们倾向于确认自己是法国的工人、德国的工人……而不是国际的工人。更何况，世界范围内的工人同时又面临着来自他们内部的竞争（我们看到，由于全球劳动力市场的形成，世界各地的工人在相互竞争，为了做成生意而不得不接受相对更低的甚至最低的劳动力价格）。这样，工人阶级潜在的整体性力量和联合行动的可能在很大程度上

---

① ［美］哈维：《希望的空间》，胡大平译，南京大学出版社2006年版，第37页。
② 马克思、恩格斯：《共产党宣言》（第3版），人民出版社1997年版，第46—47页。
③ ［美］哈维：《希望的空间》，胡大平译，南京大学出版社2006年版，第38页。

就被压制住了,甚至在无形当中被相互抵消了。

同时,资产阶级当然也不会坐视不管、袖手旁观无产阶级的联合。我们应该注意到,"资本主义同时进行的分化工人的方式,它有时会依靠古老的文化特性、性别关系、种族偏爱和宗教信仰。资本主义不仅通过资产阶级明显的分而治之的策略发展,而且还通过把市场选择的原则转变为集团划分的机制来实现这个目的。其结果就是在资本主义的地理景观中植入了形形色色的阶级、性别和其他的社会划分。诸如城市和郊区之间、区域之间和国家之间的各种划分都不能被认为是某个旧秩序的残余,它们不会自动消失。它们是通过资本积累和市场结构的分化力量而主动制造出来的。通过阶级斗争的机制以及自为的资本和雇佣劳动机构,以地方为限的忠诚扩散了,并在某些方面得到了加强而不是瓦解。阶级斗争实在太容易分化成一系列地理上分裂的社群利益,太容易被资产阶级权力所左右或是被新自由主义的市场渗透机制所利用"①。

由此可见,要想在高度多样化的地理—空间的领域中,在具有高度差异性的无产阶级内部发展出联合行动,是一项很艰巨的任务。《宣言》既低估了无产阶级内部民族性和地方性的顽强,又低估了资产阶级分而治之的能力。"在通过雇佣劳动和市场交换而实现的全面同质化中,资本具有粉碎、分隔及区分的能力,吸收、改造甚至恶化古老文化差异的能力,制造空间差异、进行地缘政治动员的能力……劳动力通过领土组织形式动员起来,并在动员的过程中建立以地方为限的忠诚。"② 正是通过这些手段,通过各种各样的地理—空间策略(包括空间修整),资本主义创造和维持着自己的乐园:通过地理扩展、空间重组和不平衡的地理发展,不断地为资本积累创造出"新的"利润增长点;在这个过程中,既以资本法则同质化工人(作为雇佣劳动者),又使他们保持差异化和分散化,使之不至于成为颠覆性的力量。这样一来,共产主义理想就变得遥遥无期了。

综上所述,如果说《宣言》以时间—历史的辩证法揭示了资本主义必然灭亡的一面,那么哈维在此则概要地揭示了资本主义如何能够苟延残喘

---

① [美]哈维:《希望的空间》,胡大平译,南京大学出版社2006年版,第39页。
② 同上。

的一面①。资产阶级的地理—空间策略无疑对《宣言》的时间—历史的辩证法构成了挑战。因此，不能单单从时间—历史的辩证法出发来论证人类的未来前景，马克思主义理论家还必须从现实出发，向资产阶级学习，发展出无产阶级自己的地理—空间的辩证法。也就是说，必须重视地理—空间的视域，辩证地看待地理—空间对于资产阶级和无产阶级所造成的不同影响和作用，努力把受到资产阶级操控的地理—空间的结构转变成为无产阶级服务的斗争舞台和解放资源。这就需要以地理—空间的视域对国家、货币和金融资本、劳动力市场、多元化的社会分层、全球生态环境等方方面面进行系统的辩证研究。这当然是一个艰巨的任务。不过，唯有如此，才能与资产阶级的地理—空间策略相抗衡，并战而胜之。在这个意义上，《宣言》的重构要求就凸显出来了，到了哈维发出自己的声音的时候了。

第三节 迎难而上的谋划：联合的行动

哈维对《宣言》所做的剖析，在指明其局部的话语当中所隐含着的地理—空间视域的同时，又揭示了地理—空间视域在总体上的弱势，这种弱势从辩证法的角度来看，体现为地理—空间辩证法的断裂和缺失，从而与《宣言》中时间—历史辩证法的强势地位构成了鲜明的对比。据此，哈维也就解释了资本主义得以幸存的根由，并对《宣言》提出了重构的要求。

在这里，我们看到，哈维通过这番工作，既把地理—空间的视域植入到《宣言》当中，从而表明了自身存在的合法性，又揭示了《宣言》的缺憾，从而能够以马克思主义理论后继者的姿态，着力阐发不平衡的地理发展理论以及地理—空间辩证法，进而提出无产阶级的解放政治。简言之，哈维可以在马克思的基础上接着讲下去，而且可以讲得更新颖些。

哈维清醒地认识到，虽然"《宣言》的背景并没有得到根本的改变。全球无产阶级比以前更加壮大了，全世界团结起来的要求也比以前更强烈。不过，那种团结的障碍比1848年就已经复杂化的欧洲背景更加强大。现在，劳动力在地理上更加分散，在文化上更加异质，在种族和宗教上更加多样，在人种上更加层次化，在语言上更加分裂。结果就是从根本上分

---

① 更多的具体论述可参见哈维的其他著作，如《资本的界限》《全球资本主义的空间》等。

第二章　解放政治与乌托邦理想：从《共产党宣言》出发的重构意图

化了抵抗资本主义的方式和替代方案的确定。并且，虽然通信手段及翻译机会已有极大改善，但是同一直使用新型无线电通信的国际金融家和跨国人士相比，这对于10亿左右每天生活标准不足1美元、具有不同文化历史、文艺和智力的工人是没有多大意义的"①。

　　对于解放政治而言，现实状况确实让人挠头，因为我们要面对的是一个多样化、异质化的差异世界。哈维列举了以下几个主要方面：（1）随着世界人口的急剧增长，可雇佣劳动力的绝对数量也跟着翻了几番，这导致工人在全球劳动力市场上相互之间展开恶性竞争；（2）在美国、德国等发达国家的工人与印尼、肯尼亚等落后国家的工人之间，有一道巨大的鸿沟；（3）越来越多的女性加入到工人队伍当中来，职业女性不但在工作机会、工作待遇等方面对男性工人造成某些挑战，而且在政治诉求、对解放这个含义的理解等方面也相当不同于男性立场；（4）世界范围内的移民潮带来了相当大的种族、宗教和文化的差异，这对于把工人组织起来或者建立反抗资本主义的联合行动也提出了相当特殊和较为困难的政治议题；（5）生态主义浪潮席卷全球，貌似能够形成统一的全球运动，那么，无产阶级是否可以顺势而为、寄居其上并把它转化为为自身目标服务的解放政治？这不是完全不可行，但也应该看到，生态主义浪潮在促进人们对资本主义的创造性破坏这种野蛮的生存路径和功利主义立场进行批判的同时，却又很容易把人们的目光限制在生态—文化这个单一主题上，从而消解了对政治经济学批判的敏感性。而且，环保运动本身往往由于各个国家实际追求目标的不同而难以真正地达成全球共识和协同步骤。例如，广大的发展中国家往往不得不优先考虑经济增长、就业等问题，又如，发达资本主义国家把那些破坏环境的企业和生产活动转移到发展中国家，这样就转移了斗争的标靶，造成运动的分裂。这说明生态主义浪潮本身不足以奠定世界范围内联合行动的基础，更不能自发地导向社会主义性质的解放运动②。

---

　　①　[美] 哈维：《希望的空间》，胡大平译，南京大学出版社2006年版，第44页。
　　②　在资本逻辑遍布全球、社会主义遭受重大挫折和厌恶的情况下，生态运动倾向于"生态资本主义"而不是"生态社会主义"，例如，德国绿党的信条只是生态资本主义。

诸如此类的情况不胜枚举。这些情况都说明：工人阶级的联合行动[①]遇到了差异的难题——如何对地理—空间中多样的和异质的目标、要求与利益进行整合？在这种情况下，哈维认为，必须实事求是地灵活应对：[②]"社会主义运动必须与这些特殊的地理转型步调一致，并想出办法来应付它们。这并不会削弱《宣言》最后提出的'联合起来'[③]这个战斗口号的重要性。我们现在的处境使得那个口号比以往更加紧迫。"[④] 也就是说，必须以适当的方式把来自各个方面、不同领域的对现存秩序的不满和愤怒集合到一起。既然这是一个差异的世界，那么工人阶级运动必须学会在差异性和多样化中寻找到可以与其他运动、其他主体进行沟通的共同议题，以此把农民运动、学生运动、黑人运动、反战运动、人权运动、女权运动、生态运动以及各种狭义的文化运动等都集中在这个共同议题的旗帜之下，在相互配合中展开联合的斗争。

如何进行联合？这既涉及联合是否具有现实的基础和可能，又涉及如何进行联合，后者更多的是一个斗争策略和方法论运用的问题——对此，哈维认为，我们可以尽可能地考察各种运动，努力从中找出和提取"精髓"（共同的核心议题），以制订一个具有广泛基础的联合纲领。[⑤] 进一步来讲，不但要在运动的共同议题上进行联合，而且在运动的空间规模上也

---

① 需要声明的是，我们对"联合的行动"所遭遇的历史难题和现实困境的分析，并不是不要联合的行动，恰恰相反，在哈维看来，唯有通过联合的斗争，才能实现解放政治，才能迈向社会主义（［美］哈维：《希望的空间》，胡大平译，南京大学出版社2006年版，第38页）。关键则在于：开展什么样的联合，如何进行联合。

② 哈维一再强调实事求是和灵活性，力避僵化："正如《宣言》本身所提醒我们的那样，我们要永远记住，其原则的实际应用总是'以当时的历史条件'为转移"（［美］哈维：《希望的空间》，胡大平译，南京大学出版社2006年版，第51页；马克思、恩格斯：《共产党宣言》（第3版），人民出版社1997年版，第3页）；"这种政治行动必须牢固地立足于人类行动得以展开的具体的历史和地理环境之中"（［美］哈维：《希望的空间》，胡大平译，南京大学出版社2006年版，第48页）。

③ 原译文为"团结起来"，现按照《共产党宣言》中文版改为"联合起来"。——引者注

④ ［美］哈维：《希望的空间》，胡大平译，南京大学出版社2006年版，第46页。

⑤ ［美］哈维：《新自由主义和阶级力量的重建》，吴志峰译，该文收录于罗岗主编的《帝国、都市与现代性》，江苏人民出版社2006年版，第133页。同样的观点可见之于［美］哈维《新帝国主义》，王志弘等译，（台湾）群学出版有限公司2008年版，第132—139页。相关讨论亦可参见本书第三章、第四章。

第二章　解放政治与乌托邦理想：从《共产党宣言》出发的重构意图

要进行联合。

当谈到资本主义是如何通过地理—空间的策略来分化、瓦解工人阶级时，哈维认为，"无产阶级运动在学会如何对抗资产阶级支配和生产空间的权力、学会如何塑造新的生产地理学和社会关系之前，它的状况将一直是虚弱而不是强大。同样，社会主义运动在同地理的和历史的条件相协调并使自身多样化之前，将不能确定和清楚阐述一个现实的取代资产阶级统治的社会主义方案，并为之斗争"①。一言以蔽之，应该向资产阶级学习，然后与其，针锋相对。

我们知道，资产阶级特别擅长于在空间结构中布置自身的权力，这种权力的空间安排完全是多样化的，从生产车间、地区一直延伸到全球层面。所以，哈维指出，"阶级政治学得以构建的那些空间规模存在着等级……我们还必须学会如何在不同的空间规模之间进行'仲裁和转换'，特别是在全球工人阶级形态和身体政治学方面。如果想要复兴工人阶级政治学，那这就是必须要面对和解决的尖锐问题"②。也就是说，联合的行动还存在着空间规模的难题——如何在不同空间规模上进行协调一致的斗争？对此，哈维预先以"工厂""超国家"和"国际"这三种不同的空间规模为例进行了说明。

1. 工厂/地方的空间规模。哈维指出，工厂是传统阶级斗争的起点和发源地，无产阶级的阶级组织、联合的行动往往都是以工厂为基础，由此而上升到地方和国家的层面。但是，在全球化的时代，越来越多的公司和企业特别是跨国集团已经在世界范围内布局和生产，并且不断快速地调整自己的生产体系，这样一来，工厂就不再像以往那样是固定的，而是十分地不稳定的了，这就导致工人队伍同样十分地不稳定；也就是说，受制于跨国公司"灵活的"生产模式，被动地随着工厂的建立和关闭而聚集和分散。"当大量的劳动力变成暂时性或临时性时，会发生什么事情呢？在这些条件下，传统形式组织起来的劳动就失去了地理基础，它的力量也就相应地减弱了。于是就必须要建立替代性的组织模式。"③ 至于哪些替代性的组织模式可资利用，在哈维看来，这是很广泛的，从社区机构、激进

---

① ［美］哈维：《希望的空间》，胡大平译，南京大学出版社2006年版，第47页。
② 同上书，第48页。
③ 同上书，第49页。

组织到学生团体的联盟等;重要的是,必须联合一切可以联合的力量,实践一种"地方政治学(politics of place)",以便于实现地方规模上的运动目标(例如,争取最低生活工资,等等)。

2. 超/跨国家的空间规模。现在,世界上出现了一些像北美自由贸易协定(NAFTA)和欧盟(EU)这样的超/跨国家的组织形式。对此,左派力量往往站在民族国家的立场上反对这些超/跨国家的组织形式,这就导致工人阶级不能在更广泛的空间规模上进行斗争。哈维认为,以民族国家为限等于是画地为牢、自缚手脚,"左派必须要学会同时在两个空间规模上与资本做斗争。但是在这样做的时候,它也必须学会在不同空间规模上潜在地调整自身内部互相矛盾的政治学,因为在等级制的空间系统中经常会出现这样的情况(生态难题经常造成这种窘境):在一种规模上产生良好政治意识的东西却不能在另一种规模上产生这样的良好政治学(例如说,欧洲汽车生产的理性化也许就意味着牛津或都灵工厂的关闭)。"换言之,这是一个如何在不同的空间规模上进行一体化斗争的策略问题。哈维强调,"空间规模的选择不是'非此即彼(either/or)'而是'既又(both/and)'"①。不过,如何做到"既又",做到一体化的斗争,这本身就是一个难题。

3. 国际/全球的空间规模。这个层面同样面临着如何做到"既又"的一体化难题。哈维认为,有些经验可资借鉴和改造:"围绕人权问题、环境问题和妇女地位问题的运动证明了政治学得以建构的可能方式(及这些政治学的某些缺陷)……面对世界性劳工的退化和暴力,对人类尊严的保护大多是通过教会和人权组织而不是直接通过劳动组织来阐述的(教会在不同空间规模上运作的能力为政治组织提供了许多的模式,社会主义运动完全可以从中吸取一些重要的教训)。就如地方层次上的斗争一样,劳动组织和市民社会中许多其他机构之间的联盟对于国际规模上社会主义政治学的阐释现在看来是至关重要的。"② 不过,社会主义运动应该如何借鉴和改造诸如人权运动、环境运动之类的国际性运作的经验,哈维在这里也没有具体交代,只是引出了话题,这有待于他在下文中正式展开论述。

总之,联合的行动问题,实际上可归结为从地方、国家、超/跨国家

---

① [美]哈维:《希望的空间》,胡大平译,南京大学出版社2006年版,第49页。

② 同上书,第50页。

第二章　解放政治与乌托邦理想：从《共产党宣言》出发的重构意图

以及国际/全球这些不同空间规模上的"既又"（一体化）的斗争策略问题。虽然已经明确，不能把运动局限于某个特定的层次或规模，低层次、小规模的运动与高层次、大规模的运动之间必须遥相呼应，互相配合，但是哈维承认，"如何在各种不同空间规模上建立一场政治运动以回应资本的地理策略和地缘政治战略，这是一个难题。……在我们这个时代如何完成它，这是一个迫切需要解决的问题"①。

为此，哈维再一次回到了《宣言》。他认为：

> 关于克服这种困难的策略，《宣言》本身包含着一些线索。经过适当修正，这样的深刻见解可以把我们带到更加丰富的斗争地带。比如说，承认阶级斗争的起点在于劳动身体的特殊性，这是很重要的……因此，劳动身体是一个抵抗的场所……如《宣言》那样，强调阶级斗争的普遍性源于个人的特殊性，强调阶级政治学必须以富有意义的方式回到个人。所以，个人异化是政治学的一个重要起点，而且正是这种异化是必须要加以克服的。这自然是《宣言》的要旨，但那种异化只有通过集体斗争的方式才能够克服。那就意味着要建立一项超越时空的运动，来对抗资本积累的普遍和跨国特性。必须找到一些方式来连接身体的微观空间与全球化的宏观空间。《宣言》建议，把个人与局部的、区域的、国家的、最终国际的因素连接起来可以达到此目的。②

对于《宣言》中这个解决"联合"难题的线索，哈维只是在《希望的空间》这部著作的开头部分说了上面一段很简要的话。言下之意是指：（1）全球规模上的亿万雇佣劳动者，他们作为特殊个体的身体，在大工业的机器生产体系当中遭受了同样的异化对待和塑造，异化作为一种普遍性附着于每一个特殊的身体之上，因此，亿万雇佣劳动者对于身体的异化，完全是"感同身受"的。这种身体异化的处境和感受，是雇佣劳动者联合起来的基础和源泉。同时，（2）雇佣劳动者与资产阶级的斗争，也是从保卫自己的身体开始的：缩短劳动时间的斗争（减少工作日、争取 5 天工作制），妇女

---

① ［美］哈维：《希望的空间》，胡大平译，南京大学出版社 2006 年版，第 50 页。
② 同上书，第 48 页。着重号由引者加。

儿童特殊权益的斗争，为了维持身体再生产和生命健康而展开的争取最低工资待遇的斗争，等等。(3) 就世界范围内处于各种形式的被剥削和被压迫状态的民众而言，他们身体异化的态势可以说既是个体性的，又是全球性的。其人数之多、分布之广、受苦受难程度之深重令人咋舌。因此，在很大程度上，反身体异化的斗争同样是既关乎个体，又席卷全球的。在这个意义上，虽然身体和全球化本身属于两个不同的空间规模：一个可以说是最微观的层面，另一个可以说是最宏观的层面；但是，在异化状态和反异化斗争这两个方面，它们却紧密地、内在地连接在一起了：身体的全球性异化与全球性的反身体异化斗争是一枚硬币的两面。

众所周知，全球范围内的争取最低生活工资的斗争业已取得了很大的成功，这是重要的例证之一，它告诉我们：不同空间规模上的斗争具有内在的联系，只要抓住这种联系，就有可能取得一体化的胜利。这给了哈维不少信心，所以他说，"我们需要想方设法来建构一种可以在微观规模和宏观规模之间自由穿梭的政治辩证法，对《宣言》地理学的研究成果为解决这个任务提供了绝好的机会，它重新点燃了社会主义的火焰，从雅加达到洛杉矶，从上海到纽约城，从阿雷格里港到利物浦，从开罗到华沙，从北京到都灵"[①]。所以，在以下的一系列具体论述中，哈维竭力在"全球化"和"身体"这两个不同的空间规模上阐述一体化的斗争策略，试图挖掘出其中所包含的解放政治的革命潜能，从而为自己的乌托邦理想寻找到来自现实状况的曙光。

第四节 为什么是"全球化"和"身体"

哈维之所以要在全球化和身体这两个层面展开论述，一是正如上文所言，是受《宣言》的启发，认识到全球化与身体之间从政治经济学的角度来看有其内在的联系，阶级斗争亦可以在这两个乍看起来差别很大的空间规模上来回穿梭——这就为联合的行动创造了契机；二是这也是为了回应当今时代喧嚣一时的话语热潮，发出自己的声音，达到哈维自己的意图。

我们知道，20 世纪 70 年代中期以后，西方学术界发生了一次大规模

---

① [美] 哈维：《希望的空间》，胡大平译，南京大学出版社 2006 年版，第 50 页。

的话语转向（discursive shift）。这个转向涉及复杂的方方面面，但从总体上看，是从现代主义向后现代主义的转变，文化氛围为之一变。随之而来的是激烈的争论：有人要做一个尽心尽职的后现代主义者，有人却要把某种未竟的现代主义规划进行下去。在这个转向和激辩的过程中，全球化和身体是两个重要的方面。这两个术语被广泛地使用，甚至可以说是占统治地位的概念，也成为媒体关注的热门话题。无数的学术会议、大量的文献资料从不同的角度围绕它们进行阐述。既然人们热衷于谈论全球化和身体，而且，其势不可阻挡！哈维于是将计就计、乘势而上，亦加入到这股话语潮流当中去了。当然，他有自己的目的："很明显，在北美，或者说英语的知识、学术圈里，我们非常流行说'文化转向'……人人都会说政治经济学无用，是旧传统，应该搞点文化研究吧。我不是完全不赞同文化研究，我也受过其影响……当有人说这是文化，是现代，我同意，但同时也是政治经济的，我们要处理的是这两者之间的关系。我想将人们从'纯文化'研究拉回来，带点政治经济学的观点。我想让人们理解到，政治经济学是一种可以让我们知道我们如何想，如何做的根本。"①

以政治经济学的眼光来看，"全球化"这一概念主要是为资本向全球扩张服务的，同时隐含着意识形态的意图。"它有助于削弱国家权力对资本流动的管制，使之似乎不可避免，而且还是一个极为有力的政治工具，尤其在使国家和地方的工人运动以及工会权力失去影响的方面……'全球化'帮助制造了那种围绕把市场从国家控制下解放出来这个主题的企业家们的乐观主义氛围。简言之，它成了与不断向全球扩展的新自由主义的美丽新世界有关的一个核心概念。"②

很多左派人士对此没有保持必要的警惕，不加批判地接受了全球化这个术语，用它来替换那些在政治上更加敏感的"帝国主义""新帝国主义""殖民主义"或"新殖民主义"等概念，这样就模糊了全球化的真相，也压制了政治规划的潜能及其号召力。哈维对此很忧虑，他指出，"全球化就我的观点而言，就是地理上的不均衡发展。全球化真是坏……我有兴趣的策略是改变全球化的语言，以殖民主义、军事殖民主义、帝国主义、区域的不均衡发展的说法来取代全球化，这也就是我要处理的，也

---

① 哈维访谈：《今日乌托邦，明日的现实》，由黄孙权整理刊布。
② ［美］哈维：《希望的空间》，胡大平译，南京大学出版社2006年版，第12—13页。

是政治介入的可能性"①。

与哈维对"全球化"这一概念相当不满,并试图用"不平衡的地理发展"取而代之不同,他对"身体"话语总体上持相当肯定的态度(当然,哈维对身体话语也有所批判)。而且,他试图把"身体政治学"推进到"身体的政治经济学批判"这一维度。

在哈维看来,在女性主义、女权运动、后结构主义、解构主义运动等多重因素的共同推动下,"人们开始重新关注身体,身体成为理解的基础,至少在某些领域中……成为政治抵抗和解放政治学里的特殊场所""所有这些都开启了一个新的探索领域,它远远超出了传统的概念工具(例如在马克思中所包含的)。因此,对于进步的和解放的政治学而言(尤其是女权主义和同性恋研究),一种广泛的和新颖的有关身体的理论是至关重要的。在这一运动中,确实存在着很多创新的和进步的因素"②。同时,哈维又认为,身体话语不能停留于文化研究的层面,应该进一步注入政治经济学的活力。③ 正如我们现在很多人都承认的那样,身体是一种社会构造;因此,对身体的理解就不能离开那些围绕它并建构它的复杂因素。在这个意义上,既然我们早已并且一直都生活在资本循环和资本积累的世界当中,那么资本循环和资本积累的因素则必须成为关于身体研究不可或缺的一部分。回避身体与资本循环和资本积累的内在关联,就不能完整地理解身体本身。

进一步来讲,既然马克思在《资本论》中已经证明:工人在工作场

---

① 哈维访谈:《今日乌托邦,明日的现实》,由黄孙权整理刊布。

② [美]哈维:《希望的空间》,胡大平译,南京大学出版社2006年版,第13—14页。关于身体理论的基本情况,可参见文军主编《西方社会学理论:经典传统与当代转向》,上海人民出版社2006年版;布赖恩·特纳主编:《Blackwell社会理论指南》(第2版),李康译,上海人民出版社2003年版;阿雷恩·鲍尔德温等:《文化研究导论》,陶东风等译,高等教育出版社2004年版;以及布赖恩·特纳的《身体与社会》、恩特维斯特尔的《时髦的身体》、汪民安等编译的《后身体、文化、权力和生命政治学》等著作。

③ 英国学者B.特纳认为,目前的身体研究有一些"华而不实"的趋势,因为它未能超出文化表现和社会建构的观念,局限于身体的表现性和文化性特征,对身体的政治学等方面缺乏深度把握,所以他要求从整体上研究身体,也提出了不少具体的建议和思路。参见B.特纳:《普通身体社会学概述》,该文收录于由布赖恩·特纳主编的《Blackwell社会理论指南》(第2版),李康译,上海人民出版社2003年版,第577—594页。

第二章 解放政治与乌托邦理想：从《共产党宣言》出发的重构意图

所和消费领域这两个方面都被资本主义积累机制转化成为资本的附属品[1]，那么工人的身体难道能够游离于资本主义积累和循环机制之外吗？当然不可能，"可以说，资本通过作为可变资本的工人的身体进行循环，并因此而把工人的身体转变为资本循环本身的附属品"[2]。由此就引出了关于身体解放的政治斗争这个议题！不言而喻，哈维像对待全球化一样，也是要从身体话语当中梳理出政治介入的可能性。

不仅如此，哈维还试图把全球化与身体贯穿起来思考。"'全球化'是当前所有话语中最为宏观的，而从理解社会运作的观点来看，'身体'无疑是最为微观的（也就是说，除非我们屈从于还原主义，将社会仅仅看成 DNA 编码和基因进化的表现形式）。这两种话语体制——全球化和身体——在同一光谱的两级上发挥作用，借助那种光谱，我们从量上理解社会和政治生活。但是，人们很少或者根本没有系统性地尝试整合'身体话题'与'全球化话题'。"[3]

全球化与身体之间确实有着强有力的联系，例如，妇女的生育与全球人口的联系，个人的消费方式、健康状况与全球环境保护之间的联系，等等。学界以往都是单独地、分别地讨论这两个方面，哈维则试图把它们结合在一起进行讨论，这的确颇有新意。并且，他同样选择以政治经济学的方式来讨论全球化与身体之间的关联，从资本与劳动这个关键环节切入其中。

1. 工人的身体是他们的劳动力的物质载体，在这个意义上，资本与劳动的关系必然蕴含着资本与身体的关系。换言之，资本对劳动的控制和剥削过程实际上同时也就是资本对身体的塑造和规训过程，其目的在于使身体服从于资本积累和资本循环的需要。所以，福柯在谈到《资本论》第十三章"机器与大工业"时指出，"这两个进程——人员积聚和资本积累——是密不可分的。如果没有一种能够维持和使用大规模人力的生产机构的发展，就不可能解决人员积聚的问题。反之，使日渐增大的人群变得有用的技术也促进了资本积累。在一个不太普遍的层次上，在生产机构、劳动分工和规训技术制定方面的技术性变化维持了一组十

---

[1] 马克思：《资本论》（第1卷），人民出版社2004年版，第653—667页。
[2] D. Harvey, *The Limits of Capital*, Basil Blackwell, 1982, p. 175.
[3] ［美］哈维：《希望的空间》，胡大平译，南京大学出版社2006年版，第15页。

分紧密的关系"①。哈维则言简意赅地把资本对身体的这个塑造和规训过程称为"塑形之火"(form-giving fire)②。

2. 资本对劳动的压榨是以工人的身体为基础的,然而身体不是可以无限地加以任意使用的资源,于是身体的反抗不可避免。马克思说"资本只有一种生活本能,这就是增殖自身,创造剩余价值,用自己的不变部分即生产资料吮吸尽可能多的剩余劳动。资本就是死劳动,它像吸血鬼一样,只有吮吸活劳动才有生命,吮吸的活劳动越多,它的生命就越旺盛"③,"资本由于无限度地盲目追逐剩余劳动,像狼一般地贪求剩余劳动,不仅突破了工作日的道德极限,而且突破了工作日的纯粹身体的极限"④。所以,不难理解,工人与资本家之间的阶级斗争,一开始就表现为诸如"争取正常工作日""争取最低生活工资"之类的事关工人的身体健康和生命存续的斗争。法律、政治等层面的斗争在某种程度上是身体斗争的延续和升级。

3. 资本的全球化把自身对劳动的控制和剥削,把对身体的塑造和规训,也把身体的反抗和斗争都同时扩展到世界范围。哈维指出,"劳动力作为一种商品被卷入了货币—商品—货币的循环中,这个过程轻易地避开了局部劳动力市场的时空约束,并导致了世界舞台上的资本积累……在一个规模上('全球化'及其所有相关意义上的规模)确定的时空性与在一个更加地方化的规模上运行的身体互相交叉。时空规模上的转换在这里通过两种性质完全不同的循环过程的交集得以实现,一个过程通过长期的资本积累的历史地理学来确定,而另一个过程取决于劳动身体在一个更受限制的空间上所进行的生产和再生产……这两种时空体系虽然在性质上互不相同,但却不得不彼此'同步(cogredient)'或'共存(compossible)'"⑤。

---

① [法]福柯:《规训与惩罚》,刘北成等译,生活·读书·新知三联书店2007年版,第247页。

② [美]哈维:《希望的空间》,胡大平译,南京大学出版社2006年版,第100页。当代"灵活"生产体系对工人的"激情""创造性"和"多种岗位的适应能力"等方面的要求,只不过是升级版的塑形之火。

③ 马克思:《资本论》(第1卷),人民出版社2004年版,第269页。

④ 同上书,第306页。

⑤ [美]哈维:《希望的空间》,胡大平译,南京大学出版社2006年版,第105页。

全球化与身体之间的"交叉""同步"或"共存"的关系，实际上只不过表明身体业已被资本拉入到全球化的旋涡当中去了。这对身体斗争和解放政治造成了更为复杂和严峻的挑战，因为，原本地方化特性十分显著的千千万万个劳动者身体，一方面既存在着与资本的斗争，另一方面又面临着世界范围内的来自于工人阶级内部的竞争。资产阶级必然会利用这种竞争关系来为自己服务。在这个意义上，工人阶级的身体斗争如何能够在地方化和全球化这两种不同空间规模上进行协调呢？由此可见，联合的行动同样在身体话语上遇到了难题。

综上所述，以政治经济学的眼光来看，全球化与身体之间的根本关联是资本与劳动之间的相互作用。既然全球化与身体是紧密联系着的，那么可以说，"如果没有对全球化的理解，身体就不能在理论上和经验上被理解。但是，相反地，把全球化归结为最简单的定义，它便是关于亿万个个体之间的社会——空间的关系（social-spatial relation）。两种话语之间的基本联系就在这里"[①]。在一般情况下，这两者的理论探讨是分离的，哈维认为，这种分离的情况不利于完整正确地理解它们，所以他要求把它们连接起来，探讨由此产生的政治——知识后果，并试图从中寻找到"联合的行动"的契机，从而能够在不同空间规模上进行一体化的斗争。正如上文中一再提到的，这当然是一个难题，不过这也正是哈维的旨趣之所在。

---

① ［美］哈维：《希望的空间》，胡大平译，南京大学出版社2006年版，第15页。

第三章

现实矛盾中的解放潜能（上）：全球化、资本积累与阶级斗争

在"全球化"和"身体"这两个流行的话语层面上，哈维以地理—空间的视域，借助于政治经济学的分析，具体地批判了现实的时代状况并提出了相应的斗争策略（联合的行动），从而为他的乌托邦理想提供了一种来自现实时代状况的解放潜能，或者说，提示了乌托邦理想的现实可能性。

第一节 全球化：空间生产与不平衡的地理发展

虽然哈维对全球化这一概念相当不满，试图用"不平衡的地理发展"这个概念取而代之，但是他的态度是实事求是的、辩证的。"在我们完全拒绝或者放弃它之前，还是有必要花一点功夫从理论和实践两个方面、从它的短暂的使用历史中，好好地看一看，它具体表现了什么，我们又可以学到些什么？"① 更明确地说，他对待"全球化"的基本思路是：剖析全球化进程，破除全球化概念，从而得出"不平衡的地理发展理论"，以至于获取通往解放政治的契机和路径。

一 全球化的实质：资本主义的空间生产过程的一个新阶段

让我们先回到全球化的前史当中去。众所周知，利润最大化始终是资本积累的根本目的。要实现这一点，无非是通过绝对剩余价值的生产和相对剩余价值的生产，其核心是劳动时间问题——最大限度地榨取工人的无偿的劳动时间是资本积累的秘密之所在。为此，资本家既可以从延长工人

---

① ［美］哈维：《希望的空间》，胡大平译，南京大学出版社2006年版，第52页。

的劳动时间上打主意（例如，采用机器生产、集约化生产、科技革新等各种直接或者变相的手段），也可以从缩短资本的周转时间上打主意（即加快资本流通、加速资本循环）——后者是一种更为间接和隐蔽的手段，它在相对的意义上最大化地利用了工人的劳动时间。单个资本家如果不能在劳动时间和周转时间上占优势，就意味着他在竞争中落败；资产阶级如果不能保持劳动时间和周转时间的连续性以及以此为基础的增长，就意味着资本主义生产方式难以为继。由此可见，时间问题是资本主义的生命线，资本主义总是力图最大限度地节约时间。所以，资本主义总是包含着这样的冲动：消除所有不利于时间节约的空间障碍。

这个消除空间障碍的过程，就是资本主义竭力按照自己的需要去创造一个适合资本积累的（新）空间的过程，即空间的生产过程。例如，通过交通、通信等手段把各地原本分隔开来的市场连接成高效、统一的网络，以便人、财、物和信息顺畅地流通[①]；大力推动城市化进程，既满足了大工业生产在地理—空间上的集中化需要，又可以促进集体消费，其中就包括为拥挤的人群建造价格被人为地抬高的房屋；等等。同时，持续不断的消除空间障碍的过程也意味着资本主义在地理—空间上的扩张：当资本家感到某个空间规模上的资本积累业已受到阻滞、无利可图的时候，他必然要把目光瞄向更广阔的天地，所以我们看到资本主义的历史就是一部扩张史，从地方到区域再到国家以至全世界。由此可见，全球化的图景早已原初性地藏匿于资本积累的内在冲动当中。

所以，哈维指出，只要回顾一下历史，"我们便看到类似于'全球化'的东西在资本主义的历史内部经历了一个漫长的出现过程。当然这一过程是从1492年甚至更早的时候开始的，那个时候，贸易和商业的国际化进展顺利"[②]。在资本主义的早期，资产阶级的殖民活动和世界贸易主

[①] 科技革命和科技创新在这个过程中起到了十分重要的作用，既提高了生产效率又化解了空间距离："降低在空间中运动的成本，尽量少用时间，这一直是科技创新的焦点。收费公路、运河、铁路、电力、汽车、客运业和喷气式运输已愈益把商品和人的运动从距离冲突的约束中解放出来。邮政系统的类似改革，电报、无线通信、电信和万维网现在已经使信息传输的成本（尽管不包括基础设施和终端设备费）几近于零"（[美]哈维：《希望的空间》，胡大平译，南京大学出版社2006年版，第58页）。无疑，自从资本主义来到人世间以来，科技革命和科技创新就如影随形、高潮迭起，有力地支持了资本主义在地理—空间上的扩展。

[②] [美]哈维：《希望的空间》，胡大平译，南京大学出版社2006年版，第53页。

要是为了完成原始积累的任务；随着资本主义的进一步发展，资产阶级越来越需要、越来越依赖于在世界范围内寻找原材料的来源地、商品销售的市场和廉价的劳动力，以便于使资本积累和资本循环能够持续不断地进行下去。

在世界范围内寻找和创造新的资本积累的空间也是应对资本主义危机的一种重要手段。众所周知，资本主义有一个根本性的矛盾，即资本家的利润最大化（过度积累）与工人的收入最小化（有效需求不足）之间的矛盾。这个矛盾积聚到一定时期必将导致危机的爆发。"对任何资本主义生产方式来说，这是一个永远也不会完结的和永恒的问题。因此，唯一的问题是，怎样用不威胁到资本主义社会秩序的各种方式来表现、遏制、吸收或处理过度积累的趋势。"[①]

哈维认为，消解危机的方式主要有三大类型：其一，商品、生产力、货币价值的"贬值"，彻底的破坏或者淘汰。这种方式冲击力太大、波及面太广，容易导致社会体制的瘫痪，搞不好会引起革命；其二，实行宏观的经济调控。这种方法固然能够在一定时期内维持脆弱的经济平衡，但只是延缓甚至加剧了危机而不能消除它；其三，通过时间上和空间上的转移来吸收过度积累。所谓时间上的转移是指"把资源从满足当前的需要转移到探索未来的用途"，或者"加速周转时间（以货币支付返还给投资者的利润的速度）以便加速本年度对上年度过量能力的吸收"。具体表现在：通过大力开展长期的基础设施建设来消耗当前的过剩资本和过剩劳动力并为将来的经济起飞准备条件；以信用为基础的虚拟资本投资；等等。哈维指出，时间上的转移实际上就是透支未来，只具有短期效果。所谓空间上的转移指的即是空间修整[②]。当然，毫无疑问的是，一旦危机爆发时，这些措施往往是多管齐下或者轮番上阵。值得注意的是，有些具体的措施既涉及时间上的转移，又涉及空间上的转移，例如，长期的基础设施项目。[③]

"空间修整"（空间上的转移）是一种吸收过度积累，从而在一定时

[①] [美]哈维：《后现代的状况》，阎嘉译，商务印书馆2003年版，第228页。

[②] 具体内容可参见[美]哈维《后现代的状况》，阎嘉译，商务印书馆2003年版，第228—237页。

[③] 同样的观点可参见[美]哈维《新帝国主义》，王志弘等译，（台湾）群学出版有限公司2008年版，第85—96页。

第三章　现实矛盾中的解放潜能（上）：全球化、资本积累与阶级斗争

期内消解危机的重要手段，它旨在"创造资本主义生产在其中可以继续进行的各种新的空间（例如通过基础设施的投资）"。这种方法实际上包含了"资本主义持续地在地理上的扩张"①。历史上的殖民主义，甚至资本主义列强之间的战争等，都可以达到"空间修整"的效果。对此，我们不必走到历史深处，只需要看一看离我们很近的"二战"前后的情况就明白了："[在美国，]由国家特地安排的长期投资的稳定扩大，被证明了是吸收任何过度资本或劳动力的一种实用的方法，至少一直到20世纪60年代中期。空间上的转移（当然，与长期负债相结合）甚至是一种更加强有力的势力。在美国内部，大都市经济的转变（通过使制造业和居住市郊化）以及向南部和西部扩展，吸收了大量的过剩资本和劳动力。在国际上，西欧和日本经济的重建加速了外国直接投资的流动，加上世界贸易的巨大增长，在吸收剩余资本方面起到了决定性的作用。"②

行文至此，需要做个说明。其一，严格意义上的当代全球化进程在20世纪70年代得到真正的、快速的发展③，在此之前，只存在着"类似于'全球化'的东西"。当然，全球化与"类似于'全球化'的东西"之间，在时间和空间上既有一定的连续性，又有不同之处。时间方面自不待言，至于空间方面的连续性则很明显：资本主义在地理—空间上的扩展和深化从来没有停止过！在这个意义上，我们关于全球化前史的论述（即上文所表明的，资本主义在资本积累和循环过程中，空间生产包括危机时期的空间修整，是一以贯之、持续不断的），其主题对当代资本主义的全球化而言也是成立的。

同时，这就是我们之所以在一开始就追溯全球化前史的目的所在，也就是为了说明：其二，当代全球化本质上只不过是资本主义历来如此的"老把戏"——空间的生产过程——的继续和深化，只不过是把它推进到全球规模而已。换言之，资本主义的空间生产通过全球化而进入到一个新的阶段："如果没有自己的'空间修整'，资本主义就不可能发展。它一次又一次地致力于地理重组（既有扩张又有强化），这是部分解决其危机

---

① 具体内容可参见［美］哈维《后现代的状况》，阎嘉译，商务印书馆2003年版，第231—234页。

② ［美］哈维：《后现代的状况》，阎嘉译，商务印书馆2003年版，第233—234页。

③ 虽然哈维有时候说全球化是从1945年开始的，但通观其著作，主要是指20世纪70年代以来的新自由主义的全球化进程。

和困境的一种方法。资本主义由此按照它自己的面貌建立和重建地理。它创建了独特的地理景观,一个由交通和通信、基础设施和领土组织构成的人造空间,这促进了它在一个历史阶段期间的资本积累,但结果仅仅是必须被摧毁并被重塑,从而为下一阶段更进一步的积累让步。所以,如果说'全球化'这个词表示任何有关近期历史地理的东西,那它则最有可能是资本主义空间生产这一完全相同的基本过程的一个新的阶段。"①

我们知道,"二战"后资本主义世界的发展状况可以以20世纪70年代为界,70年代之前为凯恩斯主义阶段,70年代之后至今为新自由主义阶段,全球化进程在这个阶段得到了急速的发展。而全球化,在很大程度上是资本主义世界应对危机的一种战略规划和产物。"二战"后,凯恩斯主义虽然确保了资本主义世界获得了史无前例的经济增长,有过一段所谓的"黄金时代",但同时导致了严重的通货膨胀,干扰了流通。1974年和1979年石油危机的连续爆发进一步暴露了当时经济政治结构的深层矛盾,人们以此为契机,开始反思战后的资本主义模式,新自由主义于是应运而生。新自由主义的发展模式涉及诸多方面,全球化战略是其中的一个重要且特别显著的方面。换言之,"采用深化现存市场和把新地区合并到统一的资本主义经济中去的方法来发现新市场、控制流通过程和结构膨胀"②,"以增加获利可能性和通过扩大资本主义体系来开发市场,在所有经济运行环节中加快经济全球化",这是资本主义重组的主要机制之一。③

全球化作为"资本主义空间生产这一完全相同的基本过程的一个新的阶段",不仅在空间生产的规模上达到一个新的高度,而且就其具体内容和基本要素来看,具有一系列的时代特征,出现了一些新的状况:

1. "20世纪60年代中期以来,对世界产生影响的深刻的科学技术进步和产品创新及改进为探索世界经济近期发生的转变提供了主要中心。……尤为引人注目的是,贯穿于世界经济不同地带内外的技术转让和引入的步伐和速度……飞速发展的技术革新和技术转让是最单一的、表面

---

① [美] 哈维:《希望的空间》,胡大平译,南京大学出版社2006年版,第53页。
② [美] 曼纽尔·卡斯特尔:《信息化城市》,崔保国等译,江苏人民出版社2001年版,第24页。类似的阐述亦可参见 D. Harvey, Spaces of Global Capitalism, Verso, 2006. pp. 11 – 25。
③ [美] 曼纽尔·卡斯特尔:《信息化城市》,崔保国等译,江苏人民出版社2001年版,第27页。

上看来最不可阻挡的推动全球化的力量。"① 人类的交通和通信手段得到进一步的强化,交往和流通变得极为方便快捷,空间障碍基本上被扫除了,时间成本在显著地下降,全球网络第一次被完全地建构起来了。②

2. 金融活动的全球化和瞬时化。从20世纪70年代开始,以美国为首的西方资本主义国家取消金融管制,在金融组织机构和金融制度上进行创新,金融资本更为迅速地在全球范围内流动,规模也更为庞大。③ 信息技术在其中起到了非同寻常的作用,因为它"被金融机构和跨国资本当作一种手段来利用,以调整它们在空间上的瞬时行为,结果就形成了一个所谓的非物质化的'赛伯空间',在这些空间中会发生某些重要的交易(主要是金融方面和投机方面)"④。金融资本与信息革命的结合,对于资本的全球化至关重要,因为金融资本的流动基本上已经不存在什么空间障碍,时间节约得到了最大限度的保证。⑤

3. 生产经营的全球化及其对空间的支配。"商品和信息的流动成本大大地降低了。开始于20世纪60年代的海外生产突然间变得更加普遍……地理上的分散和生产体系的分裂,劳动的分工及工作的专业化随之发生,虽然这

---

① [美] 哈维:《希望的空间》,胡大平译,南京大学出版社2006年版,第60页。

② 关于信息技术变革、信息化的发展模式与资本主义重组之间的关联及其造成的后果,包括对"网络城市""网络世界"的分析,可参见 [美] 曼纽尔·卡斯特尔《信息化城市》,崔保国等译,江苏人民出版社2001年版;以及他的"信息时代三部曲":《网络社会的崛起》《认同的力量》和《千年终结》,皆由夏铸九等译,由社会科学文献出版社出版。

③ [美] 哈维:《后现代的状况》,阎嘉译,商务印书馆2003年版,第207—210页。取消金融管制,"导致了任意资本流动的急剧扩大,更令人惊心的是资本流动构成的转变。1971年,90%的国际金融业务与实物经济——贸易或者长期投资项目——有关,只有10%是投机性的。到了1990年,该百分比倒了过来;到了1995年,95%的巨大业务是投机性的,每天的资金流量超过了七个最大工业国家外汇储备的总和,超过1万亿美元,并且周转极短:一个星期或更短的时间内,80%的资本就能周转一次"([美] 诺姆·乔姆斯基:《新自由主义和全球秩序》,徐海铭等译,江苏人民出版社2001年版,第8页)。

④ [美] 哈维:《希望的空间》,胡大平译,南京大学出版社2006年版,第60页。

⑤ "像银行存款、经纪业务、金融服务、家庭理财、消费信贷等一类独特功能之间的界限,日益变得具有渗透性,与此同时,商品、股票、货币或债务期货方面的新兴市场涌现出来,以各种令人迷惑的方式把时间上的未来贴现为时间上的现在。计算机化和电子商务已经竭力使人理解了金融流通及时的国际协调的重要性"([美] 哈维:《后现代的状况》,阎嘉译,商务印书馆2003年版,第208页)。此外,一个一目了然的事实是,全球金融市场实现了24小时不间断的交易。

通常发生在公司跨越国家边界进行兼并、接管及联合生产使其权力越来越集中的过程中。虽然许多公司仍然在其宗主国保持了一个强大的基地（很少有真正跨国的），但公司支配空间的权力更大了，使得单个地点越来越受制于它们的一时冲动。全球电视机、全球小汽车成了政治经济生活的一个日常方面。在一个地方停止生产，又在别的地方开始生产，这已经成为常事——一些大规模的生产业务在过去20年中迁移了四五次。"①

4. 劳动力市场的全球网络②与等级秩序。由于全球人口的不断增长、机器生产的全球普及、妇女加入到劳动大军当中、移民潮等诸多因素，全球可雇佣的劳动力成倍增长。结果出现了劳动力过剩的情况，在广大的亚非拉发展中国家尤为明显。这为全球资本以尽可能小的人力成本进行投资提供了契机。此外，劳动体制和劳动契约由于资本家普遍地采取"弹性积累"的模式而更为灵活多样：劳动人员被划分为"核心群体"与"外围人员"，生产业务被层层地外包和转包，等等。③ 因此，在全球规模上，劳动力市场的等级秩序更为明显和突出，可以明确地说，广大发展中国家的工人被迫用廉价的、延长的劳动时间养肥了来自发达国家的跨国资本。

5. 急速膨胀的城市化以及全球城市的出现。城市化被急速地推进，以至于"达到了恶化性的程度，特别是1950年之后，城市化的步伐加快，从而在世界人口的空间组织中产生了非常重大的生态、政治、经济和社会革命。全球人口越来越多地生活在城市中，其比例在30年中已经增至两倍，我们现在发现人口以迄今为止不可思议的规模在空间集中。世界城市④和城市体系（例如贯穿整个欧洲的情况）一直在形成中，它对全球政

---

① [美] 哈维：《希望的空间》，胡大平译，南京大学出版社2006年版，第61页。

② 虽然有人怀疑全球劳动力市场的存在，不过应该承认，"在全球层面上确实有劳动力日益彼此依赖的历史趋势，这是通过三种机制形成的：多国公司及其相关的跨国网络里的全球就业；国际贸易对南北半球就业和劳动条件的冲击；以及全球竞争及新的弹性管理方式对各国劳动力的影响"（[美] 曼纽尔·卡斯特尔：《网络社会的崛起》，夏铸九等译，社会科学文献出版社2006年版，第128页）。

③ [美] 哈维：《后现代的状况》，阎嘉译，商务印书馆2003年版，第193—197页。

④ 世界城市（world cities）又可称为"全球城市"（global cities）"国际城市"（international cities）或者"超大城市"（mega-cities）等。是指那些在空间权力上超越国家范围、在全球经济中发挥指挥和控制作用的大型城市，例如纽约、伦敦和东京等。关于"全球城市"，可参见[美] 丝奇雅·沙森的权威著作《全球城市——纽约、伦敦、东京》（2001年新版），周振华等译，上海社会科学院出版社2005年版。

治经济运行产生着迅速的转化作用。城市和城市区域已经成为世界经济中非常重要的竞争实体,产生着各种不同的经济和政治后果"①。

6. 国家角色相应地有所变化。新自由主义在全球范围内鼓吹和推广"三化",即私有化、市场化和自由化。相应地,国家对经济活动的干预方式也有所调整,有选择地退出或者介入:"国家已失去了一些(虽然不是全部)传统的控制资本流动(特别是金融和货币资本)的权力。因此,与以前相比,国家的作用更受到货币资本和金融的约束。结构调整和财政紧缩已成为头等大事,并且国家的作用在某种程度上已缩小为想方设法改善商业氛围"②,国际金融组织的存在也限制了国家财政和货币政策的自治权。此外,在工会组织、福利政策、高科技的国防军工等方面,国家都有不同的表现③。无论发生什么样的变化,国家都是要服从和服务于资本与市场,随之而动④。

上述新的状况是当代全球化的主要框架,也是比较突出的方面。它们之间相互作用,共同推动了全球化进程。这个全球化过程,实际上就是新自由主义资本主义在全球规模上的空间生产过程。这个过程对资本主义来讲有什么明显的好处呢?一言以蔽之,资本积累更顺畅了,资本主义的生存获得了更多的养料和资源,因为借助于这些新变化,与资本主义息息相关的要素和机制——国家内部的财富再分配⑤;拓展海外市场以投放过剩的产品、输出过剩的资本;利用更多、更廉价的劳动力以降低生产成本;开发更丰富的自然资源以维持资本主义的运转;发达国家借助主导性的金融力量以吸纳财富、转移祸水⑥;分化和瓦解工人阶级、让他们相互竞

---

① [美]哈维:《希望的空间》,胡大平译,南京大学出版社2006年版,第62页。

② 同上。

③ 具体内容可参见 D. Harvey, *Spaces of Global Capitalism*, Verso, 2006. pp. 25 – 29;[美]曼纽尔·卡斯特尔《信息化城市》,崔保国等译,江苏人民出版社2001年版,第22—27页。

④ D. Harvey, The Limits of Capital, Basil Blackwell, 1982, pp. 404 – 405. 亦可参见[美]乔万尼·阿瑞吉、哈维等《新自由主义的性质和前途》,丁骥千摘译,《国外理论动态》2007年第6期,第7—9页。

⑤ D. Harvey, *Spaces of Global Capitalism*, Verso, 2006, pp. 48 – 50.

⑥ Ibid., pp. 26, 45 – 48。一个典型的例子是1997年爆发的金融危机,具体可参见[美]哈维《新帝国主义》,王志弘等译,(台湾)群学出版有限公司2008年版,第53页。

争；等等——变得更灵活、更具有弹性了！①

面对当代全球化的资本游戏，假如追问其主导者的话，当然非以美国为首的资本主义集团莫属。"全球化作为一个过程自从1945年起就一直是以美国为中心的。如果没有美国充当整个过程的驱动力和监督人，那它根本就不可能以它所具有的方式发生……美国在这么多年间经常是本土思考、全球行动，甚至过于频繁而使我们熟视无睹，但忽视这一点是很难的。因而对于'谁把全球化提上了议事日程'这个问题，答案自然是资产阶级利益，它们通过美国外交、军事和商业政策的代理机构而运行。但如果没有来自各地的大量支持，美国是不可能把全球化形式强加到我们头上的。世界范围内许多资产阶级利益集团或多或少乐于与美国政策结成联盟，并在美国军事和法律保护的框架下运行。"② 这进一步表明，全球化是资本积累的内在需要，是受操纵的、为资本主义生存服务的地理—空间战略。在哈维看来，这就是全球化的真相。

二 全球化的矛盾和后果：不平衡的地理发展

一旦看清楚了全球化的真相，就不难理解那些资产阶级理论家为什么会热衷于兜售全球化的观念，因为他们希望新自由主义资本主义成为普照的光，希望把全世界的人们拉入到全球化的资本积累逻辑当中。很多左派理论家也跟在他们后面人云亦云，遗弃了诸如"帝国主义""殖民主义""新殖民主义"等具有更鲜明的政治敏感性的话语，这不啻于为全球化的意识形态推波助澜。所以，哈维认为，"全球化这个术语以及所有相关理论都沉重地负载着政治含意，这些含意对大多数传统左派或者社会主义政治学形式都是坏的预兆"③，所以，在哈维看来，应该用更能准确地说明事实、更具有政治敏感性的"不平衡的地理发展"这个概念来替换全球化。

这个提议值得重视，首先，如上所述，全球化实质上仍然是由来已久

---

① 当代全球化的新状况从总体上看固然有利于资本积累和资本主义的生存，但一方面，资本主义的内在矛盾是根深蒂固、无法消除的；另一方面，新状况同时也带来了新问题。哈维随即将予以揭露，参见下文。

② ［美］哈维：《希望的空间》，胡大平译，南京大学出版社2006年版，第66页。同样的评论亦可见之于［美］曼纽尔·卡斯特尔《网络社会的崛起》，夏铸九等译，社会科学文献出版社2006年版，第128页。

③ ［美］哈维：《希望的空间》，胡大平译，南京大学出版社2006年版，第52页。

第三章　现实矛盾中的解放潜能（上）：全球化、资本积累与阶级斗争

的资本主义的空间生产过程的继续，并没有把我们带入一个性质完全不同的新纪元，因为资本主义"生产方式以及与它相关联的社会关系中没有发生任何根本性的革命"①。在这个意义上，那些新的状况只是量变！充其量只是"有限质变"②而已！但全球化的意识形态却误导、哄骗我们，仿佛正在迈进一个全新的美丽新世界。③ 由此可见，全球化这个术语确实是不恰当的。其次，全球化作为资本主义的空间生产过程，就其所固有的矛盾、所导致的后果来看，它持续不断地塑造出了"不平衡的地理发展"这种真实的景象！在这个意义上，用"不平衡的地理发展"替换全球化名至实归。再者，"不平衡状况为政治组织和行动提供了大量的机遇，但它们也提出了特别的难题（例如，如何应付文化多样性的压力，或者如何应付贫富区域之间巨大的收入不平衡压力），既理解潜力又理解困难，这对于一种恰当政治学的明确提出是至关重要的"④。而且构建了不平衡的地理发展理论，则会为突破资本罗网奠定必要的理论基础和行动指南。

因此，总的看来，很有必要进一步剖析全球化的矛盾和后果，揭示不平衡的地理发展。

第一，需要指出的是，资本主义的空间生产有其固有的时空矛盾。⑤前面我们说过，利润最大化的诱惑促使资本主义总是包含着这样的冲动：消除所有的不利于时间节约的空间障碍。但是，"空间障碍只有通过特定的空间结构的创造才能被克服"⑥，也就是说，通过空间生产来克服空间障碍。而所谓特定的空间结构，无非是指交通通信网络（作为空间运动之通道）以及城市体系（作为空间运动之中继站和控制中心）之类的人工环境。人工环境虽然能够保障和促进空间运动的连续性和加速度，从而达到时间节约的效果，但它本身也会在很大程度上带来新的时间损耗，甚至

---

① ［美］哈维：《希望的空间》，胡大平译，南京大学出版社2006年版，第65页。
② 同上。
③ 推销全球化观念的理论家们喜欢描绘一个美好的景象：通过直接投资、技术转让、金融资本流通，产品和贸易的扩大等市场行为，全球化将促进世界经济的增长，从而消除贫困和不平等，以至于带来自由和民主。
④ ［美］哈维：《希望的空间》，胡大平译，南京大学出版社2006年版，第65页。
⑤ 资本主义生产方式的根本矛盾无疑是众所周知的，不必赘言。这里是从空间的生产这个角度来谈论资本主义的内在矛盾，言谈方式有所不同，也是对前者的补充和发展。
⑥ D. Harvey, *The Limits of Capital*, Basil Blackwell, 1982, p.386.

构成新的空间障碍。其一，人工环境属于大规模的、耐久性很高的长期固定资本投资。例如，铁路、高速公路、机场、港口、通信基站等建设项目，耗资巨大，耗时很长，维护成本也很高，因此无疑会延缓资本的周转时间。其二，人工建成环境具有空间上的固定性（不可移动）。"越来越多的资本被当作不动产资本、被当作固定在土地上的资本嵌入到空间中，创造了一个'第二自然'和一个从地理上组织起来的越来越限制资本主义发展轨迹的资源结构。设法在一夜之间推倒东京—横滨或纽约的城市基础设施并全部重来，这个想法简直荒唐可笑，结果就是使资本主义的地理景观随着时间的推移越来越僵化，并因此与越来越自由的运动产生了严重矛盾。"①由此可见，资本主义的空间生产在化解资本主义矛盾和危机的过程中又创造出了同样的矛盾，这就是资本主义的宿命。照此道理，资本主义空间生产的全球化意味着资本主义时空矛盾的全球化蔓延。

第二，资本主义的空间生产过程具有鲜明的破坏倾向。正如我们刚才所言，本质上作为商品的人工环境，其空间上的固定性意味着"包含在其中的价值如果没有被摧毁的话，则商品不能被移动。人工环境的组成部分所具有的空间上的位置或者说场所是一种根本的而不是偶然的特征。所以，它们必须被就地建造或组合"②。所以，不难想象资产阶级那满腔热情的开疆拓土、那令人眼花缭乱的城市规划以及各种开发改造活动所包含的鲜明的暴力破坏倾向。对此，哈维有一段经典的描述：

> 资本主义活动的地理景观充斥着各种矛盾和张力，而且面临各式各样技术和经济运作的压力，呈现恒常的不稳定状态。竞争和垄断、聚集和分散、中心化和去中心化、固定和移动、动态和惯性，以及各种不同活动规模之间的张力，全部源于时空中资本持续积累的分子过程。这一切张力又全陷入资本主义系统的扩张逻辑，以持续的资本积累和永不止息的利润追逐为基调……这一切的整体作用就是资本主义不停创造地理景观，以促进它在某个时间点上的活动，最终却必须在稍后的另一个时间点将其摧毁，以建立一个全然不同的地景，满足对持续资本积累的恒久渴求。这就是铭刻于资本积累的真实历史地理景

---

① ［美］哈维：《希望的空间》，胡大平译，南京大学出版社2006年版，第58页。
② D. Harvey, *The Limits of Capital*, Basil Blackwell, 1982, p. 233.

第三章　现实矛盾中的解放潜能（上）：全球化、资本积累与阶级斗争

观上，一部创造性破坏的历史。①

换言之，资本主义的空间生产实际上是一个循环往复地消耗自然资源、消耗具体劳动、破坏生态环境、把整个人类与其疯狂的逐利活动捆绑在一起的、在毁灭中创造利润的过程。这就告诉我们，占全球人口总数极小比例的资本家为了自身的私利，不惜以对人类和自然的双重的毁灭性掠夺为代价。② 这样一来，风起云涌的反全球化运动在很大程度上与反资本主义运动就结合在一起了。

第三，全球规模的经济不平等。虽然全球化从总体上看确实在某种程度上带来了繁荣，相对地提高了人们的收入水平，但与此同时，"无论是在一个国家内部还是在发达国家与欠发达国家之间，收入和财富的不平等都在加剧"③。也就是说，一方面，"几乎没有人怀疑，解除对世界生产和金融市场的管制已经养肥了一个世界性的阶层，包括投资家、企业家和专业人士"④；另一方面，与社会上层人士的迅速暴富相反，亿万普通大众的收入的增长"不是变得更快，而是更慢了"，很多贫困国家遭受着收入继续下滑的痛苦，国家内部的不平等似乎还在加剧，国家之间的不平等也没有得到改善。⑤ 现在，两极分化已成为普遍性的全球现象，不但出现在广大的发展中国家，而且出现在美国之类的发达国家。⑥ 这是因为全球资

---

① ［美］哈维：《新帝国主义》，王志弘等译，（台湾）群学出版有限公司2008年版，第79页。
② 最明显的一点是，全球生态危机与资本主义的全球性空间生产有着本质性的关联。
③ ［英］安东尼·吉登斯、威尔·赫顿：《回击》，收录于［英］威尔·赫顿、安东尼·吉登斯主编的《在边缘：全球资本主义生活》，达巍等译，生活·读书·新知三联书店2003年版，第292页。
④ ［美］杰夫·福克斯、拉里·米歇尔：《不平等与全球经济》，收录于［英］威尔·赫顿、安东尼·吉登斯主编的《在边缘：全球资本主义生活》，达巍等译，生活·读书·新知三联书店2003年版，第129页。哈维指出，"1980年以后开始的强大的金融化浪潮，极具投机性和掠夺性……对股票市场的操作，在给少数人带来大量财富的同时却损害了绝大多数人"（第119—120页）。具体内容可参见［美］哈维《新自由主义和阶级力量的重建》，吴志峰译，该文收录于罗岗主编的《帝国、都市与现代性》，江苏人民出版社2006年版，第93—138页。
⑤ ［美］杰夫·福克斯、拉里·米歇尔：《不平等与全球经济》，收录于［英］威尔·赫顿、安东尼·吉登斯主编的《在边缘：全球资本主义生活》，达巍等译，生活·读书·新知三联书店2003年版，第130页。
⑥ 关于不同国家和地区的人均收入增长情况，包括具体的数据表，可参见［英］威尔·赫顿、安东尼·吉登斯主编《在边缘：全球资本主义生活》，达巍等译，生活·读书·新知三联书店2003年版，第133—146页。

本主义市场缺乏一种保持均衡发展的制度安排和机构设置，目前的全球市场体系只是有利于对跨国企业和跨国投资者的保护，而把普通大众抛到冷酷且不稳定的市场上任其摆布。① 因此不可避免地产生了形形色色的反抗运动。

第四，全球等级秩序的形成与动荡。"二战"以来，特别是东欧剧变、苏联解体之后，美国成为事实上的霸主。以美国为首的发达资本主义国家借助在经济、贸易、科技、金融、军事等领域的全面的主导地位和巨大优势，实际地塑造了全球等级关系，很多发展中国家沦为它们的附庸或者成为隐性的殖民地。② 在哈维看来，美国的新帝国主义战略就是一个依靠强权和引诱，对凡是被发现阻滞过剩资本吸收的空间障碍进行系统性摧毁的过程，是权力的资本逻辑与权力的领土逻辑相互交叉和互相配合的动态过程。③ 不过他又认为，像欧盟、日本、中国之类的国家可以利用全球化的开放性，积聚自身的力量，从而有可能对美国构成挑战，至少部分地分享美国的权力。④ 哈维甚至认为中国是正在形成中的另一种类型的帝国主义，"真正的大量的剩余正在东亚和东南亚积聚。可确认的帝国主义实践也正在这个地区出现，中国通过重新确定自己的领土权力概念的非常古老的逻辑，来积极寻求摆脱其自身资本剩余的途径"⑤。总之，全球等级秩序并不是固定不变的，而是可塑的。"新自由主义的发展必须被看作是

---

① 其实，资本主义市场体系的积累原则和竞争强制也根本不可能为均衡发展提供支持，否则利润从何而来呢?!

② "不要认为由于许多非洲与亚洲国家在独立自主的斗争中取得了胜利就已经彻底消除了殖民主义，相反，现代性目睹了在世界的重新秩序化过程当中殖民主义依旧在延续，而通过殖民主义的延续，无论是在地方的还是全球的水平上，帝国主义过程都已经呈现出新的塑形模式"（[英]本·海默：《日常生活与文化理论导论》，王志宏译，商务印书馆2008年版，第194页）。类似的研究和论述在伊曼纽尔·沃勒斯坦、萨米尔·阿明、弗兰克、迈克尔·哈特、埃伦·M.伍德等人那里随处可见，虽然他们之间的具体观点有所不同。

③ [美]哈维：《"新帝国主义之新"新在何处?》，孔明安译，该文收录于俞吾金等人主编的《国外马克思主义研究报告》（2008），人民出版社2008年版，第422—431页。

④ [美]哈维：《希望的空间》，胡大平译，南京大学出版社2006年版，第63、66页。关于日本、中国在全球化过程中的发展状况，亦可参见[英]约翰·格雷《伪黎明：全球资本主义的幻象》，张敦敏译，中国社会科学出版社2002年版，第七章。

⑤ [美]哈维：《"新帝国主义之新"新在何处?》，孔明安译，该文收录于俞吾金等人主编的《国外马克思主义研究报告》（2008），人民出版社2008年版，第431页。

第三章　现实矛盾中的解放潜能（上）：全球化、资本积累与阶级斗争

一个去中心的和不稳定的演变过程，这个过程是以不平衡的地理发展以及各种动态的政治—经济权力中心之间激烈的竞争压力为特征"①，危机也有可能造成权力中心的转移，所以正如英国著名学者约翰·格雷所言，"在全球自由主义市场中，没有长远的赢家"②，而在竞争与反制之间，存在着剧烈冲突的源泉！

第五，全球范围内的多样化与差异。虽然全球化长期以来是以美国为中心，但这并不意味着全球范围内彻底的美国化或者西方化，其他国家、民族或文化有可能、也可以并且实际上正在凭借一定的经济、政治和文化力量来实践自己的本土特色。例如，"日本历史上有几个突然改变国策的实例，但没有一次是放弃自己的本土文化"③。英国著名学者约翰·格雷还认为，华人资本主义以及中国的现代化道路，亦与西方模式有很多区别。此外，全球交往的发展也不会产生出任何一种类似于文化合并的同质现象，各个媒介公司总是在变化着自己的产品以适应不同的文化。"全球化使地理上分散的不同文化中的从业者能够用新的传播媒介相互影响，而它正是以这种方式表现和深化文化的差别。但散居在欧洲各国的南亚人通过卫星电视频道看到用自己的语言广播，并表现自己的历史和价值的电视节目时，他们之间的文化纽带也就加强了。"④ 哈维从地理—空间的角度指出，移民潮、城市化、领土组织的调整和重组、全球性的生产和贸易等因素会促进世界上各种各样的文化、宗教、种族、生活方式、语言等社会历史要素迅速而轻快地相互渗透，进而生产出新的多样性和差异。甚至，在反全球化的运动中，某些极端的宗教原教旨主义、狂热的民族主义也会被催生出来。

综上所述，目前的全球资本主义体系蕴含着内在的矛盾、破坏性、严峻的不平等、巨大的不稳定性和多样性。这就注定全球化的过程必然充满危机的因素和征兆，遍布危险的不平衡现象。所以 A. 吉登斯和 W. 赫顿

---

① D. Harvey, *Spaces of Global Capitalism*, Verso, 2006, p. 41.

② [英] 约翰·格雷：《伪黎明：全球资本主义的幻象》，张敦敏译，中国社会科学出版社2002年版，第258页。

③ 同上书，第272页。具体内容可参见该书中"本土的现代化：日本的范式性实例"（第213—221页）。

④ [英] 约翰·格雷：《伪黎明：全球资本主义的幻象》，张敦敏译，中国社会科学出版社2002年版，第72页。

一再喟叹:"无论是在规模还是在不确定性方面,全球环境所面临的风险都是史无前例的""这个系统并不稳定,它有着潜在的危险——也就是说,它正处在边缘"①。对全球化内在矛盾和后果的深刻理解使他们早在1999年就预测危机将在10年左右的时间里再次爆发。

哈维则把上述全球化的矛盾和后果概括为"不平衡的地理发展"。并且,他认识到,如果任其恣意妄为的话,那人类无异于搭上了一列"无刹车的灾难列车"②。所以,哈维赞同英国著名学者约翰·格雷的判断:"我们站在了一个时代的边缘,这个时代不是自由市场的鼓吹者憧憬的富足时代,而是悲剧的时代,在这个时代里,无政府的市场力量和正在萎缩的自然资源把主权国家拉入前所未有的危险竞争之中……全球市场竞争和技术革新经过相互作用后,给我们一个无政府的世界经济体制。这样的经济体制必然是地域与政治的重大冲突的场所"③。

在2006年,哈维谈到新自由主义全球化的未来前景时断言,"新自由主义是一种政治—经济形式,它的矛盾将迅速演变成一种'准危机'的状态。这些危机会是:经济性的(特别是全球性的失衡,例如美国与中国之间的失衡,美国巨大的公共和私人债务);政治性的(阶级统治变得脆弱,甚至开始引起动乱,特别是在拉丁美洲);或意识形态性的(对个人自由做出的许诺得不到尊重,而且民主体制状况令人悲哀)"④。众所周知,从20世纪80年代以来,金融/经济危机在短短的二十多年时间里一再爆发,最近的一次发生在2008年。

哈维还指出,一方面,"这种不平衡性,必须被看作是被资本积累过程主动制造并积极维持的"⑤。因为,资产阶级通过这种不平衡性、通过

---

① [英]安东尼·吉登斯、威尔·赫顿:《回击》,收录于威尔·赫顿、安东尼·吉登斯主编的《在边缘:全球资本主义生活》,达巍等译,生活·读书·新知三联书店2003年版,第292—293页。

② [美]哈维:《希望的空间》,胡大平译,南京大学出版社2006年版,第65页。

③ [英]约翰·格雷:《伪黎明:全球资本主义的幻象》,张敦敏译,中国社会科学出版社2002年版,第247页。

④ [美]乔万尼·阿瑞吉、哈维等:《新自由主义的性质和前途》,丁骥千摘译,国外理论动态2007年版,第11页。

⑤ [美]哈维:《新自由主义和阶级力量的重建》,吴志峰译,该文收录于罗岗主编的《帝国、都市与现代性》,江苏人民出版社2006年版,第136页。

第三章　现实矛盾中的解放潜能（上）：全球化、资本积累与阶级斗争

"危机管理与操纵"，能够赚取极大的财富。"在全球范围制造、管理和操纵危机，已经发展为一门人为地将财富从贫穷国家再分配给富裕国家的'精巧艺术'""可以将此进行类推，存在着人为制造的失业，目的是为了制造大量低薪的剩余劳动力，为进一步积累提供方便"①。另一方面，这种惊险的游戏不能玩过火，否则将玩火自焚、引火烧身。"危险的是，危机可能会脱离控制，变成全面的危机；另外，制造危机的体系可能会激起对它的反抗。"② 就后一个方面而言，资本主义固然可以通过一系列的手段包括空间的生产、空间修整来化解危机，但是，矛盾和危机同时也就为无产阶级/人类的解放提供了另辟蹊径的契机——

> "全球化"术语的兴起所预示的事情之一就是深刻的资本主义地理重组……因此，我们就面临着一个历史机遇：迎着资本主义的地理知难而上，把空间生产看作是资本积累和阶级斗争动态中的一个基本环节……它还让我们更好地理解阶级斗争和地方间斗争如何经常相互影响，理解资本主义如何能够频繁地通过地理分割和对阶级斗争的控制来遏制阶级斗争。这样，我们就处在一个有利的位置上来理解资本主义固有的时空矛盾，并且通过那种理解，可以更好地思考如何利用最薄弱环节，并因此而激发对资本主义虽具"创造性"但却暴力的破坏倾向的最深的厌恶。③

总之，无产阶级/人类解放的前途就蕴含在资本主义全球化的内在矛盾和危机当中，须得学会去把握这种危机中的契机，并进行切实的斗争。不过，如何把握契机，如何进行斗争，这需要在理论上对资本主义的空间生产和不平衡的地理发展进行反思和规划，以便于为"建设一种在社会上公正的、在生态上敏感的替代性社会"④ 提供行动的指南。

---

① ［美］哈维：《新自由主义和阶级力量的重建》，吴志峰译，该文收录于罗岗主编的《帝国、都市与现代性》，江苏人民出版社2006年版，第120、121页。
② 同上书，第121页。
③ ［美］哈维：《希望的空间》，胡大平译，南京大学出版社2006年版，第56页。
④ 同上书，第68页。

第二节　不平衡的地理发展理论：谋求联合的阶级斗争

哈维认为，毫无疑问的是，"如果全世界的工人阶级联合起来与资产阶级的全球化做斗争，那么必须找到使理论和政治实践可以灵活地运用于空间的那种方式"①。这种方式在哈维那里，是以"不平衡的地理发展理论"（纲要）② 的形式提出来的。

通过以上的大量论述我们知道，社会主义运动要想利用全球化进程中的革命潜能，必须学会驾驭不平衡的地理发展状况，因为这其中包含着差异、多样化以及利益和愿望方面的矛盾等。这当然不是一件容易的事情，不妨回味一下与前文相关的类似论述：

> 不平衡地理发展的空隙中隐藏了一个真正的反抗酵母。但是，这种反抗尽管具有战斗性，却通常仍保留着特殊主义（有时极端如此），并常常威胁着要联合周围发生的排他性的、民粹主义—民族主义的政治运动。因此，说这种反抗是反资本主义的并不是说它一定是亲社会主义的，广泛的反资本主义情感缺乏一致性的组织和表达方式。一种反抗或者抗议运动的发展可能会搞混或有时会抑制其他的运动，使得资产阶级利益集团非常容易分割并控制他们的反抗。③

这段话的意思主要有三点：（1）众多的反抗运动虽然具有战斗性，但往往同时又是地方性的、排他性的，甚至具有强烈的纯粹民族主义特征；（2）众多的反抗运动由于在斗争目标、要求和利益上存在着差异，

---

① ［美］哈维：《希望的空间》，胡大平译，南京大学出版社2006年版，第68页。

② 哈维在《希望的空间》中对不平衡的地理发展理论的阐述属于纲要性质，主要从"空间规模的生产"与"地理差异的生产"这两个方面进行了简要的说明。一来是因为此时的哈维对不平衡的地理发展理论还没有形成比较完善的看法；二来是因为此处首要的任务是对解放政治中"联合的行动"的困境（空间规模的难题和差异的难题）进行回应。在《新自由主义化的空间》中，不平衡的地理发展理论有了"进一步的发展"（［美］哈维：《新自由主义化的空间》，王志弘译，（台湾）群学出版有限公司2008年版，第65页）。本书将基于《希望的空间》之原文，只讨论"纲要"。

③ ［美］哈维：《希望的空间》，胡大平译，南京大学出版社2006年版，第69页。

第三章 现实矛盾中的解放潜能（上）：全球化、资本积累与阶级斗争

所以它们在理论和组织上很零散，很不一致，甚至相互冲突；（3）资产阶级常常利用反抗运动的弱点进行分化瓦解的破坏工作。总之，它揭示了联合行动的困难。换言之，这里提出了一个关键性的问题，即如何"把目标相异而多重的各种各样的斗争综合成一个更加普遍的反资本主义运动"①。这也就是我们在本书第二章中曾经讨论过的"联合的行动"的难题——差异的难题与空间规模的难题。②

相应地，针对联合行动的难题，不平衡的地理发展理论从"空间规模的生产"和"地理差异的生产"这两个方面做出了回应。换句话说，资本主义的空间生产过程是"空间规模的生产"和"地理差异的生产"齐头并进的双螺旋结构。

（一）空间规模的生产

如上所述，资本积累内在地所包含着的不断突破空间障碍、进行地理扩张和获取区位优势的冲动与实践，造成了空间规模的层级关系：地方、区域、国家、洲际乃至全球。③ 由此可见，资本主义的空间生产过程是一个空间规模的生产过程。资本主义的全球性空间生产以前所未有的广度和烈度告诉我们：没有什么纯粹自然的或者永恒不变的地理空间，权力的资本逻辑和领土逻辑使我们所处的空间发生着翻天覆地的变化。回溯到历史当中来看，其实也是如此！只不过不像资本主义时代这么明显而已。所以，哈维指出，"人类典型地创造了一个嵌套的空间规模的等级制度，在其中去组织他们的行为、理解他们的世界"④。

既然空间是系统的人类活动的产物，那么就无产阶级而言，当然也可以并且应该积极地按照自身的需要去创造解放斗争的地理空间，去谋划乌托邦理想的地理空间，或者说，去"建设一种在社会上公正的、在生态上敏感的替代性社会"⑤。在过去，工人阶级对于如何创造符合自己需要的

---

① [美]哈维：《希望的空间》，胡大平译，南京大学出版社2006年版，第69页。
② 具体内容请参见本书第二章第三节。
③ 这里关于空间规模的层级关系的描述，当然不是说这些层级关系是固定不变的或者线性发展的，也不是说它们不可以进一步细分，更不是说资本力量是造成空间规模的唯一因素（还有历史传统、民族分布、科技、军事斗争等其他因素）；这里只是基于资本逻辑在当今时代无处不在、无时不有的实际现状，强调了资本对于空间生产的根本作用。
④ [美]哈维：《希望的空间》，胡大平译，南京大学出版社2006年版，第72页。
⑤ 同上书，第68页。

诸如工厂、地区或者国家之类的斗争空间或解放空间有着很多的经验与成就，但在国际规模上，国际斗争并不能够被有效地组织起来。现在，全球规模的反抗运动五花八门、风起云涌，虽然它们当中有许多不是无产阶级性质的，也不是亲社会主义性质的，但这种动辄"全球性"的反抗现象也有其积极的意义，它至少表明：当下的时代状况为无产阶级全球规模的反抗运动提供了比以往多得多的基本条件和潜在机遇。例如，信息网络作为新的反抗空间的崛起、以全球视野来规划的生态运动所面临的"生态社会主义"与"生态资本主义"的路向抉择[1]，等等。

此外，我们看到，资本家总是在不同的空间规模上来回穿梭，形成立体的空间运作图景——至于在哪一种空间规模上停顿和寄居，什么时候转移到另一层级的空间规模，或者在哪几种空间规模上同时布局、如何布局等，这一切都取决于利润追逐、资本积累和资本主义生存的需要。例如，资本家阶级"把合法权力重新定位到诸如世贸组织（WTO）——该组织提出了更加阴险的多边投资协定（MAI）这个傀儡——这样的国际组织以及像欧盟和北美自由贸易协定（NAFTA）这种大规模实体的形式上，这一行为从政治上来看同样是由资本主义阶级的利益所引导的"[2]。

在这里，显然就提出了一个问题：既然资产阶级能够极为灵活地协同运用不同的空间规模，那么无产阶级也应该并且必须努力学习和实践在不同空间规模上的协同斗争；例如，从微观的身体层面到宏观的全球层面，构成一体化的互动，等等。我们曾经在本书第二章中指出，全球范围内资本积累的链条把全球化与作为积累策略的身体内在地勾连起来了[3]，因此，全世界的无产阶级在异化状态和反异化的斗争这两个方面能够做到在个体、工厂、地方与国家乃至全球这些不同规模上的联合斗争。所以哈维强调，"那些只在一个规模上运行的所有思维方式无论如何都值得怀疑，要不就是完全误导性的"[4]。

---

[1] 具体可参见［英］布赖恩·巴克斯特《生态主义导论》，曾建平译，重庆出版社2007年版；［印度］萨拉·萨卡《生态社会主义还是生态资本主义》，张淑兰译，山东大学出版社2008年版；［美］约翰·贝拉米·福斯特《生态危机与资本主义》，耿建新等译，上海译文出版社2006年版；等等。

[2] ［美］哈维：《希望的空间》，胡大平译，南京大学出版社2006年版，第73页。

[3] 具体内容另请参见本书第二章第四节。

[4] ［美］哈维：《希望的空间》，胡大平译，南京大学出版社2006年版，第76页。

（二）地理差异的生产

从人类历史—地理的角度来看，我们一直在创造各种各样的地理差异。"考察任一特定规模的世界，立即就会揭示出一系列的结果和过程，它们制造了不同的地理差异：生活方式、生活标准、资源运用、与环境的关系以及文化和政治形式等各个方面。人类占据地球表面以及嵌在不同地方中的社会形式（语言、政治机构、宗教价值和信仰）的非凡进化，这一长期的历史地理创造了特别的社会生态环境和生活方式的地理拼嵌图。这个拼嵌图本身是'重写本'——由在多种层次上互相叠加的部分遗产的历史增加物所组成……这个地理拼嵌图是人类多种行为随着时间而不断加深的产物。"①

人类进入资本主义时代，特别是被全球化所推动之后，资本积累过程中地理差异的生产在广度和烈度上都比以往大大强化了。例如，"对级差地租的更加普遍的追逐产生了资本投机强度上的地理差异，常常会确保资本充足的地区越来越富，而资金贫乏的地区则相对地越来越穷。不管怎样，级差过程是纯经济的，同样又是生态的、社会的"②。至于国际分工与配套、在某个或者某些地区进行贬值③等，都是资本积累过程中有选择性地制造地理差异的手段。全球化使地理差异更加多变，因为资本流动、生产重组、城市化进程和都市规划与改造等政治经济活动都在加速，即使"文化变迁（特别是那些由跨国通信体系所促进的变迁）同样也呈现出一种异常的风格和挥发状态。大量的证据（伴随大量的焦虑）显示，生态和自然系统正处在加速的变化状态（同时伴有大量随之而来的压力）"④。总之，空间生产过程同时也就是一个地理差异的生产过程。

差异现象的存在，确实不利于整合多重的特殊利益，妨碍"一般利益"⑤的达成，因为利益之间会有冲突，资产阶级也常常利用人们在文化、宗教、种族等方面的多样性进行分化瓦解的工作。

但是，差异对于"整合"（联合的行动）所造成的障碍并不是不可超

---

① ［美］哈维：《希望的空间》，胡大平译，南京大学出版社2006年版，第74页。
② 同上。
③ ［美］哈维：《新自由主义化的空间》，王志弘译，（台湾）群学出版有限公司2008年版，第89页。
④ ［美］哈维：《希望的空间》，胡大平译，南京大学出版社2006年版，第75页。
⑤ 同上书，第69、77页。

越的。关键就在于,"需要把不断变化的规模和地理差异的生产这两个因素结合起来,因此我们需要考量各种规模内外的差异、交互作用和关系。因为我们经常把自己固定在一个而且是唯一的一个思考规模上,把那种规模上的差异当成政治分裂的根本分界线,所以就产生了分析理解上的和政治行动上的共同错误"①。

当我们把地理差异的生产与空间规模的生产结合起来思考全球化时,我们就可以从另一个角度发现:

1. 全球化既带来了差异与冲突,也带来了休戚与共的全球命运、全球共识和全球行动的要求。因为,各种空间规模之间相互交错,构成了一种立体的"嵌套"关系,所以,一种空间规模上发生的事情会传导到另一种空间规模上,这种空间规模上的传导效应使人类在全球规模上结成了一个不可分割的紧密整体、息息相关、休戚与共。一言以蔽之,全球化使人真正地成为"生命之网"当中的"类存在物"②。例如,在全球性的生态危机那里,这一点得到了最为直接而明显的呈现③。在那里,"作为类存在物的我们"这种意识为全球规模上的联合行动奠定了人性—伦理的基础。

2. 如上所述,资本主义的全球化并没有兑现资产阶级理论家和政客们空口允诺的福音,相反,它意味着全球范围内的暴力性破坏、层出不穷的矛盾和危机以及极度的不稳定,诸如人均工资增长率的下降、两极分化、金融危机、局部战争、生态危机之类的坏消息和灾难等,都与新自由主义的资本积累战略以软硬兼施的方式在全球地理空间上的推进有着莫大的干系。于是,对自由市场全球化的反抗热潮在许多不同的空间规模上同

---

① [美]哈维:《希望的空间》,胡大平译,南京大学出版社2006年版,第75页。

② 同上书,第86页。关于"类存在物"和"生命之网"的阐述,具体可参见该书第十、十一章。亦可参见本书第六章第一、二节。

③ 马克思主义生态学家 J. B. 福斯特认为,"为环境公正而进行的斗争,是超越人种、阶级、性别、帝国压迫、环境掠夺等相互关系的斗争,这很可能会成为21世纪的主要特征。没有限度的资本主义的普遍化将所有为争取生存而挑战这种制度的人们团结起来。为社会公正而进行的历史性斗争也前所未有地与保护地球而进行的斗争汇合起来"([美]约翰·贝拉米·福斯特:《生态危机与资本主义》,耿建新等译,上海译文出版社2006年版,第34—35页)。虽然哈维显然不会赞同福斯特所说的生态主义运动对"帝国压迫"和"环境掠夺"的超越,但是他原则上同意生态主义所包含的普遍性要求。哈维始终强调作为《类存在物》的我们"对人类和自然的双重责任"。

时发生，所以说，超越地方化、形成合力的趋势不是没有可能性。这不但为无产阶级的解放政治提供了可以乘势而上的机遇，也为联合的行动准备了可供整合的运动资源。

3. 新自由主义为了推行全球化而散播的各种文化—意识形态上的观念（自由、民主、人权、富足的生活、自我实现等），虽然归根到底是为了服务于资本主义的资本积累和资本循环及其政治统治与权力扩张①，但是，这些文化—意识形态上的观念同时也在资本主义的内部孕育了大量潜在的对抗性要求。也就是说，当普通大众要求资本主义把那一套漂亮的虚伪说辞真正落到实处并为此而斗争的时候，就意味着播下了广泛的反对新自由主义全球化的种子并且生根发芽。"［普通大众］对［资产阶级］道德的反感转变为文化以及政治上的反抗是我们这个时代的一种表征，对此我们应当正确地进行研究，而非不闻不问。那些文化斗争与反抗统治阶级力量的斗争之间的有机联系，需要在理论和实践上进行探索。"② 在这里，哈维提出了文化—意识形态的领导权问题。由此可见，资产阶级的文化—意识形态无形中为联合的行动提供了思想文化上的支持。更准确地说，资产阶级的文化—意识形态可以被转变成"一套完全不同的价值：开放的民主——它专注于争取社会平等以及经济、政治和文化上的正义"③ "全面的、真正的普遍权利"④，等等。诸如此类的思想观念很有可能成为无产阶级的战斗口号（具体内容参见下文）。

4. 新自由主义全球化是又一轮大规模的、猛烈的"剥夺式积累（accumulation by dispossession）"的过程。对于"剥夺式积累"，哈维有一段概要的说明：

> 我所谓的剥夺式积累，是指马克思所视为的资本主义产生时期的"原始积累"或"原初积累"的延续和扩展。它包括：土地的商品化和私有化、强制驱逐农业人口（像最近时期在印度和墨西哥所发生的情

---

① 关于新自由主义的文化—意识形态对资本积累、全球化和资产阶级的政治统治所起的作用，具体内容可参见哈维《新自由主义和阶级力量的重建》，吴志峰译，该文收录于罗岗主编的《帝国、都市与现代性》，江苏人民出版社2006年版，第107—108、123—126页。

② D. Harvey, *Spaces of Global Capitalism*, Verso, 2006, p. 67.

③ Ibid., p. 68.

④ ［美］哈维：《希望的空间》，胡大平译，南京大学出版社2006年版，第240—246页。

形);将各种形式的财产权(公共、集体、国有等)转换为排他性的私人财产权;对公共权力的压制;劳动力的商品化,对其它(例如本土的)生产和消费形式的压制;对财产(包括自然资源)的殖民式的、新殖民式的或者帝国主义式的占有;交易和税收的货币化,尤其是土地方面;奴隶贸易(特别是在性产业中持续发生);高利贷和国债,还有更具破坏性的、利用信贷体系作为原始积累的激烈手段。国家利用自己对暴力的垄断和合法性的界定,在支持和促进这些情形的过程中,扮演了重要角色。现在,在这一系列的机制名单上,我们还可以增添许多其它的伎俩,例如,从专利权和知识产权中抽取租金,以及减少或抹杀各种形式的、通过一代甚至好几代社会民主的阶级斗争才赢得的共同财产权(诸如国家退休金、带薪休假、接受教育和医疗的权利等)①。

在全球性的剥夺式积累过程中,一方面,很多国家或地区的统治集团通过私有化、金融化、"危机管理与操纵"、国家再分配等手段,篡夺了巨大的财富,但另一方面,这个过程同时也孕育和生产出了遍布世界各个角落的无产阶级,"阶级或区域之间的不平等在国内(如中国、俄罗斯、印度和南非)和国际上都日益严重,情况惊人"②。所以哈维认为,阶级并不是一个无意义的范畴,恰恰相反,阶级的含义和形象及其广度与强度,在极为惊人的剥夺式积累过程中得到了一连串暴力的展示,甚至"像艾滋病(这是非洲的一个毁灭性问题,在那里的一些国家中,差不多有四分之一的人都是 HIV 阳性)、全球变暖、局部环境退化、地方化文化传统的破坏,诸如此类的问题实质上可以理解为阶级问题……意味着某类阶级政治学,不管它是如何定义的"③。

进言之,"传统的以工人阶级为基础的运动并没有消亡,即使在受新自由主义冲击因而力量被削弱了的发达资本主义国家里也是如此。整个20世纪80年代,韩国和南非曾兴起蓬勃的工人运动,而现在拉丁美洲许多地方的工人阶级政党即使没有当权,也可以说是发展迅速。在印尼,被

---

① D. Harvey: *Spaces of Global Capitalism*, Verso, 2006, p. 43.
② [美]哈维:《新自由主义和阶级力量的重建》,吴志峰译,该文收录于罗岗主编的《帝国、都市与现代性》,江苏人民出版社 2006 年版,第 136 页。
③ [美]哈维:《希望的空间》,胡大平译,南京大学出版社 2006 年版,第 77—78 页。

第三章　现实矛盾中的解放潜能（上）：全球化、资本积累与阶级斗争

普遍认为蕴含重大意义的工人斗争运动时有耳闻。现在还不清楚美国的工人阶级大众会不会永远停留于共和党与民主党之类的阴谋政治而不思他途……但考虑到情况的变化，没有理由排除在未来一些年里有出现带着反新自由主义纲领的以工人为基础的政治的可能"①。总之，劳资关系和阶级斗争依然是不争的事实和普遍现象②，剥夺式积累成为全球化过程中的主要矛盾和焦点③。这就意味着工人阶级仍然占据着世界人口的绝大多数，并且有可能重新团结起来，占据解放政治的中心位置。

综上所述，现实状况当中仍然潜藏着大量的可资变革的因素和达成联合行动的条件。因此，以工人阶级为基础的，并与其他形式的反抗新自由主义全球化、反抗资本主义和帝国主义的力量结合在一起④的联合斗争仍然值得期待。

当然，能否达成联合的行动并取得成功，这取决于阶级力量的对比以及阶级斗争的政策和策略，而政策和策略则显得相对更为重要，这是因为，能否提出一种可以凝聚人心、激发斗志的政策和策略，又直接决定了阶级力量的对比。所以，哈维在全球层面上提出了他认为能够团结绝大多数的斗争主张：争取普遍权利。这既是对如何开展联合的行动所进行的具体示范，同时也是对联合的行动这个难题的进一步论证。

---

① ［美］哈维：《新自由主义和阶级力量的重建》，吴志峰译，该文收录于罗岗主编的《帝国、都市与现代性》，江苏人民出版社2006年版，第133页。

② 英国学者威尔·赫顿也认为，工人阶级仍然存在。他从从经济结构、社会关系的角度指出，"在当代英国，大多数人仍然为生活而工作；他们只有很少的积蓄，几乎没有对抗雇主的力量；而如果失去了工作，他们就得不到按月发放的支票，也就失去了生活来源。居住在城市周边的大型住宅区中的人们可能已经不在那些大型工厂中工作，但是他们仍然像他们的前辈一样处在资本主义、雇主权力以及失业的风险之中。工人阶级仍然存在，他们在服务部门工作，穿着西装外套，要把他们组织成工会更加困难了。工人阶级可能没有过去那样团结，但是我们不能因为现在的工人阶级难以辨识就否认其存在。在与劳动及权力的关系上，现在的工人阶级与过去的工人阶级是完全一样的"（［英］安东尼·吉登斯、威尔·赫顿：《对谈录》，该文收录于威尔·赫顿、安东尼·吉登斯主编的《在边缘：全球资本主义生活》，达魏等译，生活·读书·新知三联书店2003年版，第39、40页）。

③ ［美］哈维：《新帝国主义》，王志弘等译，（台湾）群学出版有限公司2008年版，第137页。

④ 哈维强调工人阶级运动要与其他形式的反抗运动结合在一起，否则不利于壮大反叛的力量。参见［美］哈维《新帝国主义》，王志弘等译，（台湾）群学出版有限公司2008年版，第133页；［美］哈维《希望的空间》，胡大平译，南京大学出版社2006年版，第78—79页。

第三节 全球层面上的联合斗争：普遍的权利主张

无疑，如果要想在全球规模上提出一项旨在推动全球性的阶级斗争蓬勃开展的政策和策略，那么这项政策与策略必须具有足够的包容性或普遍性，因为唯有如此才能最大限度地团结一切可以团结的人，最大限度上达到联合的目的。所以，哈维明确表示，自己支持某种普遍主义，在他看来，一种在全球规模上被恰当地提出来的、具有普世价值的普遍主义会为其他规模上的政治—经济的替代方案提供虽非充分但却必要的条件。①

哈维对某种普遍主义的支持，具体而言，重要的一个方面就是对某种"普遍权利"的支持，这是无须奇怪的。回想整个人类历史，凡是欲争取人心、鼓动革命者，莫不把某种权利上的正义要求写在自己的旗帜上，从"等贵贱、均贫富""不自由，毋宁死"到"我们要面包，我们也要玫瑰"等。如果全世界的工人阶级联合起来展开斗争，那么当然要围绕他们自身的权利来展开，在这个意义上，权利观念和权利斗争是解放政治不可缺少的重要方面。

当时间移至21世纪，我们看到，哈维巧妙地以《世界人权宣言》②为蓝本，提出了"争取普遍权利"的口号，具有了世界舆论的基础、迎合了世界人民的心声。因为一般的人权观念早已得到普遍的灌输，深入人心，从而成为世界范围内主流的文化—意识形态之一。而以《世界人权宣言》为蓝本而提出"争取普遍权利"的口号，能够包容各种各样的反抗运动，从农民运动、学生运动、黑人运动、反战运动、人权运动、女权运动到生态运动以及各种狭义的文化运动等。初步看来，哈维的这个思路在政策和策略上看是很成功的。

不过有一个疑问，即人权观念是由资产阶级提出来的，并且伴随着新自由主义资本主义的全球化而在世界范围内得到传播，归根到底是为资产阶级的全球利益服务的③，那么，作为马克思主义理论家的哈维该如何说

---

① [美]哈维：《希望的空间》，胡大平译，南京大学出版社2006年版，第79—80页。
② 联合国大会1948年12月10通过。
③ 关于美国为了维护霸权利益而以人权、民主等借口对其他国家的打压和侵犯，具体可参见美国著名哲学家、左翼思想家诺姆·乔姆斯基的《新自由主义和全球秩序》，徐海铭等译，江苏人民出版社2001年版；以及哈维的《新自由主义化的空间》，王志弘译，（台湾）群学出版有限公司2008年版；等等。

明工人阶级的解放政治可以利用来自资产阶级的观念呢？哈维一方面承认，"人权问题很容易就被'帝国之剑'……利用。例如，美国的'自由之鹰'（liberal hawks）就诉诸人权，将对科索沃、东帝汶、海地以及阿富汗和伊拉克的帝国主义干涉'正义化'"①；另一方面，他认为，不能就此而把文化—意识形态上的斗争空间拱手让给新自由主义政权和资产阶级，正确的做法是借力打力、为我所用："分析表明，特定的社会进程造就了同时也依赖着特定意义的正义和权利。挑战那些特定的权利就是挑战与该权利所相应的社会进程。相反地，没有同时从对一种占统治地位的权利和正义概念转向对另一种权利和正义概念的效忠，就不可能使得社会从一种进程（例如通过市场交易而进行的资本积累）转变到另一种进程中（例如政治民主和集体行动）"②。由此可见，权利斗争是挑战既定统治秩序的必要步骤和途径之一，意义重大！拒绝权利斗争在某种意义上就是拒绝打开解放政治的一个通道。

更何况，新自由主义的文化—意识形态及其权利体系，亦日益暴露其丑陋的真相，因而可以成为解放政治的突破口："接受它就意味着我们毫无选择，只能在不顾任何社会、生态和政治后果的无止境的资本积累和经济发展的制度下生活。相应地，无止境的资本积累就意味着新自由主义的权利制度必然通过暴力（如在智利和伊拉克），通过帝国主义的操纵（例如世界贸易组织、国际货币基金组织及世界银行的操纵），或如有可能，通过原始积累（如在俄罗斯）进行世界范围内的地域扩张。"③ 换言之，新自由主义的权利体系是对一般普世价值的扭曲和利用，包含着极大的不正义和诸多欺骗色彩。因此，它激起了世界人民的抨击和愤慨，这种情形有利于无产阶级从权利斗争入手，提出实现真正的普遍权利的要求，从而把世界人民引导到反对新自由主义霸权、寻求解放的道路上来，最终转化为政治—经济的实践。④

需要强调的是，我们反对的是特定的新自由主义的权利体系，而不是一般的普世价值。换言之，哈维所凸显的普遍权利是以具有普世价值的

---

① ［美］哈维：《新自由主义和阶级力量的重建》，吴志峰译，该文收录于罗岗主编的《帝国、都市与现代性》，江苏人民出版社2006年版，第126页。

② 同上书，第127页。

③ 同上书，第128—129页。

④ 同上书，第129页。

《世界人权宣言》为蓝本的。而哈维之所以凸显它，把它作为新世纪里无产阶级斗争的文化—意识形态上的依据，恰恰是因为它一直没有得到普遍的遵守；一个突出的问题是，它常常被美国之类的大国和强国破坏，或者被选择性地、打了折扣地加以执行。"1948 年以来，人权应用的全部领域实际上一直由两种解释的分裂主宰着：一方面是市民权利和政治权利，另一方面是经济、社会和文化权利①。直到最近，后一组权利还避而不论，即使它实际上在 1948 年的宣言中就已出现。"② 经济、社会和文化权利之所以没有被真正地遵守和执行，当然主要是因为这些权利妨碍了资产阶级的利润追求和资本积累，是一种"负担"③。因此很显然，哈维在这种情况下提出无产阶级为"争取普遍权利"而斗争的呼吁，实际上是为了全面地落实它，这样也就具有了很现实的感召力和冲击力："有很多的征兆显示阶级斗争出现了新形式，那就是正好把人权研究普遍领域内经济权利的产生当作它们的目标"④，"要求实现这些权利，会引起对新自由主义霸权行为的严重挑战"⑤，"严格执行这些条款将在资本主义的政治经济中引起巨大的且在某种意义上是革命性的变革"⑥。

此外，随着时代的发展，《世界人权宣言》中有些条款本身也需要修改或补充，并作出调整。例如，"人权的实际应用也很有代表性地在公共领域和私人领域的不同权利之间有了区别。前者（像投票权、政治表达的自由权）已得到加强，而后者（妇女在家庭中的从属地位、割礼这样的文化习俗以及妇女支配自己身体或抵抗家庭暴力的权利）却被广泛地忽视

---

① "经济、社会和文化权力"是指《世界人权宣言》第 22、23、24、25 条，对社会成员的社会保障、工作待遇、组织工会、带薪休假、家庭维持、医疗保健、妇女儿童特殊保护等权利作出规定。

② [美] 哈维：《希望的空间》，胡大平译，南京大学出版社 2006 年版，第 84 页。这段引文中的"权利"一词原译文为"权力"，现根据通常的特别是《世界人权宣言》的译法改过来。——引者注

③ 具体内容和评论可参见美国著名哲学家、左翼思想家诺姆·乔姆斯基的《新自由主义和全球秩序》"下篇"之第一章"美国强权之伞——《世界人权宣言》和美国政策与之相悖之处"，徐海铭等译，江苏人民出版社 2001 年版，第 143—184 页。

④ [美] 哈维：《希望的空间》，胡大平译，南京大学出版社 2006 年版，第 84 页。

⑤ [美] 哈维：《新自由主义和阶级力量的重建》，吴志峰译，该文收录于罗岗主编的《帝国、都市与现代性》，江苏人民出版社 2006 年版，第 127 页。

⑥ [美] 哈维：《希望的空间》，胡大平译，南京大学出版社 2006 年版，第 85 页。

了。结果就是在人权概念内产生了强烈的性别偏见(可以在原版条款的语言中找到)"①。又如,"它也不关注所有那些风俗和习惯、生活方式以及感觉结构的无限变体,这些作为人类生存的极为重要的方面得到了人类学家和地理学家们的长期关注"②。所以说,女权主义所包含的进步意义应该得到尊重,以此类推,后现代主义文化浪潮中其他方面的合理要素都必须在普遍权利当中有所体现。总之,"社会主义事业必须像它关注某种相似条件的创造一样关注从那种乏味的同质性中解放出来。然而,这并不是一个不加限制的相对主义或后现代折衷主义的托词,而是共性/差异、一个人的独特性与他者的普遍性之间关系的严肃辩论"③。

不言而喻,哈维对普遍权利的内容所提出的扩充要求是基于对时代发展潮流的全面考量。这无疑会大大地满足其他反抗运动的要求,从而增强无产阶级运动的亲和力和凝聚力,夯实联合行动的基础。

由此可见,哈维的普遍主义是开放的,对多样性和差异相当宽容。这样一来,也许有人会质疑:多样性的文化观念和差异,彼此之间作为"他者",如何能够和谐共存?换言之,这种类型的普遍主义如何平衡权利的普遍原则与保持差异的具体权利之间的张力?

通过对美国人类学协会执行委员会在1947年发布的一份集体声明的讨论,哈维指出,一方面,必须像尊重个人一样尊重不同人群的文化和观念,因为极度的同质性要求必然导向封闭与专制;另一方面,应该注意到"不同文化间相似性的硬核",思想交流和观点沟通可以达成同情的理解以及兼容并包的文化生态。同时,世界范围内的自由和正义的标准必须是基本的,也就是说,普世价值必须得到确认,否则,极度的文化相对主义将有混淆是非之虞,将为某些专制或愚昧的组织体制大开方便之门,将有可能纵容各种故步自封之举,将妨碍人类对"共同的善(common good)"的追求。

所以,总的看来,"问题在于设计一个有效的世界秩序,它'允许其社会构成单元的成员自由地施展个性,并从源于多样化个性间相互影响的

---

① [美]哈维:《希望的空间》,胡大平译,南京大学出版社2006年版,第86页。
② 同上书,第88页。
③ 同上书,第79页。需要指出的是,哈维对后现代主义持批判的重构态度,而非一味地拒斥。在这个意义上,他所说的普遍主义确实不同寻常。

丰富性中汲取力量'"①。总之,普遍性与特殊性是辩证地结合在一起的,它们之间的张力并不是不可超越的。"一种精心构思的权利体系不但不会为扩散不同种族间的竞争和仇恨提供特许,反而在这里提供了一种手段以'捍卫社会中所有人之间的平等;促进确保每个人的尊严和身份所必需的团体多样性;发展国内及国际的稳定与和平。'"②

基于以上认识,哈维深思熟虑地提出了一套——对新自由主义的权利体系而言是,它是替换型的;对《世界人权宣言》而言,它是升级版的——普遍权利的主张,主要包括以下几个方面:生活机会的权利、政治联合和"良好"治理的权利、由直接生产者控制生产过程的权利、人类身体的不可侵犯和完整的权利、豁免权、享有体面和健康的生活环境的权利、集体性地控制公共财产资源的权利、未来后代的应享权利、空间生产的权利③、保持差异的权利、作为类存在物的我们所应享有的其他内在权利,等等(具体内容可参见本书第六章第一节)④。

当然,这套普遍的权利主张并不是固定不变的,应当随着时代状况的改变而逐步完善。哈维现在把它提出来,既是作为对权利现状的一种反衬和批判,也是作为无产阶级以至全人类需要去捍卫和真正落实的、完整的权利清单,从而推动联合斗争。

最后,哈维指出,"这样的权利不会被随意地给予或授予,恰恰是因为它们可能会导致社会秩序和政治经济的革命性变革。这些权利只有通过斗争才能取得"⑤,"在决定某种特殊情况下应该调用哪种普世性价值和权利方面,在决定普世性原则和权利概念应该怎样被界定方面,都需要我们

---

① [美]哈维:《希望的空间》,胡大平译,南京大学出版社2006年版,第83页。

② 同上书,第88—89页。

③ 或许有人会感到困惑:空间生产也是一项普遍的人权?资本主义的空间生产不是正遭受批判吗?这种困惑无疑没有分清楚这一点,即对资本主义空间生产的批判并不等同于彻底埋葬和拒绝任何形式的空间生产!一是人类始终在进行各种各样的空间生产活动,人与空间结构始终处于动态的互动过程当中;二是反对资本主义的空间生产是为了建设另一种空间形态,即如哈维所言"建设一种在社会上公正的、在生态上敏感的替代性社会",这也是一个空间生产的过程。

④ D. Harvey, *Spaces of Global Capitalism*, Verso, 2006, p. 66. 他对普遍的权利主张的具体阐述,亦可参见哈维《希望的空间》,胡大平译,南京大学出版社2006年版,第242—246页。

⑤ [美]哈维:《希望的空间》,胡大平译,南京大学出版社2006年版,第86—87页。

来展开战斗"①。

总之，无产阶级要想有尊严地存在于世，唯有通过联合的阶级斗争才能达成，而关于普遍权利的斗争则敞开了这个值得期盼的前景。在这里，以普遍权利为价值诉求和行进通道的联合的阶级斗争俨然呼之欲出！

---

① ［美］哈维：《新自由主义和阶级力量的重建》，吴志峰译，该文收录于罗岗主编的《帝国、都市与现代性》，江苏人民出版社2006年版，第127页。

第四章

现实矛盾中的解放潜能（下）：身体、资本积累与阶级斗争

在上一章，我们了解了哈维对全球化的剖析、全球规模上联合斗争的可能性以及通过争取普遍权利的斗争而达成联合行动的策略。至此，我们明白了哈维是如何在全球化这个宏观的空间规模上呈现现实矛盾中的解放潜能的。不过事情还没有结束，因为哈维强调无产阶级的联合斗争和解放政治必须能够像资产阶级那样在不同的空间规模上灵活地展开并相互呼应，唯有这样，才能全方位地对抗和突破资本主义从宏观到微观的巨大罗网。所以，正如前面我们已经预先指出的那样，哈维还需要进一步从身体这个微观的空间规模上分析和求证工人阶级的联合斗争和解放政治的可能性及策略。唯有完成这一步，哈维对现实矛盾中解放潜能的挖掘才算大功告成。

第一节 身体研究的思路与方法

在西方文化中，身体总体上处于被轻视、被放逐的地位。虽然在很古老的时代曾经有过"人"（man）或"身体"（the body）是"万物的尺度"这样一种观点，不过从柏拉图开始，身体和灵魂就已经被正式地分离了，身体受到了敌视，被认为有碍于正确地进行认识而且容易滋生各种任性的欲望和罪恶。传统的宗教禁欲主义以及落后的医学观念也强化了身体的负面形象。一直到了笛卡尔的身心二元论那里，身体仍然被看作一部卑微的肉体机器，认为人之根本乃在于心灵。

当然，在这种主流的理论偏见之外，我们也可以发现诸如尼采那样的思想家所作出的身体革命之意义：身体被正名，身体得到了张扬。而且，正面地肯定和阐发身体的理论兴趣从涓涓细流最终汇聚成引人注目的潮

流。可以说,"身体问题在后期现代哲学中具有核心地位,这一情形发端于19世纪中后期。德国哲学家叔本华和尼采在不同程度上强调了身体的地位,而法国哲学家比朗和柏格森也开始关注身体问题。我们尤其从20世纪法国现象学存在主义运动中看出身体问题的极端重要性"①。不单在哲学界,其他领域如社会学、文化批评理论、人类学、精神分析、女性主义等,都开始把身体作为主要议题,甚至出现了所谓"身体的转向"这种说法。

哈维指出,20世纪80年代以来的身体话语在当代思想理论界的兴起,与女性主义、女权运动、后结构主义和解构主义思潮等多重因素有着密切的联系,是在它们的共同推动之下发生的。

众所周知,女性主义和女权运动的一个基本宗旨,就是断然拒绝长期处于绝对霸权地位的父权制文化意识形态,并揭示资本主义体系中女性所遭受的系统性的压制和剥夺。为此,女性主义和女权运动在性与性别、男性身体与女性身体、男性气质与女性气质、性欲与性行为、家庭分工与女性就业等各个方面,对女性的权益、地位和声望被贬抑、被侵害的社会历史机制进行了批判性的检视,并重新加以定义。在这个过程中,身体(女性身体)既是出发点,又是焦点,身体话语迅速地升温和发酵,这就像哈维所说的那样:"人们开始重新关注身体,身体成为理解的基础,至少在某些领域中……成为政治抵抗和解放政治学里的特殊场所。"②

此外,随着当代后结构主义,尤其是解构主义思潮的蓬勃展开,原先那些似乎十分牢固可靠的概念和观点在经过一番条分缕析的解构之后都产生了动摇,人们在疑虑之余,不得不重新寻找其他概念和话语,以弥补颇受打击的理论信心。在这种情况下,身体则以其"不可还原"的优良品质得到了青睐和追捧。这样看来,身体作为一个新鲜的领域,实际上反映了当下和理论界的一种退守的窘境。

与哈维的观点相映成趣的是,英国当代著名学者特里·伊格尔顿(Terry Eagleton)认为,身体话语的兴起与当代资本主义体系的强势地位及其全面的社会—文化压制有关:

---

① 杨大春:《语言、身体、他者:当代法国哲学的三大主题》,生活·读书·新知三联书店2007年版,第138页。

② [美]哈维:《希望的空间》,胡大平译,南京大学出版社2006年版,第14页。

> 如果一种压迫制度似乎控制了一切的话，那么人们自然就要四处寻找一处这一制度控制薄弱的飞地——一处尚存有（不那么稳固地存有）一定程度的自由、随意行动权和乐趣的地方。你也许可以称之为愿望或推断或潜意识，这一地方也可能是身体……如果说政府、生产方式和公民社会这类比较抽象的问题一时难以解决的话，那么人们可能会将其政治注意力转移到像身体这类比较熟悉、近在身边而又刺激观感、挑动情欲的东西上……人们认为，这种对肉体和性行为的关注是种反常的政治深化和强化，同时也意味着一种彻底的情感转移。人们如果注意到对语言和文化越来越痴迷这一现象时，肯定会说这也是一种情感转移——语言和文化是知识分子在家中就完全能够研究的主题，而不必到物质生产领域中去探索。①

显然，特里·伊格尔顿对于当代学界身体话语的流行是颇不以为然甚至是不满的，认为这是一种逃遁，也是一种浮夸，因为它回避了"物质生产领域"。

对此，英国著名学者、剑桥大学社会学教授布赖恩·特纳（Bryan S. Turner）看来是深以为然的。特纳深入到社会结构的内部，从物质生产领域这个层面，说明了身体话语之所以在当代兴起的根本缘由。他指出，

> 我们当代对身体的兴趣和理解是西方工业社会长期深刻转变的结果。特别值得注意的是，身体形象在通俗文化与消费文化的突出地位及其无所不知就是身体（尤其是其繁衍能力）与社会的经济和政治结构相分离所产生的文化后果。对快感、欲望、差异与游戏性等当代消费主义特点的强调，是一些相关过程即后工业主义、后福特主义与后现代主义造成的文化环境的组成部分。随着基督教清教主义正统思想的式微及大众消费主义的盛行，谴责性享乐的资产阶级及工业资本主义的道德机制在很大程度上已经消失了。晚期工业社会中发生的道德与法律机制上的这些变化相应地与经济结构的变化联系在一起，尤其与重工业生产在世界经济体系中的衰落相联系。在后工业环境中服

---

① ［英］特里·伊格尔顿：《后现代主义者们来自何方？》，该文收录于艾伦·梅克辛斯·伍德等主编的《保卫历史：马克思主义与后现代主义》，社会科学文献出版社2009年版，第26—27页。

务行业显得越来越重要……经济变化与经济结构调整为劳动的性质和构成带来了重大转变,这也重新组织了休闲和消费……劳动的身体成为追求欲望的身体。①

既然身体话语是当代资本主义体系结构转变的产物,并且蔚为大观,那么,我们就不能无视这种文化思潮,必须积极介入其中,发出自己的声音、表明自己的立场。对此,许多理论家已经做出了努力。例如,福柯通过对身体所遭受的种种"规训"和"惩罚",进行历史考察与结构分析,他揭示了知识、空间与权力之间隐秘的联系。又如,列斐伏尔指出,身体本身即是空间,而且生产出自己的空间,身体的生产与空间的生产是一个一体化的、相互作用的动态过程。在这个意义上,身体的反抗是空间革命的一个切入点和重要环节。再如,美国著名学者丹娜·哈拉维(Donna Haraway)认为,未来的理想身体是机器与肉体的结合体,即赛博格(cyborg);当然,就目前现实的人体而言,她指出,"身体是最深刻意义上的积累策略",这句具有浓郁的马克思主义风格的简洁明快的格言,给哈维很大的启发。

面对喧嚣不已的各种身体话语,哈维不甘落后,他的思路是,"回到作为'万物尺度'的身体的更为广泛的相关意义上,并提出一个更加辩证的理解身体的方法,它能够更好地把身体话语与另一个以'全球化'作为争论中心的话语转向联系起来"②。

笔者认为,哈维所说的"身体的更为广泛的相关意义",主要包括以下几点:

1. 身体是原初性的存在。对于所有的动物以及人本身来讲,最直接的存在就是身体的存在,我们的身体即是我们的最切己的空间,并且我们首先是通过自己的身体与周遭的世界打交道,因此,作为"小宇宙"的身体与大宇宙之间是一种统一的生命系统的关系。进一步来讲,每个人包括每个人的身体,都是庞大的"生命之网"当中的一个纽结(参见本书第六章第一节)。

2. 身体当中蕴藏着人类自身"沉睡着的潜力"。从生物学的角度来

---

① [英] 布莱·恩特纳:《身体与社会》,春风文艺出版社 2000 年版,第 2—3 页。

② D. Harvey, *Spaces of Hope*, Edinburgh University, 2000, p. 98.

看，每一个物种包括人类都各有其适应世界的能力，这种能力使物种得以存活和进化，在这个意义上我们可以说，一部物种进化的历史就是一部物种潜力不断地发挥出来的历史。并且，从思想史的角度来看，包括马克思本人也都承认人类潜能的存在："人自身作为一种自然力与自然物质相对立。为了在对自身生活有用的形式上占有自然物质，人就使他身上的自然力——臂和腿、头和手运动起来。当他通过这种运动作用于他身体外的自然并改变自然时，也就同时改变他自身的自然。他使自身的自然中**蕴藏着的潜力**发挥出来，并且使这种力的活动受他自己的控制。"① 所以，接下来，哈维归纳出了"作为类存在物的我们"所具有的六个方面的基本技能（参见本书第六章第一节）。他之所以这么做，是为了把人类的改造环境、改变自身命运的解放潜能归结到人类的身体之中。换言之，身体成为哈维构建解放政治的支点，一个具有生命—伦理意义的基础。

3. 身体是被动性和主动性的统一体。因为，身体既具有与生俱来的生物遗传方面的基本能力，它不断自动地对外部世界作出适当的反应；又处于不断的社会—文化的形塑过程当中，被打上性别、阶级、种族等形形色色的烙印。也就是说，身体毕竟是活的身体，它与外部环境（自然的和社会的环境）处于动态的相互作用状态。哈维既看到了身体的被动的一面，也看到了身体的主动的一面。对于他来讲，身体主动的一面即意味着对现存秩序的突破和创造，即变革的力量和可能。这为哈维从身体的角度来思考解放政治提供了理由。

4. 人以及人的身体，不是单个的原子式的存在，而是个体性与社会性的统一体。在马克思那里，身体与环境的互动是以社会存在、社会关系为基本前提的，"我们越往前追溯历史，个人，从而也是进行生产的个人，就越表现为不独立，从属于一个较大的整体……人是最名副其实的政治动物，不仅是一种合群的动物，而且是只有在社会中才能独立的动物"②。既然个体不是孤立的，而是相互联系的，那么可以说，身体层面上的规模互动、联合行动的可能性也就本然地蕴含在人体当中，潜藏在社会结构当中！

---

① 马克思：《资本论》（第1卷），人民出版社2004年版，第208页。粗体为引者所加。

② 马克思：《1857—1858年经济学手稿》，参见《马克思恩格斯全集》（第30卷），人民出版社1995年版，第25页。

第四章　现实矛盾中的解放潜能（下）：身体、资本积累与阶级斗争

总之，身体作为具体而微的、处于社会—生态过程当中的空间，哈维把它拿出来作为构想解放政治的一个主要议题，看来是有其合理性的，也是巧妙的。至于哈维所说的"提出一个更加辩证的理解身体的方法，它能够更好地把身体话语与另一个以'全球化'作为争论中心的话语转向联系起来"，笔者认为，它主要涉及两点：其一，为什么说身体与全球化之间具有内在的关联？这一点我们在上文中已经作出了比较具体的阐述（参见本书第二章第四节），所以此处不必赘言；其二，既然我们已经提出，全球化实质上是资本主义空间生产过程的一个新阶段，全球化的过程贯穿着资本积累和阶级斗争这种双螺旋结构。那么相应地，我们也必须在身体层面上把资本积累和阶级斗争这种双螺旋结构清楚地加以说明，这就是本章第二、三节的主要任务（参见下文）。

需要预先交代的是，哈维对于身体话语有自己的立场和方法。虽然不可否认，福柯、列斐伏尔、丹娜·哈拉维、德勒兹以及朱迪斯·巴特勒（Judith Butler）等人的思想观点都对哈维有着复杂的、不同程度的影响，但最核心的思想来源还是非马克思莫属。首先，哈维认为，马克思早在《1844 年经济学哲学手稿》那里，就已经很明确地"把他的本体论和认识论观点建立在真正感性的身体与世界的相互作用这个基础上"，并且，"马克思还详细阐述了一种内部关系的和辩证法的哲学……在当代，竞相回到身体（所有的论述都把它作为不可还原的基础），就是竞相回到马克思（他是其中之一）所起步的地方"①。

其次，哈维认为，"马克思为理解资本主义制度下身体生产的过程和作用提供了丰富的概念工具。同样非常重要的是，他为研究如下问题提供了一种适当的认识论（历史—地理的和辩证法的），即在当代资本主义全球化的条件下，人体是如何产生的、它们如何成为意义的能指和所指，以及内在化的身体实践又怎么样反过来改变其自我生产的过程"②。

最后，哈维指出，"虽然马克思没能把我们想知道的一切情况都说出来，但他的确提出了资本主义制度下身体主体的生产理论。既然我们全都生活在资本循环和积累的世界中，那么这就必须成为任何一种对当代身体的实质进行论证的理论观点的一部分。回避它……就是回避一个至关重要

---

① D. Harvey, *Spaces of Hope*, Edinburgh University, 2000, pp. 101 – 102.
② ［美］哈维：《希望的空间》，胡大平译，南京大学出版社 2006 年版，第 111 页。

的方面,即身体是如何必须作为一个问题被提出来"①。

显然,哈维决心采用马克思的感性身体与世界相互作用的模式,并且把政治经济学注入身体话语当中去,在这个过程中,同时又要始终贯彻辩证法的方法论。

从当代身体研究之现状来看,哈维认为,政治经济学确实很有必要,因为"很明显的,在北美,或者说英语的知识、学术圈里,我们非常流行说'文化转向'……人人都会说政治经济学无用,是旧传统,应该搞点文化研究吧。我不是完全不赞同文化研究,我也受过其影响……当有人说这是文化,是现代,我同意,但同时也是政治经济的,我们要处理的是这两者之间的关系。我想将人们从'纯文化'研究拉回来,带点政治经济学的观点。我想让人们理解到,政治经济学是一种可以让我们知道我们如何想,如何做的根本"②。

哈维的这种看法不是孤立的,也不仅仅因为他是一个马克思主义者而这么认为。英国著名学者、剑桥大学社会学教授布赖恩·特纳(Bryan S. Turner)也指出,目前的身体研究有一些"华而不实"的趋势,因为它未能超出文化表现和社会建构的观念,局限于身体的表现性和文化性特征,对身体的政治学等方面缺乏深度把握;所以,他要求从整体上研究身体,并且提出了不少具体的建议和思路。③

需要强调的是,在《希望的空间》这部著作中,虽然哈维像布赖恩·特纳一样,动不动就使用了"身体政治学"这个术语,但究其实质来讲,哈维的身体政治学实际上是以身体政治经济学为依据、基础和核心的。

第二节 身体:全球空间中资本积累的策略

在马克思那里,资本与劳动之间的关系是理解资本主义生产方式的关键,而劳动者的身体则是他们的劳动力的物质载体,因此,资本与劳动之

---

① D. Harvey, *Spaces of Hope*, Edinburgh University, 2000, p. 102.

② 哈维访谈:《今日乌托邦,明日的现实》,由黄孙权整理刊布。

③ [英] B. 特纳:《普通身体社会学概述》,该文收录于由布赖恩·特纳主编的《Blackwell 社会理论指南》(第2版),李康译,上海人民出版社2003年版,第577—594页。

第四章 现实矛盾中的解放潜能（下）：身体、资本积累与阶级斗争

间的关系必然蕴含着资本与身体的关系。资本家虽然可以以可变资本的形式购买劳动者所拥有的唯一"财产"——劳动力，但是并不拥有劳动者的身体；不过，由于劳动力与身体的不可分割性，当劳动者的劳动力被资本家所购买并投入到生产过程中的时候，当资本家出于资本积累和资本循环的可持续发展的目的而以工资的形式维持劳动力的再生产的时候，劳动者的身体就被拉入到可变资本的循环过程当中了，成为"活劳动"。

哈维认为，"马克思在嵌于可变资本循环中的劳动的前面会加上'活的'这个定语来强调它根本的动态性和创造性，而且着重指出改变现状的生命力和破坏力存在于什么地方"[1]。所以，他直接从可变资本的循环过程入手[2]，试图指明：身体是全球空间中资本积累的策略，并从中寻找到使工人阶级的联合斗争可以乘虚而入的契机。

1. 交换领域。为了获得可以用货币工资购买的商品的使用价值，工人不得不用劳动力的使用价值来交换，这样一来，"这些不得不把自己零星出卖的工人，像其他任何货物一样，也是一种商品"[3]。工人出卖劳动力的使用价值而取得的工资，远远低于工人的劳动力所创造的商品价值，资本家因此而赚取利润。由此可见，工人的工资与资本家的利润之间是一种相互限制的关系。阶级斗争于是围绕工资而展开。

但是，工人的工资不单单受阶级斗争的影响，还受到传统道德观念、劳动力的供求关系、科技进步、法律制度等其他因素的影响。在这些方面，也延伸着漫长的战线。在当代，全球化使工人所面临的不利因素明显增多：跨国资本在全球的流动、跨国公司的灵活生产、移民潮等，从而对工人的生活水平、生活方式等维持身体状况的要素造成了很大的影响，也对阶级斗争的开展构成了压力。"削减规模而产生的失业、对技能及技能报酬的再定义、劳动过程和专制性监督系统的强化、精细分工愈益专制

---

[1] ［美］哈维：《希望的空间》，胡大平译，南京大学出版社2006年版，第112页。

[2] 可变资本的循环过程只是各种资本循环过程当中的一种，除此之外，还有土地资本、商业资本、金融资本等循环过程。其他的循环过程对于劳动者的身体亦有着重要的影响，这些影响在身份、消费方式等方面有所表现。此外，国家干预（医疗保健、教育、住房等）对身体也有非常大的影响。不过哈维指出，"在此，关键问题并不是在理论上或历史上坚持完整地或严格地描述这些相互作用的过程，但是，理解可变资本循环的条件却无疑是理解当代社会中身体状况的必要条件"（［美］哈维：《希望的空间》，胡大平译，南京大学出版社2006年版，第111页）。

[3] 马克思、恩格斯：《共产党宣言》（第3版），人民出版社1997年版，第34页。

化、移民的卷入（或者，换句话说，资本向替代性劳动资源的转移）以及不同的历史和文化条件下实现的不同身体实践和价值模式之间的强制的竞争性斗争，所有这些都促成了作为个人的劳动者的不平衡地理价值，对生活在可变资本循环之中的劳动者的身体所造成的明显的影响确实非常强大。"①

2. 生产领域。工人的身体通过交换过程而嵌入到资产阶级的利润制造过程当中。资本家既以绝对剩余价值生产的形式，竭力利用工人的身体潜能，同时又最大限度地开辟在相对剩余价值生产上的利润空间："机器越推广，分工越细致，劳动量也就越增加，这或者是由于工作时间的延长，或者是由于在一定时间内所要求的劳动的增加，机器运转的加速，等等。"② 相对剩余价值实际上是绝对剩余价值的延伸与变形。在这个意义上可以说，资本家的利润来源一是"作为机器延伸的身体"；二是"作为我们自己身体延伸的机器"③，由此可见，生产过程中工人的身体具有基本的地位。并且，"由于推广机器和分工，无产者的劳动已经失去了任何独立的性质，因而对工人也失去了任何吸引力。工人变成了机器的单纯的附属品""挤在工厂里的工人群众像士兵一样被组织起来。他们是产业军的普通士兵，受着各级军士和军官的层层监视"④。这就是资本主义生产体系的"塑形之火"（form-giving fire）对劳动者的身体（以及意识）的规训和控制⑤，在这里，资本主义生产过程实际上在不断地生产出符合其需要的工人身体。这一切当然是出于维持和扩大利润创造的需要。

在生产过程中，工人的劳动力被还原为创造剩余价值的能力，这就意味着异化。因为，"劳动者作为人所期望的东西，以及从他/她的身体中榨取出来的对劳动力商品的需要，这两者之间的差距便是异化的核心"。此外，一旦劳动者失去了交换的资格（例如，身体残疾不能劳动，等等），或者不符合资本家的生产需要（例如，属于不熟练工人，等等），那么他们就会被淘汰出局，因此而被削弱甚至失去维持身体正常的机会。在当代，新自由主义的全球化通过"剥夺式的积累"，在世界范围内把越来越

---

① [美]哈维：《希望的空间》，胡大平译，南京大学出版社2006年版，第105页。
② 马克思、恩格斯：《共产党宣言》（第3版），人民出版社1997年版，第34页。
③ [美]哈维：《希望的空间》，胡大平译，南京大学出版社2006年版，第97页。
④ 马克思、恩格斯：《共产党宣言》（第3版），人民出版社1997年版，第34页。
⑤ [美]哈维：《希望的空间》，胡大平译，南京大学出版社2006年版，第99—100页。

第四章　现实矛盾中的解放潜能（下）：身体、资本积累与阶级斗争

多的人包括他们的身体裹挟到资本主义的生产体系当中了。

3. 消费领域。劳动者不但是作为交换者、制造者，而且同时也是作为消费者出现的，"当厂主对工人的剥削告一段落，工人领到了用现钱支付的工资的时候，马上就有资产阶级中的另一部分——房东、小店主、当铺老板等向他们扑来"①。工人通过消费而存活，资产阶级则通过工人的消费而得以进一步的积累，这就形成了"生产与再生产"的循环。马克思指出，"工人的个人消费，不论在工场、工厂等以内或以外，在劳动过程以内或以外进行，总是资本生产和再生产的一个要素……工人阶级的不断维持和再生产始终是资本再生产的条件"，因此，"从社会角度来看，工人阶级，即使在直接劳动过程之外，也同死的劳动工具一样是资本的附属物"②。所以，资产阶级热衷于组织、动员和引导人们的消费欲望，当工人的身体在消费形形色色的消费品的时候，本身也就成为资本主义积累循环的消费品。在当代，以身体为基础、依附在身体上的消费市场，无疑是前所未有的广阔，从而能够吸纳大量的消费品，维护资本循环的持续进行。

如果说，资本主义的空间生产是一种通过向外扩展的方式来赚取利润、强化积累并消除危机的途径，那么，人为地制造和控制社会消费包括消费的种类、水平和方式等，则是另一种向内挖掘的方式。也就是说，"新需求的产生，确定不同生活方式和消费习惯的全新生产线的开辟被当成避免危机和解决危机的一种重要手段而推行"③。在当代，全球消费市场的形成，无疑强化了身体消费的广度和深度，也强化了资本对身体的控制。

总的看来，正如马克思所尖锐评论的那样，"工人仅仅为增殖资本而活着，只有在统治阶级的利益需要他活着的时候才活着。在资产阶级社会里，活的劳动只是增殖已经积累起来的劳动的一种手段"④。对此，哈维表示完全同意，"必须承认目前在工作场所，以及生产—消费过程中发生的每件事情，都以某种方式陷入了资本循环和积累。几乎我们现在吃喝穿

---

① 马克思、恩格斯：《共产党宣言》（第3版），人民出版社1997年版，第35页。
② 马克思：《资本论》（第1卷），人民出版社2004年版，第660、661页。
③ ［美］哈维：《希望的空间》，胡大平译，南京大学出版社2006年版，第107页。
④ 马克思、恩格斯：《共产党宣言》（第3版），人民出版社1997年版，第42—43页。

戴、收听、观看和学习的每件东西，都以商品的形式来到我们面前，而且由分工、产品利基的追求，以及体现资本主义信条的论述与意识形态的一般演化所塑造……在这种情况下，身体变成了'积累的策略'，而且我们全都得在这种条件的符号底下生活。即使对那些阐释靠每天不足 2 美元过活，以及经常被看作和对待为宛如他们是可抛弃的冗赘人口的人来说，这一点现在也是真确不虚"。① 无疑，在全球化的时代，身体作为资本积累的策略，早已突破工厂、地方或国家等局部的规模，上升到全球规模上了！

行文至此，我们所描述的身体形象似乎蒙上了一层浓郁的灰色调：身体被资本循环和资本积累的力量所塑造和控制，身体似乎是承担某种特定的经济角色的被动实体。这是不是说，作为全球空间中资本积累策略的身体，与身体解放无缘呢？其实不然，资本的积累和循环过程包含着内在的矛盾，因此，处于生产、交换和消费等环节的身体有可能从矛盾的孕育和内爆当中释放出来。所以，在这里我们仍然围绕上面所列出的几个领域来加以讨论：

1. 交换领域。资本主义雇佣劳动制度的一个根本原则是，劳动者个人拥有人身自由，他们出卖的是自己的劳动力而不是身体及身体权益。"这个原则甚至一直贯穿到文化和身体资本领域（如布尔迪厄所定义的那种）：由此就产生了大量的对劳动力非熟练化和重新熟练化等方面的反抗行为"，所以，"马克思认为，保存劳动者个人和身体在可变资本循环过程内的完整性和丰富性是劳动过程内外争论和阶级斗争得以发生的支点"②。因此，只要资本主义生产方式对劳动者身体权益的侵犯和戕害在继续，那么身体的反抗斗争和解放政治就会不可避免地持续下去。在这个意义上，全球化时代的身体压榨，在使工人屈服于资本家制定的身体纪律的同时，也催发了全球范围内的斗争潮流。

2. 生产领域。马克思指出，"大工业的本性决定了劳动的变换、职能的更动和工人的全面流动。另外，大工业在它的资本主义形式上再生产出旧的分工及其固定化的专业。我们已经看到，这个绝对的矛盾怎样破坏着

---

① [美]哈维：《新自由主义化的空间》，王志弘译，（台湾）群学出版有限公司2008年版，第77页。

② [美]哈维：《希望的空间》，胡大平译，南京大学出版社2006年版，第103页。

第四章　现实矛盾中的解放潜能（下）：身体、资本积累与阶级斗争

工人生活的安宁、稳定和保障，使工人面临这样的威胁；在劳动资料被夺走的同时，生活资料也不断被夺走，在他的局部职能变成过剩的同时，他本身也变成过剩的东西"①。这个绝对的矛盾意味着"灾难"，将以阶级斗争的形式得到宣泄！同时，"大工业又通过它的灾难本身使下面这一点成为生死攸关的问题：承认劳动的变换，从而承认工人尽可能多方面的发展是社会生产的普遍规律，并且使各种关系适应于这个规模的正常实现"②。也就是说，普遍的异化导致对普遍的身体解放的渴求，"全面发展的个人"将从异化的烈火中涅槃重生。所以，哈维指出，"虽然不稳定性令人感到不安，有时是破坏性的，而且还总是难以应付，但它为劳动者提供了很多的颠覆和反抗机会"③。进而言之，历史辩证法往往让解放的曙光在历史道路的转弯处闪现。例如，雇佣妇女一方面在身体和心灵上受到损害，但另一方面也把她们从家庭和性别角色的传统束缚当中解脱出来。

3. 消费领域。一方面是资产家试图在消费领域进行管理，使工人受制于欲望的满足，资本家则从而能够在劳动过程中获得顺从，并同时为他们的市场营销打开一片良好的市场环境；另一方面是工人并不会感到满足④，并且，工人的消费倾向或消费方式并不总是像资本家所设想的那样是"合理的"消费，他们作为"活的"劳动者，在个性需要、情感结构、生活观念、家庭组织等方面都有所不同。因此，从总体上看，"工人如何个别地或集体地履行他们的消费者职责并进行生活方式选择，与资本力量如何试图抓住并指导那些选择朝着有利于可持续积累的理性消费方向发展，这两者之间就产生了斗争"⑤。显然，在消费异化与反异化的斗争中，争夺身体消费控制权的斗争内在地蕴含其中。这个过程是嵌入在资本主义生产方式之中的，因此，消费异化的破解、身体的解放不是一项可以单

---

① 马克思：《资本论》（第1卷），人民出版社2004年版，第560页。
② 同上书，第561页。
③ [美]哈维：《希望的空间》，胡大平译，南京大学出版社2006年版，第101页。
④ 马克思指出，"工人可以得到的享受纵然增长了，但是，比起资本家的那些为工人所得不到的大为增长的享受来，比起一般社会发展水平来，工人所得到的社会满足的程度反而降低了。我们的需要和享受是由社会产生的，因此，我们对于需要和享受是以社会的尺度，而不是以满足它们的物品去衡量的。因为我们的需要和享受具有社会性质，所以它们是相对的"（马克思：《雇佣劳动与资本》，人民出版社1964年版，第35页）。
⑤ [美]哈维：《希望的空间》，胡大平译，南京大学出版社2006年版，第108页。

独进行的斗争，而必须是总体性的革命。

综上所述，一方面是资本不断地努力按照自己的生产需要来选购和塑造劳动者的身体，按照资本积累和资本循环的消费需要来调整和控制劳动者的身体欲望；另一方面是劳动者不屈不挠地为捍卫身体的完整性和尊严而战，要求"作为一个人"来安排自己的身体——"作为人的劳动者是劳动力商品的载体，而且那个人背负着无数的理想和抱负，例如说他们渴望着劳动的尊严，渴望当作一个纯粹的活人被尊重和敬重，也试图如此对待他人"①。所以说，"人体是一个战场"②。

异化与反异化、控制与反控制的斗争已经跨越了好几个世纪，在新的时代状况下，斗争依然在继续，解放的潜流在涌动，哈维确信，"劳动者的变革和创造能力总是有可能（虽然在现在的形势中难以想象）形成生产、交换和消费的替代方式。这些变革和创造的能力永远不会被消除"③——这就是上述政治经济学的考察结论。

暗潮涌动，缺少的只是一个以合适的方式提出来的、能够点爆这场斗争的引线而已。所以，哈维打算在身体层面上提出普遍性的"争取最低生活工资的斗争"，以便与全球层面上争取普遍权利的斗争相结合，在不同空间规模上掀起全面的联合行动。

第三节 身体层面上的联合斗争：争取最低生活工资

首先要指出的是，"最低生活工资"也是一项普遍的人权。《世界人权宣言》第二十三条第三款规定，"每一个工作的人有权享受公正的和合适的报酬，保证使他本人和家属有一个符合人的尊严的生活条件，必要时并辅以其他方式的社会保障"④，由此可见，获得最低生活工资的权利是其中的应有之义。但是，这项权利并没有被世界上大多数的国家所遵守和执行，这主要是因为它妨碍了新自由主义的全球市场扩张，部分地也是因为难以对历史—地理状况差异很大的世界各地规定一个统一的最低生活工

---

① [美]哈维：《希望的空间》，胡大平译，南京大学出版社2006年版，第113页。
② 同上书，第111页。
③ 同上书，第112页。
④ [美]诺姆·乔姆斯基的著作《新自由主义和全球秩序》（徐海铭等译，江苏人民出版社2001）附有《世界人权宣言》（第250—255页）。

资"标准"——印度孟买的最低生活工资与纽约城所可能需要的最低生活工资不是一回事。这是否意味着在全球规模上争取最低生活工资的斗争是不可能的或者不切实际？其实不然，一旦找到某种方法，能够使身体层面的争取最低生活工资的斗争行之有效地扩展开来，以至于推广到全球规模，那么，"身体"这个微观规模上的斗争就与"全球"这个宏观规模上的斗争结合起来了。

1998年7月17日至19日，来自美国、加勒比海、中美洲、墨西哥、加拿大和欧洲的工人权利组织的大约40名代表齐聚一堂，认真思考此问题。他们认为，提出一个最低生活工资作为全球性的标准（最初是在制鞋业和服装业），这场战役不但切实可行，而且非常值得，虽然对这种工资的任何计算公式无疑仍将会成为激烈争论的中心，而且，它还不太可能会被普遍接受（尽管这种工资规定事先已经经过了精心设计，已经充分考虑到了各国国家和地区间的文化、社会、经济等方面的差异），但是，他们断定，"对这种计算公式的争议越多，提出的备选公式越多，则越好"。因为，仅仅通过把工业和公众引入到一场采用何种公式的辩论中，就迫使最低生活工资——它被确定为"维持尊严的工资"——的问题摆到了政治议程的最前沿，这个做法完全与1948年采纳《世界人权宣言》的做法一样，后者把有关世界人权的某些问题（无论有多少争议或如何不明确）不可挽回地置于全球议程之中。[①] 换言之，提出"争取最低生活工资"的号召是一种必要的战略规划，重在实践，重在引导历史潮流，它的效果将在过程中得以呈现。

哈维对这种战略规划心有戚戚焉。这是因为，他对雷蒙德·威廉斯（Raymond Williams）的"战斗的特殊主义"（militant particularism）这种斗争路线感触颇深："政治总是嵌入在地方和社群所特有的'生活方式'和'感觉结构'之中。因此，社会主义所追求的普遍主义就必须通过地方性的特别需求、关注和渴望之间的协商才能得以建立。"[②] 换言之，可以一种相当特殊的方式把各种特殊的斗争与一般的斗争结合起来，而各

[①] 本段内容直接来自哈维《希望的空间》，胡大平译，南京大学出版社2006年版，第87页。——引者注

[②] [美]哈维：《希望的空间》，胡大平译，南京大学出版社2006年版，第54页。哈维关于雷蒙德·威廉斯的"战斗的特殊主义"的讨论可参见 D. Harvey, *Justice, Nature and The Geography of Difference*, Blackwell, 1996, pp. 19–45。

种乍看起来的特殊利益实际上却隐含着一般利益。事实也证明,地方性实践的影响可以上升到全球规模,例如法国大革命对人权原则的宣告所造成的历史性的和世界性的推动作用,等等。

基于这样一些认识,哈维强调以身体为基本的支撑点(身体最切实地关乎每个人,也可以最"感同身受"地传递到每个人),由此出发,在地方(身体一开始就是个体的、地方的)上开展一场争取最低生活工资的斗争(最低生活工资乃是维持身体之基本需要所必需,也是最基本的人权)。

为具体地展示该种斗争策略之效果,哈维以巴尔的摩市的斗争为例进行说明。

美国很早就在州的层次上,特别是罗斯福新政期间在联邦层次上,进行了关于最低工资的立法。但是,在 20 世纪 70 年代之后,由于经济衰退等原因,联邦层次上的最低工资保障名存实亡,争取最低生活工资的运动转而在更加地方化的层次展开。

例如,在巴尔的摩市,由于制造业、港口业从 20 世纪 70 年代开始加速向北方和海外转移,服务业取而代之。所以,一方面出现了结构性的失业潮,另一方面在就业领域出现了女性化、非工会化、低工资和不稳定的特征,并且,很多雇工是来自贫民区的黑人,种族和性别的特征比较明显。结果,产生了更多的"有工作的穷人"(working poor),很多人生活在贫困线以下,社会分化也更为明显。这种情况对身体状况和身体行为有着根本的影响。"在工作场所中缺乏尊重和尊严、在劳动市场上谈判能力微不足道、消费形式是最低限度的并威胁健康的、抚养孩子的条件是恶劣的,所有这些就是典型特征。所有这些暴力对个人身体烙下的印记并不难以理解,系统研究反复强调不平等对生命机会的残酷影响。"[1]

在这种情况下,"各宗教团体的牧师联盟"(Interfaith Ministerial Alliance)和"工业区基金会"(Industrial Areas Foundation)于 1978 年携手创立了"在领导权发展中融入一体的巴尔的摩人"(Baltimoreans United Leadership Development,BULD)这个组织。它先是致力于通过公共投资和对商业的补贴来创造就业机会,但是效果不甚理想,于是转而决定以"家庭价值"和"社区"的名义发动一场争取最低生活工资的运动,这与

---

[1] [美]哈维:《希望的空间》,胡大平译,南京大学出版社 2006 年版,第 118 页。

第四章 现实矛盾中的解放潜能（下）：身体、资本积累与阶级斗争

BULD 的宗教宗旨也是契合的。"他们指出，作为对政府补贴的回报，商业应该遵从社会契约。这就是把每小时 7.70 美元最低工资的理想转化为永久性工作、足够的福利和对全体劳动者开放的职业机会。基于不可能在一夜之间实现这个理想，BULD 提出了逐步的工资涨幅计划，在 1996 年 7 月从每小时 6.10 美元增加到 6.60 美元，1997 年增加到 7.10 美元，1999 年增加到 7.70 美元。这实际上是一个保守要求。"①

BULD 的宗教背景使这场运动具有浓厚的道德色彩，也就是说，它对最低生活工资的要求不是诉诸政治、经济等方面的理由（虽然这是根本的），而是投身于道德价值判断：劳动者不仅仅是劳动力的化身，他/她更是一个人！因此，对劳动力进行单纯的市场化估价不是一个文明国家所能接受的道德行为。这种道德诉求很能够打动人心，并且，即使你不想配合也无法拒绝，更不能冷酷地驳斥。在这个基础上，BULD 从两个方面逐步扩大影响力，一是培养一支工人骨干，让他们发挥领导才能和自身的潜力；二是把性别、种族和阶级等问题结合在一块进行鼓动，全力以赴地搞好联盟。这项运动最终在 1995 年赢得了具有特殊意义的承认，市政府、州政府等政府部门及其下属企业被要求遵守和执行最低生活工资，一些私营公司也陆续地参照实施。

哈维认为，"巴尔的摩市争取最低生活工资的运动（这个运动现在被 30 多个其他城市和州级别上的地区所仿效）提供了一系列相当特殊的有利条件来改变这种'在城市内身体被建构/被摧毁'的政治。它把自己的基础建立在教会、共同体、工会、大学及那些'没有直接利害关系'的社会阶层之中，开始以一种相当特殊的方式来制定身体政治学，同时回避一些比较传统的二元论概念问题，如资本/劳动、白人/黑人、男人/女人、自然/文化……这并不是说该模式没有问题……然而，这不是放弃最低生活工资目标的理由。实际上，许多不同的利益集团（既有世俗团体也有宗教团体）现在都支持在巴尔的摩市工作的每个人实现体面的最低生活工资这个共同的目标"②。"在资本主义日趋全球化之间隙，巴尔的摩地区争取最低生活工资的斗争在争取各项权利、正义、尊严和体面的更加普遍的斗争中占有一席之位。它的特殊性使它与众不同，这决定了它的各种优缺

---

① ［美］哈维：《希望的空间》，胡大平译，南京大学出版社 2006 年版，第 119 页。
② 同上书，第 122 页。

点，但它们并非与更加普遍化的政治学成就无关。虽然迄今为止所影响的人数还有限，但这些运动方式已经证明，在某一规模上遇到的政治挫折可以通过转移到政治行动的不同规模上而潜在地予以解决"①。

一方面，哈维看到，争取最低生活工资的运动"确实为巴尔的摩市大量劳动人民身体实践的转变创造了必要条件。没有它，社会转变的许多其他可能性都行不通"②；另一方面，他也承认，最低生活工资的运动具有不少缺点，例如它的宗教—道德的性质，而且它只是局部的斗争，不可能因此而改变更多、更深重的黑暗景象，也不具有革命性质。

从马克思主义的立场上来看，哈维指出，"'最低生活工资'问题从根本上说是一个阶级问题，贯穿于生产、交换和消费各个环节"③。因为，资产阶级追逐利润的内在冲动总是不可遏制地要发泄出来，一旦情况稍有变化（例如，当失业人口大量增加时），他们便利欲熏心地破坏最低生活工资标准。因此，"这不是一场轻易就可取得全面胜利的政治战争，它的演变证明了阶级斗争如何从资本主义方面发起"④。然而，无论如何，从总体上看，巴尔的摩市争取最低生活工资的运动毕竟业已证明：我们人类不仅仅是社会动物，而且是名副其实的政治动物，人类的价值观念和道德文化上的追求使我们（包括劳动者）必然要求获得作为人的各种需要与尊严。在这个意义上，我们可以料想：如果基本的、也是至关重要的各种人权主张不能在资本积累和资本循环的过程中实现，那么，突破资本罗网的革命性要求必将不可避免地爆发出来！现在，从身体开始，延伸到地方以至于全球规模的斗争正呈现星火燎原之势，斗争的前景值得期许，虽然这场斗争是一个漫长的曲折过程。

在这个意义上，巴尔的摩市争取最低生活工资的运动，（1）提供了一种关于方法论（即地方性斗争的开放模式）的思考和启示：如何在不同空间规模上建立具有广泛基础的联合斗争；（2）这种斗争形式的存在及其局部的成功证明了联合斗争的可能性；对于无产阶级运动来讲，起码获得了一种信心上的支撑和技术上的学习机会。"劳工斗争的国际性虽然

---

① ［美］哈维：《希望的空间》，胡大平译，南京大学出版社2006年版，第124页。
② 同上书，第123页。
③ 同上书，第122页。
④ 同上书，第122、123页。

第四章 现实矛盾中的解放潜能（下）：身体、资本积累与阶级斗争

作为一个明显的、潜在的必然性始终纠缠着多数劳工运动，但它在组织结构上仍然面临着严重的问题……面对世界性劳工的退化和暴力，对人类尊严的保护大多是通过教会和人权组织而不是直接通过劳动组织来阐述的（教会在不同空间规模上运作的能力为政治组织提供了许多的模式，社会主义运动完全可以从中吸取一些重要的教训）。就如地方层次上的斗争一样，劳动组织和市民社会中许多其他机构之间的联盟对于国际规模上社会主义政治学的阐释现在看起来是至关重要的。"[1]

总之，在哈维看来，巴尔的摩市争取最低生活工资的运动为身体层面上的斗争提供了一个值得借鉴的地方性案例。社会主义运动必须既能够高屋建瓴地在宏观规模上，又能够细致入微地在微观规模上开展斗争，而且，微观规模上的斗争可以说是宏观规模上的斗争之基本要素和出发点。

不过，有一个疑问：马克思主义始终强调总体性的革命，以及对资本主义生产方式和政治体制的根本颠覆，而哈维所说的权利斗争特别是身体/地方层面的斗争，具有强烈的改良主义倾向，这是不是一种倒退呢？这里需要再次指明哈维本人所强调的实事求是的理论立场和直面现实的灵活态度！而且，他认为自己的根本立场和具体态度与马克思是一致的。例如，虽然马克思在分析了剩余价值的来源之后，旗帜鲜明地指出，"工人应当摒弃'做一天公平的工作，得一天公平的工资！'这种保守的格言，而要在自己的旗帜上写上革命的口号：'消灭雇佣劳动制度！'"[2]——这种釜底抽薪式的号召无疑是革命的根本立场。不过，哈维同时认为，在马克思那里，具体方面的"改良主义"[3]态度也并不鲜见：马克思曾经明确地说，"事实上，自由王国只是在必要性和外在目的规定要做的劳动终止的地方才开始；因而按照事物的本性来说，它存在于真正物质生产领域的彼岸。像野蛮人为了满足自己的需要，为了维持和再生产自己的生命，必须与自然搏斗一样，文明人也必须这样做；而且在一切社会形式中，在一切可能的生产方式中，他都必须这样做……这个自由王国只有建立在必然王国的基础上，才能繁荣起来。工作日的缩短是根本条件"[4]。

---

[1] ［美］哈维：《希望的空间》，胡大平译，南京大学出版社2006年版，第50页。
[2] 马克思：《工资、价格和利润》，人民出版社1964年版，第55页。
[3] ［美］哈维：《希望的空间》，胡大平译，南京大学出版社2006年版，第124页。
[4] 马克思：《资本论》（第1卷），人民出版社2004年版，第928—929页。

最后要说的是，哈维正如我们一再表明的那样，强调在不同空间规模上展开一体化的斗争：在全球层面上展开争取普遍权利的斗争，在身体层面上展开争取最低生活工资的斗争，而最低生活工资也是一项普遍的权利，身体与全球化在政治经济学的视野下也有其内在的关联。所以，在这里，全球化与身体、普遍权利与最低生活工资之间表现为一种结构上的一体化。

行文至此，我们业已循序渐进地阐明了哈维在全球化和身体层面上对它们的内在矛盾的分析，对蕴含在其中的解放潜能的揭示，对解放政治的斗争策略的阐发。总之，从理论思考的逻辑来看，哈维为其乌托邦理想的提出奠定了来自现实时代状况的前提条件，从而可以进一步把理论思考的道路向前延伸。

第五章

乌托邦理想（上）：类型学上的反思与整合

"乌托邦"（utopia）这个词是托马斯·莫尔虚造出来的。从结构上看，由 u 和 topia 组合而成。从词源上看，topia 来自希腊文 topos（"场所"之义），而 u 的希腊文的来源则有两种可能：一是指希腊文 ou（"无"之义）；二是指希腊文 eu（"美好"之义）。如果 u 是指 ou，那么 utopia 的意思就是指"乌有之乡"，相当于英文中的 Nowhere；如果 u 是指 eu，那么 utopia 的意思就是指"福地乐土"，相当于英文中的 Happy land。从托马斯·莫尔的使用情况来看，utopia 中的 u 应该是同时指代了 ou 和 eu，有一语双关之效果，即指 utopia 是"并不存在的好地方"。然而，想象中的那种福地乐土由于它在当下并不存在，反而成为人们所期盼的希望之乡。

需要指出的是，"乌托邦"这个词本身既包含了时间意识，又包含了空间意识[①]：（1）说乌托邦所描述的好地方"并不存在"，只是指它当下不存在，而不是说它以前不曾存在或者将来不会存在；（2）至于"地方"的空间性则是不言自明的。不过，思想理论家们在构想乌托邦理想的时候，由于时代状况等原因，往往偏执于一隅，或者主导性地以空间视域来描述，或者主导性地以时间视域来描述。普通人的认识也是如此，或者把乌托邦想象成一种被置于某个空间场所当中的具体实体，或者以时间—历史的视域把它想象成一种指向将来的、永远处在运动过程当中的抽象境界。基于此，哈维把以往的乌托邦理想划分为两种类型：空间形式的乌托

[①] 陈周旺：《正义之善——论乌托邦的政治意义》，天津人民出版社 2003 年版，第 17—19 页。

邦理想与社会过程的乌托邦理想。①

对哈维而言,历史上的乌托邦理想为什么会失败甚至招致厌恶——走向极权主义或者说歹托邦,这是一个不容回避的问题。如果不解决这个问题,那么试图去建构新的乌托邦理想则无异于盲人摸象,终将重蹈覆辙。唯有厘清了这个问题,从中吸取教训,才能整合出新的乌托邦理想,重建新的替代方案②。不过,与汉娜·阿伦特、以赛亚·柏林、冯·哈耶克、卡尔·波普尔等人③对传统乌托邦理想的批判思路(主要从反对绝对理想主义、反对历史主义、反对"社会工程学"、反对"积极自由"的膨胀等角度来批判)不同,哈维主要从时间—空间的辩证法这个角度来说明传统的乌托邦理想如何走向自己的方面。

哈维认为,无论是空间形式的乌托邦理想还是社会过程的乌托邦理想,都内在地割裂了时间与空间之间原初的辩证关联,各执一端,所以,空间形式的乌托邦理想一旦试图实现自身、转入社会历史进程当中④,或

---

① 正如我们在本书导言中所说的那样,以"欧几里得—笛卡尔—牛顿"为主线的时空观早已潜移默化地嵌入到人们的头脑中,成为常识的一部分;即使在当代,爱因斯坦相对论的出现也没能在多大程度上实际地改变这种传统的空间认知。因此,人们之所以常常有意无意地分别从时间和空间这两个角度独立地阐述乌托邦理想,形成空间形式的乌托邦理想与社会过程的乌托邦理想,这也就不足为奇了;因为,认为时间和空间都与外界事物无关、在事物之外,而且时间和空间本身也是各自独立、互不相干的,这种时空观源远流长、根深蒂固、影响深远。

② 哈维指出,"任何复兴乌托邦理想的计划都要考虑它在历史地理学中作为建设性和破坏性变革力量是如何运作的,并带来了什么样的结果"([美]哈维:《希望的空间》,胡大平译,南京大学出版社2006年版,第155页)。

③ 关于汉娜·阿伦特、以赛亚·柏林、冯·哈耶克、卡尔·波普尔等人的反乌托邦的思想观点,既可参见他们的原著,亦可参见国内学者的著述,其中,谢江平博士对此有比较专门的研究,可参见谢江平《反乌托邦思想的哲学观点》,中国社会科学出版社2007年版。

④ 诸君在阅读本章第一节时也许会发现,哈维对空间形式的乌托邦理想及其逆转情形的探讨,虽然有时候他声称,"空间乌托邦的具体实现与被动员起来制造它们的时间过程的特性相冲突",似乎要凸显"社会过程",特别是"主流社会过程",似乎打算从时间或者社会过程的角度来考察空间乌托邦理想的特质与命运;但实际上,哈维主要是从空间形式这个角度来探讨的。例如,他讨论了乌托邦的空间形式中所包含着的权力基因与独裁因素、资本主义条件下的私托邦或门控社区以及"监禁城",等等。为什么会这样呢?其一,乌托邦理想在实践层面的"落实",本身就直接意味着"道成肉身",必然要具体化为某种空间形式。其二,无论是从爱因斯坦的相对时空观来看,还是从生活世界、社会实践的视域来看,时间本身就是空间,空间的历程就构成了时间——时间不过是空间物质存在的形式及其变化过程而已,或者说,时间只是空间的一种属

者，社会过程的乌托邦理想一旦试图实现自身、诉诸空间形式，它们最终都会转化为歹托邦。也就是说，它们都无法在实践层面真正成就自身，相反，"种下的是龙种，收获的是跳蚤"。因此，在经过批判的反思之后，哈维最终提出了新型的"辩证的乌托邦理想"，即时间—空间的乌托邦理想。

第一节　空间形式的乌托邦理想

乌托邦理想的空间形态源远流长、名目繁多，从柏拉图的作为理想型的城邦共和国、托马斯·莫尔的处在孤岛上的城乡结合体、康帕内拉的"太阳城"到19世纪空想社会主义者的"法郎吉""新和谐公社"和"伊加利亚"等，以及许多直接针对近现代的城市问题而提出的城市乌托邦理想[1]，例如"田园城市""阳光城市"之类。为了洞悉空间形式的乌托邦理想从理论到实践层面的逆转，我们需要分别对文本中的乌托邦理想及其实践进行分析和考察。

一　文本层面的分析

鉴于托马斯·莫尔的《乌托邦》在乌托邦思想史上无可替代的经典地位，并且，与后来的乌托邦理想大多付诸实践（尽管没有成功）不同，它具有纯粹的文本性质，所以十分适宜作为典型的"文本中的"空间形式的乌托邦理想来考察。

托马斯·莫尔的乌托邦位于一个海岛上，有54座壮丽巨大的城市，且布局甚为合理，"亚马乌罗提"是全国的中心城市（首都）；在城市之外、各城市之间的一定距离内有不少乡村，以农业为本，也有一些必要的

性。总之，时间本质上是属于空间的（参见刘奔《时间是人类发展的空间——社会时—空特性初探》，《哲学研究》1991年第10期；蒲友俊《历史意味着向空间拓展》，《四川师范大学学报》（社会科学版）2000年第6期）。其三，在资本主义条件下，"空间乌托邦的具体实现与被动员起来制造它们的时间过程的特性"指的是什么呢？就是资本逻辑和资本积累及其展开的历史过程！具体表现为人工环境的建造、城市化、房地产开发等。所以说，在时间或者社会过程的名义下，实际地借助于空间形式来展开讨论，这么做虽然稍显突兀，但也无可厚非。

[1]　我们习惯于把乌托邦与无产阶级、工人阶级、空想/科学的社会主义联系起来，而忽视资产阶级的乌托邦理想。

手工业，城乡之间展开协作；没有私有制，土地属共有财产，根据平等原则来组织社会生活，每个人都至少要掌握一门手工技艺，共同进行生产劳动，实行六小时工作日制度，产品集体所有，按需分配，以公共食堂为主的饮食制度；官员由公民选举产生，不同的重要问题分别由主要领导、议事会、民众大会或全岛大会讨论决定；重视学术研究和国民教育，提倡道德修养，注重维护公共卫生；信仰自由，同时有一个至高的神"密特拉"，即自然本身；有一定的娱乐活动，民风淳朴……此情此景看起来颇令人倾慕。

托马斯·莫尔为了使乌托邦社会达到如上所述的和谐、有序、稳定的状态，一方面，他在内部排除了那些具有潜在的破坏作用的因素，例如私有财产、货币、雇佣劳动和剥削等。这是理所当然的，不必赘言。另一方面，他通过一定的制度设计使得人们的社会生活是既定的、可控的。举例来说，在就餐时，"摄护格朗特和他的夫人坐在首席正中方，这个地方最荣誉，又可以使他们看到全体进膳的人……两旁餐桌是年轻人使用，接下去又是老年人用桌，全食堂的餐桌都是这样互相间隔地排下去，年龄相同的人一桌，又和年龄不同的人交叉。他们说，这样安排，老人们的严肃而可敬的威仪足以防止青年言行失检，因为他们的一言一行都逃不了在场老年人的注意"[①]；这就是对社会秩序的控制。又如，当乌托邦人即使是在岛上旅行时，"不管他来到乡村中任何一个地区，他必须做完当天上午的活或晚餐前照例须做的活……由此你可以看出，不管在哪儿，不容许浪费时间或借口逃避工作……相反，在众目睽睽之下，人们必须干通常的活，或是正当地消磨业余时间"；这是为了防止人们找到投机取巧的机会，堵死任何一个可能导致制度崩溃的缺口。诸如此类的规定不一而足。

此外，托马斯·莫尔在描述乌托邦与外部世界打交道的情形时，十分强调保持乌托邦自身的独立性和纯洁性，以免被外部力量所侵蚀甚至消融掉。例如，虽然乌托邦在与外部世界交往时需要金银珠宝，但是为了免除财富力量对内部状态有可能造成的腐蚀，为了维护内部的意识形态，托马斯·莫尔的乌托邦刻意地颠倒了人们的认知："公共厅馆和私人住宅等地的粪桶溺盆之类的用具倒是由金银铸成。再则套在奴隶身上的链铐也是取

[①] [英] 托马斯·莫尔：《乌托邦》，戴镏龄译，商务印书馆1982年版，第64页。

第五章　乌托邦理想（上）：类型学上的反思与整合

材于金银。最后，因犯罪而成为可耻的人都戴着金耳环、金戒指、金项圈以及一顶金冠。乌托邦人就是这样用尽心力地使金银成为可耻的标志。"①以此类推，结果"华服不受重视，丝绸被看成贱品"②。从乌托邦的立场出发，托马斯·莫尔当然不能直言：这种人为塑造的意识形态在与外部世界打交道时所存在着的被摧毁的可能，而是一味强调：外邦人在看到这一切时神气沮丧、羞愧万分，于是脱掉华服、去除金银，入乡随俗。似乎只存在着乌托邦人同化外邦人的可能，不存在外邦人同化乌托邦人的可能，同时却宣称："两方逐渐容易地融为一体，吸收合理的生活方式及风俗，对双方都有极大的好处。"③又如，托马斯·莫尔一再强调乌托邦与外邦的历次作战从来没有失败过——其实很明显，乌托邦之所以不曾失败，不是不可能失败，而是因为乌托邦不能承受战争的失败！再如，虽然托马斯·莫尔反复提到乌托邦人在与外邦人打交道时诡计多端、用心险恶，但却闭口不谈各种十分阴暗狠毒的心思和手腕为什么不可能在乌托邦的内部滋生膨胀。

叙事逻辑上的种种脆弱情形恰恰暴露了乌托邦理想的困境：它既需要与外部世界发生关系，又不得不竭力维持自身的自足一体化和封闭性。这个根本的困境对于后来的乌托邦理想在实践层面上的逆转现象具有基本的隐喻意义，是一个不祥之兆！所以，哈维指出，"乌托邦是一个人工制造的孤岛，它是一个孤立的、有条理地组织的且主要是封闭空间的系统（尽管在乌托邦想象中，它也与外部世界紧密相连），这个孤岛的内部空间的秩序安排严格调节着一个稳定的、不变的社会过程。大概说来，空间形态控制着时间，一个想象的地理控制着社会变革和历史的可能性"④。这里的意思主要有两点：

其一，说"乌托邦是一个人工制造的孤岛"，一方面是指在创立之初，乌托普国王下令把该岛连接大陆的一面掘开，让海水流入，将海岛围住，从而造成了四面环海的地形。并且，海岛四周天然的地理状况或人工的防御工事极其有利于防守，少数守兵就可以阻遏强敌近岸。这样一来就

---

① ［英］托马斯·莫尔：《乌托邦》，戴镏龄译，商务印书馆1982年版，第68页。
② 同上书，第69页。
③ 同上书，第61页。
④ 同上书，第65—66页。

保持了海岛的独立性；另一方面是指海岛上的一切规章制度都是从乌托普国王开始，人为地设计出来并加之于人们的身上，一整套的制度设计与外部世界迥然不同、判然有别！以至于形成了某种封闭的空间秩序。这第二个方面，即制度设计的方面和制度维护的方面，是更为根本的方面。

其二，说"空间形态控制着时间"，这当然不是说乌托邦的内部没有时间[①]，而是说它的时间在其空间形态中已经成为"永恒回归"的时间、"周期性仪式的时间""循环时间"——乌托邦中的社会生活在同质性的水平面上循环往复，没有什么根本性的变化。为什么会这样呢？据托马斯·莫尔所言，这是因为，"这不但是最好的国家，而且是名副其实的国家""乌托邦人采用了那样的生活制度以奠定他们的国家基础，这个基础不但是最幸福的，而且据人们所能预见，将永远持续下去"[②]。在这种情况下，时间在本质上可以说是静止的，历史在这种空间形态中业已终结了！这也就是哈维所说的：托马斯·莫尔"为了使一个快乐的稳定状态永远存在，时间之箭，'伟大的历史原则'，就被排斥了。不需要去设想未来，因为预期状态已经达到"[③]。

总之，由于地理上的孤立性、制度上的异质性和固定性，造成了封闭的空间形式，而且，那些严密的制度设计也导致了空间形式对时间的控制，所以社会生活的结构呈现出本质意义上的静态画面，"社会过程的暂时性、社会变革的辩证法——真正的历史——都被排除了"[④]。这就是哈维把托马斯·莫尔之类的乌托邦理想称之为"空间形式的乌托邦理想"的原因。

从托马斯·莫尔之后，通过虚拟的空间形式来探索和表达一定的批判企图与解放诉求，这已成为一种常见的、成熟的思想理论手段，在这个意义上，空间形式的乌托邦理想业已嬗变为空间政治的拼贴画，或者说，一

[①] 乌托邦中当然也有一套自己的社会时间安排，例如，"乌托邦人把一昼夜均分为二十四小时，只安排六小时劳动。午前劳动三小时，然后是进午膳。午后休息两小时，又是继以三小时工作，然后停工进晚餐。他们从正午算起是第一小时，第八小时左右就寝，睡眠时间占八小时"（托马斯·莫尔：《乌托邦》，戴镏龄译，商务印书馆1982年版，第56页）。

[②] ［英］托马斯·莫尔：《乌托邦》，戴镏龄译，商务印书馆1982年版，第115、118页。

[③] ［美］哈维：《希望的空间》，胡大平译，南京大学出版社2006年版，第155页。

[④] 同上书，第156页。

种"空间游戏"（spatial play）！① 虽然各种空间形式的乌托邦理想彼此之间存在着不少差别，但它们也有一些基本的共同特征，例如，至善的普遍正义、系统的制度安排和社会控制、封闭的地理环境和固定的社会秩序、完美无瑕的永恒状态等。

各种空间形式的乌托邦理想证明了人类想象对社会空间方案的探索能力。但是，哈维同时指出，"想象的自由运用不可避免地受制于权威的存在和限制性管理形式。被福柯视为通过创造监视和控制的空间体系（polis = police）而产生的'全景效果'同样融进了乌托邦方案中。想象的自由运用与权威和控制之间的辩证法产生了严重的问题。在最近时期，对乌托邦理想的拒绝有一部分原因就在于敏锐地意识到了它与独裁主义和极权主义的内在联系（莫尔的《乌托邦》无疑可以如此解读）"②。

众所周知，为了追求对现实的社会—政治生活的全面超越，实现所谓的福地乐土，或者某种美善、正义的社会，空间形式的乌托邦理想试图在空间形式上以制度设计的方式来构造某种理想的社会生活。不过，这种制度设计却隐含着专制、独裁和极权的基因。

还是以托马斯·莫尔的《乌托邦》为例。在上文中，我们已经看到了乌托邦人在进餐时的秩序安排，以及在岛内旅行时一以贯之的行为强制。此外还有：任何人想到另一个城市探亲访友或者旅行时都需要得到摄护格朗特和特朗尼菩尔的准许，虽然一般很容易通过，但一旦擅自越过所在城市辖区而被查实之后，将被押回重罚、贬为奴隶；没有任何真正的私人空间，例如，任何人都可以随意进入每个人的家、集体劳动、共同进餐、全民娱乐等；至于性之大防，更是不可不防，因为它最容易导致许多不必要的欲望滋生横流，破坏乌托邦的和谐稳定之大局，"男女在婚前如证明犯了私通的罪，受到严重处罚，而且以后男不得娶，女不得嫁，除非总督宽恕其罪行。此外，一个家庭出现了这种犯法的事情，有关的父母也

---

① ［美］哈维：《希望的空间》，胡大平译，南京大学出版社2006年版，第156页。"空间秩序安排的无限可能性为社会世界的无限可能性提供了前景，当把随后产生的乌托邦计划放在一起时，它们给人留下的深刻印象就是多样性。"进言之，工人阶级的乌托邦、无政府主义的乌托邦、生态主义的乌托邦、宗教的乌托邦、女性主义的乌托邦等，不断在理想化的空间形态中上演。

② ［美］哈维：《希望的空间》，胡大平译，南京大学出版社2006年版，第158页。

由于未尽到责任而蒙受极大耻辱"①……诸如此类的规定不一而足。

这不由得让我们想起尤金·札米亚金在其歹托邦小说《我们》中所描写的透明场景："平时，我们都居住在透明的四壁当中，它们闪闪发亮，宛如由空气编织而成；我们生活在所有人的眼皮底下，无时无刻不沐浴在光线中。我们彼此之间赤诚相见，毫无遮蔽可言；此外，这种居住模式更给安全卫士艰难而崇高的工作减轻了难度。如果没有它的话，许多坏事就可能乘虚而入。"②唯一可以暂时拉下窗帘的时候是做爱时的那短暂的 15 分钟。③

这使我们进而想到了福柯。他对医院、拘留所、监狱和学校等场所的研究表明：空间结构当中包含着权力关系，空间是权力运作的重要领域、媒介和机制，这种空间的权力关系对空间中的人和事件起到了监视、规训和控制的作用。由边沁（Jeremy Bentham）设计的"圆形监狱"可以说是空间结构中权力关系的典型形式，福柯由此而指出：充分的阳光和监督者的目光比起黑暗来，能够更有效地捕获被囚禁者，黑暗对被囚禁者而言倒是具有某种保护作用，而可见性则是一个捕捉器。④总之，通过一定的空间安排而达成的空间的透明性和可见性能够实施一种细致、严厉但又隐形的控制作用，能够消除一切可能会违反既定秩序的潜在因素包括念头本身。当这种空间安排和权力的控制机制延伸开来时，每一个人都变成了监视者、被监视者和自我监视者——"只要有注视的目光就行了。一种监视的目光，每一个人在这种目光的压力下，都会逐渐地变成自己的监视者，这样就可以实现自我监视"⑤。

如此看来，托马斯·莫尔的乌托邦，其表面上的和谐、稳定、有序和

---

① [英]托马斯·莫尔：《乌托邦》，戴镏龄译，商务印书馆1982年版，第88页。当然，傅立叶对"情欲"是大为赞赏的，不过，他的"情欲"《法郎吉》也是一个由一系列的数字和公式堆砌起来的调控体系。

② [俄]尤金·札米亚金：《我们》，殷杲译，江苏人民出版社2005年版，第18页。

③ 做爱日程是根据每个人的性荷尔蒙编制的，再由个人根据需要申请，获得粉红色的票据。把票据交给所在楼房的"控制员"，这样才能在15分钟的时间里拉下窗帘，也就是说，哪个房间可以拉下窗帘也受到控制员的监督。

④ [法]米歇尔·福柯：《规训与惩罚》，刘北成译，生活·读书·新知三联书店2007年版，第225页。

⑤ [法]米歇尔·福柯：《权力的眼睛》，参见包亚明主编《权力的眼睛——福柯访谈录》，严锋译，上海人民出版社1997年版，第158页。

安乐的景象难道不正隐匿着某种无形的威压吗？反过来看，强制的人为秩序、严密的监控体系难道不是在表达着对乌托邦可能会崩溃的恐惧吗？假如乌托邦真的那么美妙，那又有什么东西会导致它如此惶惶然呢？这一切都值得深思。空间的乌托邦为了实现至善的普遍正义，为了维持自身，而不得不设计出一整套严密的制度安排，这样做的结果恐怕会走向自己的反面！

其他空间形式的乌托邦主义者，例如圣西门、傅立叶等人，其思想文本大体上也是如此。所以，即使是对乌托邦理想持同情和拯救态度的美国历史学教授拉塞尔·雅各比也不得不指出："他们建议，人们就应该这样工作、就餐和娱乐。他们暗示，蓝图是切实可行的。乌托邦蓝图设计师给出了房间的尺寸，桌椅的数目，作息的准确时间。然而，乌托邦蓝图设计师的优点也正是他们的缺点，因为尽管这些蓝图背叛极权主义，但有时却拥护某种极权主义。他们说：人们必须这样穿着；必须此时吃饭……（刘易斯·曼弗德[①]）无意间发现了很多独裁阴谋。他写道：'这些严厉的道德，僵死的制度，一成不变、自我封闭的思想，根本无法吸引我'"[②]。就哈维来讲，传统的空间形式的乌托邦理想显然也吸引不了他，最起码他要作一番清洗。

二 实践层面的考察

19世纪以来，圣西门、傅立叶、欧文、埃蒂耶拉·卡贝（Etienne Cabet）等乌托邦主义者曾经积极热情地试图把文本中的乌托邦理想贯彻落实到现实世界，在实践层面证明自身以至于普照全人类，但最终都失败了。[③] 为什么会这样呢？有人说是人性使然，有人说是历史条件不具备……众说纷纭，各有各的道理。哈维则从时间—空间的辩证法这个角度指出，这是因为在空间形式的乌托邦理想当中，时间本质上是"永恒回归"的

[①] 刘易斯·曼弗德（Lewis Mumford, 1895—1990）：又译"路易斯·芒福德"，美国长岛人，著名的城市规划和城市历史学家，以《城市文化》《城市发展史》等书闻名于世。此处指的是他写于1922年的著作《乌托邦的历程》（*The Story of Utopias*）。

[②] ［美］拉塞尔·雅各比：《不完美的图像：反乌托邦时代的乌托邦思想》，姚建彬译，新星出版社2005年版，第44—45页。

[③] 关于乌托邦的实践活动和失败史，可参见［法］让—克里斯蒂安·珀蒂菲斯《十九世纪乌托邦共同体的生活》，梁志斐译，上海人民出版社2007年版。

"循环时间",不是真正的时间和真正的历史——因为唯有如此才能保证乌托邦空间形式的稳定、和谐与有序。但是,这样一来,空间形式的乌托邦理想一旦试图实现自身、进入实践层面,就意味着它被拉入真正的时间之流、真正的社会过程当中去了,而后者想必是不完美的。因此,对空间形式的乌托邦理想来讲这是一个两难的困境:(1)如果不改变自身,那只能停留于思想层面,成为空想;(2)如果进入实践当中,随着真正的时间之流和社会过程而改变,那将自身难保:现实世界中的贪婪和凶残、货币和资本、剥削和压迫、尔虞我诈、战争等外部因素将腐蚀和瓦解掉它。

我们刚才已经讨论了托马斯·莫尔在《乌托邦》中其实已经意识到、但又竭力想化解的难题,即乌托邦在与外部世界打交道时所遇到的如何维护自身独立性和纯洁性的困境。尽管托马斯·莫尔在叙事话语上处处让乌托邦占尽上风,竭力表明乌托邦似乎能够维持自身,但是,这只不过是在回避难题,而不能解决它。

19世纪的空想社会主义者所设计的理想社会,看起来不是闭关自守的社会,不同程度地存在着对外联系:他们的新世界与资本主义旧世界之间存在着一定的贸易关系,新世界通过多种途径从外部世界学习先进的科学技术以发展生产,居民学习外语和有关外国的各种知识以尽可能多地了解外国情况,等等。但问题是,在联系的过程中,同时又不能让旧世界的旧风尚败坏新世界的新风尚——这是至关重要的!也就是说,托马斯·莫尔在《乌托邦》中所遇到的难题在此后的乌托邦理想的文本层面和实践过程中都依然存在。

一言以蔽之,乌托邦能够克服上述难题,从而维持内部所设定的一体化吗?与托马斯·莫尔的强词夺理不同,马克思一眼就看穿了埃蒂耶拉·卡贝的"伊加利亚"这个乌托邦实验活动所必将承受的失败结局:追随伊加利亚运动的移民"很容易受到其教育中的错误和当今社会的偏见所影响,而这些错误和偏见不能够在伊加利亚中被根除",并且,内在的分歧很容易被敌对的、异己的外部力量所利用。所以,"如果不具有绝对排外和宗教的性质,几十万人不可能建立和维持一个公有的生活环境"[①]。但是,如果乌托邦走向"绝对排外和宗教的性质",那就会成为歹托邦。总之,要想在与

---

① [美]哈维:《希望的空间》,胡大平译,南京大学出版社2006年版,第30页。

外部世界打交道时遵循一套外部世界的游戏规则,又要通过一系列的控制手段使乌托邦的内部社会生活状况不发生改变、仍然遵循自己的游戏规则,这条道路其实是走不通的,因为它陷入了两难:要么向外部世界妥协,从而放弃理想中的高姿态,要么实行内部的强行控制,演变为歹托邦。可以说,各种空间形式的乌托邦理想及其实践都有着与"伊加利亚"类似的命运。

下面我们打算按照哈维的思路,进一步考察城市乌托邦理想[1]在实践层面的逆转,以深化理解空间形式的乌托邦理想的困境。

"'城市'形象和'乌托邦'形象长久以来一直纠缠在一起。在它们早期的化身中,乌托邦通常被赋予一种独特的城市形态,大多数被称为城市规划的东西在很大程度上受到了乌托邦思维模式的影响……这种联系在时间上要比托马斯·莫尔爵士1516年开始的乌托邦类型的第一次冒险要早得多"[2]。例如,柏拉图把城邦作为"理想国"的原型和基础,犹太教和基督教喜欢用"永恒之城""光辉的山巅之城"这类的说法来比喻天堂,在托马斯·莫尔的乌托邦当中有54座城市,傅立叶绘制了名曰"法伦斯泰尔"的建筑物以便安置自己的"法郎吉"。此外,威廉·莫里斯(William Morris)写于1890年的《乌有乡消息》"对于未来乌托邦城市的设想,充满了对中世纪英国的渴求和浪漫的追缅。这种保守的浪漫主义在埃比尼泽·霍华德的《明日的田园城市》[3]中亦非常显著"[4]。

埃比尼泽·霍华德有鉴于19世纪末20世纪初城市化进程中所出现的弊病——乡村的停滞不前和落后,城市的过度拥挤以及两极分化,城乡对立,社会发展对自然资源的破坏,人类生活越来越远离大自然的怀抱,等等;于是,他提出建设一种城乡一体化的"田园城市"的设想:城市土地为社区所有,居民共同参与城市开发、共同分享被创造出来的土地价值;城市形态是一个同心圆式样的辐射结构,大型公园和公共建

---

[1] 城市乌托邦理想是一种希望通过设计和建造理想城市来解决现实城市问题和社会问题的思想观念。城市是地理—空间的具体形态之一,城市乌托邦理想是空间乌托邦理想的一个重要方面。

[2] [美]哈维:《希望的空间》,胡大平译,南京大学出版社2006年版,第152页。

[3] 埃比尼泽·霍华德(Ebenezer Howard, 1850—1928):英国人,"田园城市"运动的创始人,对世界范围内的城市规划和设计理论产生了广泛而深厚的影响,《明日的田园城市》是其最重要的经典名作。

[4] [英]尼格尔·泰勒:《1945年后西方城市规划理论的流变》,李白玉等译,中国建筑工业出版社2006年版,第21页。

筑构成其核心区,围绕这个核心的外围地带是一些环状的功能区,一层一层向外拓展,分别是购物街区、花园住宅区、一条约 140 米宽的花园林荫区、工业区、与其他城市相通并环绕城市的铁路系统;这个城市规模适中、人口数万、以邻里为单元、人与自然共生。一旦这种城市发展到一定程度,有膨胀之虞,则在一定距离之外的乡村地带另建一座田园城市。这样一来,随着时间的推移就会形成城市群落。以此类推,就可以建立一个城乡一体化的新社会。由此可见,霍华德希望通过改造城市而改造社会,通过田园城市的建设而实现人与人、人与自然都能够和谐发展、可持续发展的田园社会。在霍华德看来,这是"一条通向真正改革的和平道路"。

霍华德的田园城市理论影响十分深远,既启发了一大批城市规划理论家,又在世界上许多国家的城市规划和城市建设中得到了广泛的应用。尼格尔·泰勒认为,"埃比尼泽·霍华德创立的关于集体所有土地的'田园城市'理念,是 19 世纪末乌托邦主义最完整和核心的体现"[1]。在这之后,帕特里克·格迪斯[2]、亨利·莱特[3]、克劳伦斯·斯坦恩[4]、勒·柯布西耶[5]、路易斯·芒福德等一大批著名的建筑和城市规划理论家们仍然孜孜不倦、前仆后继地试图通过建设某种新型的城市,来为人类社会寻找到安身立命的理想家园。总的看来,"在 20 世纪,所有伟大的城市规划者、工程师和建筑师都把对某个替代世界(物质的和社会的)的强烈想象与

---

[1] [英] 尼格尔·泰勒:《1945 年后西方城市规划理论的流变》,李白玉等译,中国建筑工业出版社 2006 年版,第 21 页。

[2] 帕特里克·格迪斯(Patrick Geddes, 1854—1932):苏格兰人,百科全书式的学者,城市与区域规划科学的先驱之一,人类生态学之父,著名的生物学家、教育家。他对北美一大批杰出的知识分子产生了重大的影响,如哲学家杜威、经济学家凡勃伦(T. B. Veblen)、芝加哥学派的社会学家罗伯特·帕克(R. E. Park)、城市规划和城市历史学家路易斯·芒福德等。

[3] 亨利·莱特(Henry Wright, 1869—1959):美国现代主义先驱,20 世纪美国最重要的建筑师之一,享有世界声誉。

[4] 克拉伦斯·斯坦恩(Clarence Stein, 1882—1975):美国著名的建筑和城市规划学家,著有《走向美国的新城镇》等书。

[5] 勒·柯布西耶(Le Corbusier, 1887—1965):出生于瑞士,1917 年定居巴黎,著名的建筑大师、城市规划师和作家,现代主义建筑运动的倡导者和主将,功能主义的主要代表人物,机器美学的重要奠基人,著有《走向新建筑》《明日之城》等经典之作。他否定设计上的复古主义和折中主义,强调机械美,提倡功能主义,20 世纪 50 年代后转向表现主义和后现代。

根据全新理念设计和重建城市及区域空间的实践结合起来"①。

虽然自霍华德以来,得益于快速推进的大规模城市化运动,乌托邦理想因而能够通过一大批城市规划师、工程师和建筑师,在实践层面、在城市规划和城市建设过程中得到一定程度的体现。但是,这些努力也就是"一定程度的体现"而已,而以往存在着的城市问题和社会问题迄今为止都没有什么根本的改观,甚至在很多方面变得更严重了。例如,财富分化不是减轻而是加重了,人际关系不是和谐而是更隔阂了:"财富发生了转移,不是进一步向排斥穷人、下层人和边缘人的城市郊区转移,就是把它自己封闭在高墙后,在郊区的'私托邦(Privatopia)'和城市的'门控社区'内"②。所谓私托邦或门控社区,是指在许多城市和乡镇,人们(特别是那些富人和中产阶级)出于安全的考虑,通过一系列的手段,把自己安置在一个区别对待、限制进入的社会空间里(特别是住宅区,也包括各种形式和档次的会所与俱乐部等)。

我们常常看到,社区、别墅、私人会所或者俱乐部,包括上上下下的楼道,都被电子安全网、报警器、电子卡、摄像头等安全设施精心地保卫起来,保安员时时刻刻地在明处或者暗处监控,有的地方还直接与警察局连线。此外,警察力量在技术、装备、设施和人员等方面也大大得到了强化。这样一来,城市成为堡垒化的城市或者说是"监禁群岛"。"后大都市风景中充满了各种不同的保护与隔离空间、封闭性岛屿以及面对日常生活中实存和想象的危险而渴望受到的保护。借鉴福柯的说法,后大都市是'监禁城'的集合——一个'规范化封闭体'的群岛和被包围的空间,它有意和无意地把个人和团体互相阻隔在一个个可见或不太可见的城市孤岛上,并受到经过重组的公共和私人权力或权威的监督。"③ 这种福柯式的全景监狱的画面,当然背离了霍华德所设想的那种半社会主义的乌托邦式的田园城市图景。

之所以出现这种现象,原因是多方面的。例如,人们在种族、信仰、文化、生活方式和行为方式等方面的差异而导致的心理隔阂和对立情绪;

---

① [美]哈维:《希望的空间》,胡大平译,南京大学出版社2006年版,第159页。
② 同上书,第145页。
③ [美]爱德华·W. 苏贾:《后大都市》,李钧等译,上海教育出版社2006年版,第399—400页。

日益频繁的大规模人口流动、移民潮所造成的社会不稳定，以及由此而引起的疑虑和恐惧；种族歧视特别是不动产行业中的歧视性做法，以及政府政策的失误，也助长了社会分裂[1]；等等。这些因素都造成了社会空间的隔离和分异以及人际间的紧张气氛。当然，最直接的动因则是 20 世纪六七十年代的社会动荡和城市危机所引发的对社会空间的监控意识的高涨。为了预防和控制可能的伤害，或者避免可能的社会混乱和冲突，私人力量和国家力量都急切地行动起来保卫社会秩序。更何况，安全服务行业本身又是一大产业，紧张的社会心理和对安全的需要触发了挖掘利润的动机，而五花八门的安保手段的实施又反过来触发了人们的紧张心理和安全需要。

在这里，尤其要指出的是，资本积累在其中起到了根本的发酵作用。（1）长期的、大规模的中心城区的开发，一方面，固然会使人口、工业生产和商业在地理空间上集中，并且带动房地产的繁荣；但另一方面，发展到一定程度之后，必然会导致生活费用和生产成本的高涨，人口密集、交通拥挤、住房紧张、环境污染等一系列问题也会浮现出来。于是，不少企业（特别是制造业）开始撤出中心城区，搬迁到成本较低、空间开阔的郊区去。[2] 与之相应，大凡有能力在郊区购置房产或者租住的人们（主要是白种人），纷纷逃避问题丛生的中心城区，同时也满足了享受田园生活的愿望，而那些收入低下的民众（绝大多数是黑人）则只能留守随着企业外迁而衰退的城区，从而在整体上形成比较明显的"空间分异"现象。这样一来，通过人际交往而达成的社会融合和邻里一体化的路径就被破坏了，这种情况给社会的两极对立特别是种族对立，以及社会不稳定埋下了隐患，同时，人们的不安全感亦随之上升。（2）"中心城市经济重心由商品生产工业转向服务业和高新产业，于是许多职业具有了越来越多的高技术特征，对就业人员的素质和技术要求相应提高。许多非技术型的少

---

[1] 关于美国城市发展过程中中心城区的"隔都化（Ghettoization，即贫民窟化）"和"郊区化"现象，以及美国社会中的种族问题，可参见以下著作：王旭等：《美国城市经纬》，清华大学出版社 2008 年版；［美］威廉·朱利叶斯·威尔逊：《真正的穷人——内城区、底层阶级和公共政策》，成伯清等译，上海人民出版社 2007 年版；［美］罗伯特·M. 福格尔森：《布尔乔亚的恶梦——1870—1930 年的美国城市郊区》，朱歌姝译，上海人民出版社 2007 年版。

[2] 随着全球化进程的加速，很多发达资本主义国家的企业也加速迁移到第三世界国家。所以说，以制造业为主的产业转移不仅仅是城市层面上的现象，同时也成为国家层面的现象。

数民族成员特别是黑人原来从事的许多报酬不错的职业不复存在，中心城市就业机会减少，造成底层的黑人挫折感的不断增加。"[1] 贫困、不满和挫败感引起了一系列的社会问题，例如吸毒、行凶、帮派活动、离婚、青少年辍学等，而各种反社会行为的涌现，使人人感到自危，"私托邦"或"门控社区"的流行因此就是很自然的事情。在这个意义上，我们可以说，"私托邦"或"门控社区"是人们对社会问题所作出的本能反应之产物，也是一面反映了内在资本逻辑的镜子。

在郊区化的大潮中，自从20世纪60年代末以来，美国的中心城区又逐步出现了一股"绅士化（Gentrification）"运动，或者说，中心城区出现了某种程度的复苏迹象。之所以如此，原因也是多方面的。例如，六七十年代的城市危机引起了政府当局对社会问题的关注，因此试图通过发展旅游业以及商务、金融等服务业来带动市区投资，并在政策上扶持和推动城市更新，大力改善城市环境。此外，人口和产业的分散化、郊区化也减轻了中心城区的压力，为中心城区的复苏提供了便于操纵的条件；等等。不过，还是应该指出的是，资本积累在其中所起的作用尤其不可忽视。"对于绅士化运动，尼尔·史密斯提出的'地租缺额'（rent gap）理论比较令人信服。他指出，当内城地区的衰落达到极点的时候，其地产价格也会达到最低限度，于是就出现了所谓的'地租缺额'，即在当前衰败的土地利用条件下所得到的实际地租与在更好或最好的土地利用模式下所可能得到的更高地租之间的差额。地租缺额的出现，为地产集团投资于衰败街区以获得高额利润创造了条件，从而出现了绅士化运动和城市复兴的迹象。"[2]

虽然绅士化运动确实在一定程度上有助于城市的复兴，但同样无助于问题的根本解决，城市问题只不过是以新的面目重新出现："与绅士化进程相伴而生的是原住居民被迫迁居的现象，绅士化发展的最终结果是原住居民全部或大部被新来者所取代。之所以会发生原住居民被迫迁居的现象，主要是由于住房质量的提升导致了整个绅士化区域房地产的升值。一方面，由于房产价格的迅速提高，使房主需要缴纳的财产税大幅度提高，

---

[1] 王旭等：《美国城市经纬》，清华大学出版社2008年版，第32页。

[2] 孙群郎、常丹丹：《美国内城街区的绅士化运动与城市空间的重构》，《历史研究》2007年第2期，第140页。

从而迫使一部分收入低微的房主不堪重负而将房产卖掉；另一方面，房产价格的提高也使房租迅速上涨，从而超出了大多数贫困租户的支付能力而被迫迁离。"① 如此看来，社会分化和动荡将不可避免地延续下去，监控当然也将成为生活的常态。

当然，福柯式的全景监狱的画面不是生活的全部，发达资本主义国家高度的物质丰富性也展示了它亮丽的一面。例如，四通八达、密如蛛网的高速公路，高耸入云的摩天大楼，各种鲜艳的诱惑人们购物的广告，大型超市，城市的标志性建筑，高尔夫球场、主题公园，包括迪士尼乐园，等等。这是一个一切都可以被商品化的消费社会，人们舒舒服服地消费，不知不觉地认同这种被制造出来的浮华景象和快乐感受（当然，前提是你得有钱）。在这个意义上，建筑文化和消费文化也是一种意识形态。就拿迪士尼来说，"迪士尼世界的景观创造了讲究礼仪、安全的公共文化，让人想起那早已远去的世界。这儿没有枪支，没有流浪汉，没有非法酗酒和毒品。迪士尼世界没有树立压制性的政治权威，却把不守秩序的、形形色色的人管理得井井有条"，"它们超越了种族、阶级和地方认同，提供了建立在消除差异和控制恐惧基础上的公共文化……迪士尼世界是不容忽视的。它是美国社会的另一个自我和集体梦幻，是我们故事和自尊的来源"②。问题在于，类似于迪士尼这样的"梦幻"文化本质上是一种逃避现实、粉饰太平的意识形态，它们掩盖了真实世界的另一面（例如，"两个美国"），通过提供一次虚幻之旅或者一次物欲得到极大满足的购物，使你既成为资本积累每个环节上的一"物"，又使你入其彀中，自得其乐。

所以，哈维认同马林（L. Marin）的说法，"所有这些都是退步的，因为它没有提供对外部事务现存状态的任何批判。它仅仅以一种纯粹的、净化的和非历史化的形式使商品文化和专业技巧的拜物教永久化"③。也就是说，资产阶级对未来世界的美好想象本质上是一种退步的乌托邦（degenerate utopia），因为它释放的是一种顺从意识而不是批判意识，似乎除

---

① 孙群郎、常丹丹：《美国内城街区的绅士化运动与城市空间的重构》，《历史研究》2007年第2期，第137页。

② [美] 莎朗·祖京：《城市文化》，张廷佺等译，上海教育出版社2006年版，第49、46页。

③ [美] 哈维：《希望的空间》，胡大平译，南京大学出版社2006年版，第162页。

了安身立命于由科技、商品和无止境的资本积累所构成的消费世界之外"别无选择"!

通过以上考察,我们不得不承认,诸如霍华德之类的许多城市规划师、建筑师的计划——试图通过城市规划和城市设计来实践心目中的乌托邦理想——是不能取得成功的。个中原因是很清楚的:这些城市规划和城市设计虽然试图抗拒资本主义体系的压制,但是,都未能从根本上触动资本主义体系本身,相反,为了把乌托邦理想付诸实践,他们不得不求助于、从而屈从于资本主义体系;其结果,不是原本的乌托邦理想的实现,而是乌托邦理想的扭曲,并最终为资本主义体系所利用!

对此,意大利建筑史学家曼弗雷多·塔夫里[1]的见解很明确。他认为:城市,包括城市当中的建筑,是资本主义体系当中的一个组成部分,或者说,是资本积累这个过程当中的一个环节。换言之,城市和城市建筑的外部界限是经济因素本身,或者最彻底地说,是资本主义制度本身。因此,只要城市和城市建筑仍然受制于资本主义的资本积累这个主导性逻辑,那么就不可能奢望通过改造城市、建造某种类型的城市建筑而建立一种新型的生活方式,城市当中的人也不可能成为"新人",而只能统统成为附着于资本主义体系之上的"物"及商品。进言之,作为建筑学和城市规划的城市乌托邦理想,一旦进入资本主义生产重组和资本积累的普遍领域,进入一种现实的操作过程,那么,它就会从具有主体性的理论构想迅速蜕变为资本的客体。在这个意义上,对城市乌托邦理想而言,要么顺从于资本积累的机制,要么寄希望于彻底的革命。[2]

至此,我们看到,"实际上,多数已实现的空间形式的乌托邦是通过国家或资本积累的力量来完成的,依照这两者的规范来实施……它要么那样,要么就游离于主流社会过程'之外'……然而,当那些采取这样一种局外路线的人被吸进资本积累和发展状态的主流时,他们的原则通常会彻底垮台……就像空间形式本身的失败一样,已实现的空间形式的乌托邦之所以失败,也合理地归因于被动员起来实现它们的那些过程……这是使

---

[1] 弗雷多·塔夫里(Manfredo Tafuri, 1935—1994):当代最重要的建筑理论家和建筑史学家之一,建筑理论界具有代表性的左派知识分子,著述甚多,经典之作主要有《建筑学的理论与历史》《建筑与乌托邦》《现代建筑》,等等。

[2] 参见弗雷多·塔夫里的《走向建筑的意识形态批判》,该文收录于胡大平等编著的《社会批判理论纪事》(第2辑),中央编译出版社2007年版。

建筑乌托邦理想在当前条件下变成完全不可能性的东西"①。

总之，文本层面的空间乌托邦理想与实际的资本体系之间存在着根本的对立，因此，实践层面的自我成就往往同时意味着文本层面的下降与沉沦，这个"文本→实践"="自我成就→自我沉沦"的过程其实就是资本逻辑主导下的逆转和变异过程。

第二节　社会过程的乌托邦理想

所谓社会过程的乌托邦理想，是相对于空间形式的乌托邦理想而言的。乌托邦理想通常与某个地点相联系，地点的特性在乌托邦理想当中很明显，这样的乌托邦理想从而可归结为空间形式的乌托邦理想（见上文），但是，乌托邦理想的"过程图式"也是大量存在着的，虽然有时候我们没有用乌托邦这个词语来称呼它，例如千禧年主义，以及马克思的以历史辩证法的方式建构起来的共产主义理想等（见下文）。此外，哈维还把对自由市场理论的热切信奉——即认为自由市场是一种最优的资源配置方式和社会组织形式，它在社会历史进程中的应用可以带来共同的繁荣与进步——也看作一种社会过程的乌托邦理想。

诸如此类的以"过程图式"表达出来的理想图景就是社会过程的乌托邦理想，换言之，它是一种时间意识主导下的历史叙事。哈维指出，"社会过程的理想化样式通常以纯时间术语来表达，它们在字面上束缚于任何不存在的地点，并且典型地被指定为一个在空间性约束之外的地方。空间和地点的特性完全被忽视了"②。

在哈维看来，社会过程的乌托邦理想之命运与空间形式的乌托邦理想一样：本身由于在时间与空间上的分裂而导致理论层面上的美好构想在实践层面上发生逆转，最终走向歹托邦。"任何过程乌托邦理想的纯度不可避免地会被它的空间化方式所破坏。完全同样地，空间乌托邦的具体实现与被动员起来制造它们的时间过程的特性相冲突，所以过程乌托邦理想与具体实现它所必须要的空间框架和地区结构特性是相互冲突的"③。

---

① [美]哈维：《希望的空间》，胡大平译，南京大学出版社2006年版，第168页。
② 同上书，第168—169页。
③ 同上书，第173页。

为了洞悉社会过程的乌托邦理想从理论到实践的逆转，我们同样需要分别对文本中的乌托邦理想及其实践进行分析和考察。

一 文本层面的分析

文本层面的过程乌托邦理想不可谓不多，像千禧年主义、共产主义之类。对千禧年主义者来说，其特征是紧张的期待，总是警觉地盼望着随时可能到来的某种吉祥的时刻；基于这一点，千禧年主义者留心地做好命运跳跃的准备——从一种生存状态突然转入另一种生存状态。① 推而言之，我们看到：

> 犹太基督的末世论有着强烈的时间意识。营造严密的时间概念并通过对时间的逻辑建构和操作来达到对世界的独特认知是《圣经》的一个思想传统。在《圣经》中，存在着一个严密的时间世界，表现出强烈的时间意识。这种时间意识演化为一种独特的建立于时间意识之上的思想维度和思想方式。末世论便是这种时间意识的典型方式。末世论信仰存在末世审判说和千年王国说两种形式。不管怎样，它都相信终末是命定之事最终实现，是历史不断推演、变化、调整的结果……犹太基督世界的末世论乌托邦具有强烈的时间意识。它们把新天新地置于未来，并且坚信在未来的某一时刻历史将实现这种创造性的转换。②

对于千禧年主义和末世论信仰，它们作为特殊的社会过程的乌托邦理想，我们不可凭借通常的一般理智来加以评判，因为"基督教的信仰并不是某件事情很可能发生的世俗期待，而是建立在对上帝拯救计划的无条件信仰之上的一种信念。因此，真正的希望和信仰行为本身一样是自由的和独立的。基督教的信德和望德是圣宠恩赐。这样一种无条件地希望着的信仰，其理由不可能建立在对它的合理性的理性估算之上。因此，一种信仰的希望也绝不会由于所谓的'事实'而成为问题；它既不会被一种实际

---

① ［德］卡尔·曼海姆：《意识形态与乌托邦》，黎鸣译，商务印书馆 2000 年版，第 221—222 页。
② 谢江平：《反乌托邦思想的哲学观点》，中国社会科学出版社 2007 年版，第 28 页。

的经验肯定，也不会被它动摇"①。

总之，此种类型的社会过程的乌托邦理想不为世俗所侵害，决绝地超越了现世通常的时间—空间之结构。既然从宗教信仰的角度来看，"希望只有通过信仰来辩解，而信仰则自己为自己辩解"②，那么我们只能以"同情的理解"之态度来对待这种社会过程的乌托邦理想，而不必再从哲学或者一般理智的角度来发问，不妨就此打住。

时间意识和历史视域在马克思的共产主义理论当中也很显著。马克思指出，一切历史的第一个前提是"现实的个人"为了他们的生存和发展之需要而进行的生产劳动，历史由此而展开，其内在的根本矛盾是生产力与生产关系的矛盾。这种矛盾的演变在历史上呈现为"人对人的依赖"状态（原始社会、奴隶社会和封建社会），以及"人对物的依赖"状态（资本主义社会）。目前所处的资本主义社会正是人对物的依赖阶段，或者说，是资本逻辑主导下的商品拜物教阶段。在这个阶段，社会分裂为两大阶级：工人阶级与资产阶级，它们既都处于异化状态（虽然异化的感受不同），又处于对立状态。工人阶级一无所有，陷入彻底的无尊严、无权利、濒临绝望的悲惨境地，但也正因为如此，工人阶级才有可能抛开一切顾虑和幻想，投入到彻底的革命斗争当中去。一旦工人阶级有了自己的政治组织（政党），并在科学理论的指导下，展开联合的斗争，那么共产主义（人的全面发展状态，自由人的联合体）则从历史结构的深处浮现于历史进程的表面，成为现实的解放运动。

由此可见，如果说千禧年主义只是一种纯粹的宗教信仰的话，那么马克思的共产主义理论则具有鲜明的历史现实性的品格，具有实践上的可通达性，换言之，共产主义是用实际手段来追求实际目的的最实际的运动。马克思、恩格斯特别强调共产主义的历史过程性，他们指出，"共产主义对我们来说不是应当确立的状况，不是现实应与之相适应的理想。我们所称为共产主义的是那种消灭现存状态的现实的运动。这个运动的条件是由现有的前提产生的"③。所谓现有的前提，包括生产力的普遍发展和与此

---

① ［德］卡尔·洛维特：《世界历史与救赎历史》，李秋零译，生活·读书·新知三联书店2002年版，第245页。

② 同上书，第246页。

③ 马克思、恩格斯：《马克思恩格斯选集》（第1卷），人民出版社1995年版，第87页。

相联系的世界交往,等等。在这个基础上,以革命的方式把现存的条件变成联合的条件。当然,这岂是一朝一夕之功所能达到的?在这个意义上,共产主义运动乃是进行时状态。

国内学者也都认可马克思主义理论的历史指向是历史唯物主义和历史辩证法。在这个意义上,哈维把共产主义理想划归为"社会过程"(时间/历史)的乌托邦理想,这一点应该说没有什么实质上的不妥。只是要强调一下,哈维说共产主义理想是一种"乌托邦理想",这并非贬义,而是就其超越性的品格而言的。就哈维本人来讲,他是坚持对资本主义的超越要求的,始终对社会主义运动抱有信念;只不过,哈维在如何超越、如何实现这个问题上抱有补充性质的不同看法。

对于共产主义理想的实现问题,哈维已经指出,以往的马克思主义者包括马克思本人,都低估了资本主义在地理空间上的回旋余地和灵活性,以及它对无产阶级的分化瓦解策略,也没有能够在地理—空间上采取针锋相对的斗争策略,因此,解放政治遭受了严重的挫败,遥遥无期(参见上文)。

也有学者从其他角度重新审视了马克思的共产主义理论所面临的挑战,认为至少有两个方面值得认真对待:[①] 一是生产力无限增长的可能性问题。马克思认为,生产力的不断增长可以为将来的共产主义社会奠定物质基础,既可以保障人们的物质需求,又可以使人们能够获得充分的闲暇时间以完善自我、全面发展。但是,现在已经看得很清楚,可供利用的物质资源不是无限的,自然环境越来越难以承受日益加剧的人类物质需求,也就是说,生产力的发展越来越受制于有限的自然资源。在这个意义上,人类自由王国的实现需要重新反思和严肃对待作为其基础的生产力问题。二是生产力的增长是否必然带来人的自由问题。一个多世纪以来,生产力的增长不可谓不巨大,人们在物质生活方面已经获得了极大的改善,这一点在发达资本主义国家里尤为明显。但是,人类却越来越感觉到自己似乎正遭受着工具理性的侵害,受到了工业化消费生活的控制。自马克斯·韦伯以来的对工具理性的批判,以及近来对消费社会的揭示,在某种程度上也构成了对

[①] 王南湜、谢永康:《后主体性哲学的视域——马克思唯物主义的当代阐释》,中国人民大学出版社 2004 年版,第 324—325 页。

马克思共产主义理论的质疑：科技、身体和心灵，都是可以（而且事实上确实如此）进一步地被整合到资本积累过程当中去的。在这个意义上，共产主义理论的完善和发展，必须内在地蕴含着来自马克思主义本身的工具理性批判和消费批判。

由此可见，姑且不论哈维对《共产党宣言》的反思和批判，单就以上两点而言，马克思的共产主义理论，作为社会过程的乌托邦理想，亦遭遇了空间上的限制：在宏观层面上，全球自然资源的有限性问题；在微观层面上，身体欲望、心灵空间被工业化生产出来的消费产品、休闲活动或娱乐业所控制。这当然不是说要抛弃共产主义理想，恰恰相反，基于马克思主义理论本质上的当代性而言，需要我们进一步依据时代状况的新变化来完善它。对哈维来讲，则促使他在重构乌托邦理想时对生态环境和可持续发展等问题倾注必要的关怀。并且，这也并不会损害马克思对另一种社会过程的乌托邦理想——市场乌托邦理想——进行抨击的有效性。

这里需要提示一下，哈维对社会过程的乌托邦理想的批判，主要以市场乌托邦理想为标靶。之所以把市场乌托邦理想作为重点解剖的对象，想必是因为这种类型的社会过程的乌托邦理想虽然在文本层面由来已久，可以直接追溯到亚当·斯密那里，但在实践层面上，自由市场的理念直到20世纪70年代之后才在全球规模上被传播、灌输并贯彻落实[1]。所以，市场乌托邦理想，一方面，确实在很长一段时期里只是停留于文本层面，因此可以就其文本层面进行深入分析；而另一方面，对其30多年来的实

---

[1] 千万不要被新自由主义意识形态在最近30多年以来的强势地位和全球性拓展所迷惑，实际上，长期以来它并没有得到真正的落实。法国国家博士、著名学者、法兰西学院专职教授皮埃尔·罗桑瓦隆（Pierre Rosanvallon）指出，"人们常说，19世纪标志着自由资本主义的胜利。这种看法似是而非。如果说资本主义的确把它的法则强加于整个世界，反之，自由主义却奇怪地在这个运动中缺失。从国际交换范围和整个19世纪来讲，是保护主义盛行，而自由贸易则实属例外"，"尽管大多数经济理论家继续宣传自由贸易，指出它的好处，但实际上看到的是保护主义占了上风"，具体说明请参见［法］皮埃尔·罗桑瓦隆《乌托邦资本主义——市场观念史》，杨祖功等译，社会科学文献出版社2004年版，第246—253页。英国著名学者约翰·格雷则指出，在19世纪维多利亚时代中期进行的自由放任政策不但十分短暂，而且充斥着无所不在的政府权力，更何况，它得益于当时的英格兰特殊的社会条件；因此一方面，它不是真正的自由市场，其结果也是灾难性的；另一方面也不具有普遍性，具体说明请参见［英］约翰·格雷《伪黎明：全球资本主义的幻象》，张敦敏译，中国社会科学出版社2002年版。

第五章 乌托邦理想（上）：类型学上的反思与整合

践过程及结果的考察又成为一项既切实可行又至关重要的事情。当然，此处的主旨在于"文本层面的分析"，也就是说，我们需要克制自己，先对亚当·斯密的思想文本进行考察。至于这种市场乌托邦理想的实践过程及其结果，则放到后面再讨论。

所谓市场乌托邦理想，是指自从亚当·斯密以来的自由主义政治经济学家们对自由市场的极力推崇、美化以至于神化。他们认为，市场是理性的经济人在追逐私利的过程中，为了交换的需要而自发形成的。市场一旦运行起来，它就会按照自身的内在逻辑向前发展，个人的欲望、贪婪、激情和创造精神等内驱力都可以通过成熟市场的"看不见的手"被动员起来，每个个体都可以根据大量的市场信息来做出最佳的决策和行动，从而使自然资源和社会资源得到最优的配置，社会整体利益也会得到保障。在这个意义上，市场本身并不需要政府过多的干预，政府只需充当"守夜人"的角色，做好国防、维护社会秩序和提供公共产品这三件大事即可，以便于市场得以正常运行。长此以往，自由竞争的市场经济将促成国家的富强、民众的安乐。推而广之，国家间的市场贸易和交往若照此办理，亦可逐步实现国际社会的繁荣与稳定。

在自由主义政治经济学家们看来，市场经济的展开过程是一个能够带来繁荣与进步的历史过程，即使一时之间出现各种各样的问题和不足，也可以通过进一步的市场发展来修补和提高。换言之，他们一方面把历史进步的推动力诉诸市场机制及其竞争冲动，另一方面又把市场机制的内在缺憾以及自由竞争所显示的破坏性后果，轻易地推卸到无穷无尽的历史过程当中去。在这个意义上，市场乌托邦理想既是一种名副其实的"社会过程的"乌托邦理想，同时又是一种被美化到极致的神话。

然而，马克思实际上早已揭穿了这种神话的真实面目。他"在《资本论》中对这种过程乌托邦发动了毁灭性的进攻……他证实，无节制的自由市场的资本主义只有'靠耗尽全部财富的原始来源——土地和劳动力'——才能生存下去"[①]。对于自由主义政治经济学家们所描绘的、在历史进程中徐徐展开的美好的市场画面，马克思借助于对剩余价值理论的考察，尖锐地指出：

---

① ［美］哈维：《希望的空间》，胡大平译，南京大学出版社 2006 年版，第 170 页。

在资本主义制度内部，一切提高社会劳动生产力的方法都是靠牺牲工人个人来实现的；一切发展生产的手段都转变为统治和剥削生产者的手段，都使工人畸形发展，成为局部的人，把工人贬低为机器的附属品，使工人受劳动的折磨，从而使劳动失去内容，并且随着科学作为独立的力量被并入了劳动过程而使劳动过程的智力与工人相异化……一切生产剩余价值的方法同时就是积累的方法，而积累的每一次扩大又反过来成为发展这些方法的手段。由此可见，不管工人的报酬高低如何，工人的状况必然随着资本的积累而恶化……因此，在一极是财富的积累，同时在另一极，即在把自己的产品作为资本来生产的阶级方面，是贫困、劳动折磨、受奴役、无知、粗野和道德堕落的积累。①

这样看来，信奉市场乌托邦理想的自由主义者实际上误判了自由市场所能取得的成就，没有能够真正把握自由市场本身所包含的内在破坏性和不平等。对此，匈牙利经济史学家、经济人类学家卡尔·波拉尼②亦有同感：

1. 假如说马克思是从哲学的角度指出了"人的本质不是单个人所固有的抽象物，在其现实性上，它是一切社会关系的总和"③，从而直接驳斥了亚当·斯密的"经济人"这个假定的抽象性，那么卡尔·波拉尼则从人类学的角度指出了"经济人"这个假定的虚妄，因为在传统社会里，讨价还价的行为会受到谴责，而慷慨的赠予则是一种美德，所以亚当·斯密所设定的人类具有天生的交换倾向这种说法并不成立。

---

① 马克思：《资本论》（第1卷），人民出版社2004年版，第743—744页。
② 卡尔·波拉尼（Karl Polanyi，1886—1964）：出生于匈牙利的犹太学者、经济史学家、经济人类学家，一生辗转于匈牙利、奥地利、英国、加拿大和美国，著有《大转变：我们时代的政治与经济起源》《古代帝国的商业与市场》《经济与文明》等书，终其一生致力于寻找人道主义的新社会。他的最大贡献是阐明资本主义社会是人类史上一个特殊的社会，即"市场社会"，资本主义经济是"市场经济"，具有极端的"人为性"。关于卡尔·波拉尼的概要介绍，可参见[日]高野平次耶《论经济人类学家卡尔·波拉尼》，何培忠译，《国外社会科学》1985年第2期；王祖望《经济人类学与波拉尼学派》，《国外社会科学》1982年第12期；陈庆德《经济人类学中的实体论派》，《民族研究》1999年第6期；等等。
③ 马克思、恩格斯：《马克思恩格斯选集》（第1卷），人民出版社1995年版，第56页。

第五章 乌托邦理想（上）：类型学上的反思与整合

2. 对于资本主义市场经济的形成和演变，马克思和卡尔·波拉尼都凸显了"市场是国家强力干预下的产物"这个观点：虽然资本主义市场经济的形成和演变过程既包含着国家以及资产阶级的有意识的谋划，又包含着社会整体的本能反应①，但绝不像许多古典经济学家们所认为的那样："市场制度是一个自然而然的演进过程"——这种说法是一种浪漫化的虚构，一笔抹去了市场经济形成和演变过程中的暴力与血腥。

3. 与马克思一样，卡尔·波拉尼对他命名的资本主义"市场社会"也是充满警惕和指控："我们的观点就是，自我调节的市场观念暗示着一个十足的乌托邦……它会在身体上摧毁人类，并把他的周边环境变成一片荒野。社会必然会采取措施自我保护，但无论它采取什么样的措施都会以另外的方式削弱市场的自我调节、打乱工业生活并危及社会。这就是两难困境，它迫使市场体系的发展陷入确定的轨道之中并最终破坏以它为基础的社会组织。"②

所以，无论是马克思还是卡尔·波拉尼，都要求我们走出市场乌托邦，重新寻找前进的道路。在马克思那里，这条道路是阶级斗争的革命道路，通向共产主义；而在卡尔·波拉尼那里，则要求建立一种能够恢复和保障"真正的人性"的制度（虽然提出这一点固然很重要，但他并没有告诉我们该如何着手）。

不管怎样，马克思和卡尔·波拉尼对资本主义市场乌托邦理想的剖析，都起到了一种理论解构的作用，促使我们对市场乌托邦理想保持清醒的头脑，以免陷入盲动。而对哈维来讲，则打算把他的批判进行到底，以便于综合并提炼出自己的新型乌托邦理想和替代方案。所以下一步就是对市场乌托邦理想的最新形态——新自由主义——的实践过程及其结果进行考察。

---

① 卡尔·波拉尼注意到了国家和社会整体在处理市场问题时所具有的自我保护的本能反应这一方面。在他看来，通过工厂立法和社会法律保护沦为劳动力商品的工人、用土地法和农业关税保护自然资源和乡间文化、用中央银行制度和货币管理制度保护生产者和企业免受通货膨胀之苦……立法机关的诸如此类的行为显然是"自然而然的，无意识的，而且被一种纯粹的实用精神化为现实"。参见杨雪冬《市场经济与市场社会》，http://www.douban.com/subject/discussion/1104470/。

② Karl Polanyi, *The Great Transformation*, New York, 1957, pp. 3 - 4. 转引自［美］哈维《希望的空间》，胡大平译，南京大学出版社 2006 年版，第 171 页。

二　实践层面的考察

自从自由主义政治经济学的一套理念在亚当·斯密1776年出版的《国富论》当中生发开来后,它一直是西方社会中思想理论和意识形态的重要支柱。但在实践层面,根据英国著名学者约翰·格雷的考察,"从长远和宽泛的历史视角看,自由市场是一种罕见而又短命的反常现象"[①]。

虽然早在19世纪维多利亚时代的中期,英国就曾经进行了一场实施自由放任政策的社会实验,但其持续的时间不但短暂,而且这个过程充斥着无所不在的政府权力、苦难和暴力。它并不像自由主义政治经济学家们所想象的那样是自然而然地演化出来的,更不是一个温馨、和平的过程。更值得注意的是,这个实验之所以能够开展,还依赖于19世纪早期英国社会中一系列的特殊条件:在财产所有权上具有高度个人主义特性的法律文化、长期地把土地作为商品进行买卖的习惯、劳动力长期以来具有流动性,等等。也就是说,在英国推行的自由市场政策不具有普遍性。此外,这个社会实验的结局亦堪称是灾难性的,最终结束于第一次世界大战的壕沟中。

当时的英国之所以要搞自由主义,"有好几个原因,包括英国作为第一个工业化的国家那时在世界市场上还占有相对优势。在英国,自由放任主义思想的威力反映了这种优势"[②]。由此可见,自由贸易只不过是执行帝国主义政策的一种手段,是宗主国与殖民地、世界工厂与外部市场之间利益关系和权力关系的表达;而一旦形势有变,必然弃之如敝履。所以,总体情况正如法国国家博士、著名学者、法兰西学院专职教授皮埃尔·罗桑瓦隆(Pierre Rosanvallon)所指出的那样:"人们常说,19世纪标志着自由资本主义的胜利。这种看法似是而非。如果说资本主义的确把它的法则强加于整个世界,反之,自由主义却奇怪地在这个运动中缺失。从国际交换范围和整个19世纪来讲,是保护主义盛行,而自由贸易则实属例外","尽管大多数经济理论家继续宣传自由贸易,指出它的好处,但实际上看到是保护主义占了上风"[③]。

[①] [英]约翰·格雷:《伪黎明:全球资本主义的幻象》,张敦敏译,中国社会科学出版社2002年版,第253页。

[②] 同上书,第17页。

[③] [法]皮埃尔·罗桑瓦隆:《乌托邦资本主义——市场观念史》,杨祖功等译,社会科学文献出版社2004年版,第246、247页。

第五章 乌托邦理想（上）：类型学上的反思与整合

一晃到了20世纪七八十年代，资本主义世界在经历了"二战"后的"黄金时代"之后，迎来了石油危机、经济危机、布雷顿森林体系的崩溃和金融危机以及社会危机，而广大发展中国家则在经历了短暂的经济增长之后，陷入了对西方国家的债务危机，这反过来也对资本积累造成阻碍[①]。新自由主义于是走向前台，取代越来越力不从心的凯恩斯主义。自由主义者坚称，市场是最优的、可以自我调适的组织机制，如果允许市场在不受到阻碍的情况下运行，它就会最大限度地满足所有的经济需要，能够有效地使用所有的经济资源，并且自动地提供充分就业。"就范围而言，市场的全球化将会是把这些好处带到整个世界的最佳方式。"照此观点看来，"现代世界的我们之所以拥有贫困、失业和周期性经济危机，乃是因为市场受到工会、政府与许多植根于历史和文化的社会实践的限制"[②]。总之，全面的私有化、市场化和自由化被认为是面对困境时"别无选择"的出路。这样，我们就看到了由美国所主导的、通过各种威逼利诱的方式开展的、在全球范围内蔓延的新自由主义战略行动：解除货币与金融管制、大幅度削减社会福利和保障、削弱工会、缩小政府、开放资本市场、发达国家的跨国公司在发展中国家进行直接投资而催生的出口导向型的经济增长，等等。

新自由主义的本质及其实践后果是什么呢？事实已经证明，它实际上是"一种有利于中心统治边缘和资本统治劳动力的新规则，即在中心与边缘、资本与劳动、市场与政府方面有利于前者驾驭后者。也就是说，在劳资之间有利于资本，在国家与地区之间有利于处于中心的发达国家，在发达国家之间更有利于美国，特别是美国的资本，在美国的资本中则更有利于金融资本；即有利于后者的财富与资源向前者流动……所有这些都不是一般的指责与批判，而是有具体数据作为佐证"[③]。总的看来，现在的情形很明朗：新自由主义空口允诺的各种美好景象根本没有达成，相反，它带来了全球规模的不平等交换、依附性积累与不发达，世界范围内的两极分

[①] ［美］雨果·雷迪斯：《新自由主义全球化：没有帝国的帝国主义？》，参见［英］阿尔弗雷多·萨德—费洛、黛博拉·约翰斯顿主编《新自由主义批判读本》，陈刚等译，江苏人民出版社2006年版，第123—125页。

[②] ［美］安沃·塞克：《新自由主义经济学方法论》，参见［英］阿尔弗雷多·萨德—费洛、黛博拉·约翰斯顿主编《新自由主义批判读本》，陈刚等译，江苏人民出版社2006年版，第52页。

[③] 引文来自"译序"，第4页。具体内容请参见［英］阿尔弗雷多·萨德—费洛、黛博拉·约翰斯顿主编《新自由主义批判读本》，陈刚等译，江苏人民出版社2006年版。

化和社会动荡,以及剧烈的环境恶化与资源争夺战,甚至新型的帝国主义霸权,等等。一言以蔽之,新自由主义提出的市场乌托邦理想再度失败了。

哈维指出,"如此一种想象中的仁爱过程为什么会产生这样的悲剧性后果呢?答案广泛地存在于过程乌托邦在地理上实现时所发生的事情中。[也就是说,]自由市场乌托邦理想以任何形式实现都要求这个过程停在某处,要求构筑它在其中发挥作用的空间。它如何**在空间上成型**以及它如何**制造空间**,这些都成为它具体实现的关键"①。言下之意是指,市场乌托邦理想要想实现自身,必须付诸一定的空间形态(例如,人工环境),或者附着于一定的空间规模(例如,领土国家),这样就不得不与"空间性和地点地理学"相妥协,从而失去它的理想特征,最终产生完全违背初衷的结果,例如独裁主义、不平等。为了更具体地说明这个观点,哈维主要从两个方面考察了这种逆转过程:

1. 自由市场与国家权力。自由主义者一贯奉行"大市场、小政府",反对国家干预,认为自由市场内在的运行逻辑能够最优化地调配资源、扩大生产、保障就业并增进繁荣,所以政府只需充当"守夜人"的角色即可。其实,这种说教不是自欺欺人就是别有用心。无论是在原始积累的过程中还是在殖民主义的过程中,无论是在一个国家的市场内部还是在这个国家的市场与其他国家的市场之间,无论是在资本主义的早期还是在全球化时代的今天,国家对于自由市场的建立、维持和拓展都发挥着至关重要的作用。例如,"即使在19世纪的英格兰,国家以最具雄心的规模进行干预是自由放任主义一个不可或缺的前提。19世纪英国自由市场的一个先决条件是国家用权力把公共土地转变为私有财产。它是通过始于内战而终于维多利亚早期的圈地运动完成的"②。国家以法律等强制性的手段把农民与土地等生产资料分割开来,转移到大土地所有者手中,既壮大了潜在的资产阶级的财力,又创造了大批潜在的产业工人,同时还开辟了广阔的国内市场。正是通过国家的力量,原始积累才得以迅速地完成,为正式的资本积累和资本循环铺平了道路。时至今日,在世界上的许多国家和地区

---

① [美]哈维:《希望的空间》,胡大平译,南京大学出版社2006年版,第172页。黑体字为引者所加。

② [英]约翰·格雷:《伪黎明:全球资本主义的幻象》,张敦敏译,中国社会科学出版社2002年版,第8页。

（例如俄罗斯、墨西哥、巴西、东南亚以及中国，等等）所进行的新一轮"剥夺式积累"，哪里不是充斥着国家权力的身影？

有些人被全球化的表象所迷惑，认为全球市场使得民族国家变得不重要了、过时了，它将会被一些国际组织甚至跨国公司取而代之。这种看法实属愚见。首先，一些国际组织例如世界贸易组织、世界银行等，都被西方发达国家特别是美国所控制，成为推行自身国家利益的工具，因此在关键时刻常常不能发挥其应有的作用；其次，跨国公司并不是无祖国的跨国机构，彻底的、真正的全球性公司少之又少，实际上它也并不如想象中那么强大①；再者，哈维既承认国家的主权特征和控制力量在全球化时代受到一定程度的削弱，又认为国家始终在发挥着其基本的作用："镶嵌于国家内部的制度安排，在设定资本积累的舞台上，扮演了深具影响力的角色。而且，有各种货币和财务的杠杆与丝线（例如联储会［Federal Reserve］主席格林斯潘［Greenspan］采用的手段），以及各种财务和货币干预模式（包括税务制度、重分配制度、国家提供的公共财产，以及直接规划），使国家本身成为势力强大的经济能动者。"②并且，从全球规模来看，"在过去20年中，全球化和自由贸易已成为美国外交政策的一个十字军东征主题，它再一次显示霸权国家的权力是自由运行的市场所必需的"③。

在哈维看来，既然自由市场如此紧密地依赖于国家权力，那么它们之间就构成了一个根本的矛盾，因为自由市场和国家分别具有不同的特性与运行逻辑，也就是说，其一，如果自由市场的力量过于强大，则会压制国家权力，而国家权力一旦被削弱到一定程度，以至于不能保障自由市场的有序运行，那么反过来又损害了自由市场本身；同理，如果国家权力过度膨胀，则会压制自由市场的发展，而自由市场一旦被削弱到一定程度，以至于不能从经济基础上保障国家权力的正常运行，那么反过来也会损害国家权力本身。由此可见，自由市场与国家权力如何能够有机地、和谐地相互作用，这是一个棘手且至关重要的问题。处理不好的话，必然导致资本主义体系始终处于不稳定状态，带来周期性的破坏和危机。

---

① ［英］约翰·格雷:《伪黎明：全球资本主义的幻象》，张敦敏译，中国社会科学出版社2002年版，第75—76、82—84、89—91页。

② 哈维:《新帝国主义》，王志弘等译，（台湾）群学出版有限公司2008年版，第25页。

③ ［美］哈维:《希望的空间》，胡大平译，南京大学出版社2006年版，第175页。

其二，自由市场具有内在的流动性、渗透性和扩张性，它不断地要求突破国家之边界，甚至达至全球规模，而国家权力则具有相对的固定性，往往限于一国领土之内。这样问题就出现了：本质上是相对固定于一定领土之内的国家权力该如何"恰当地配合"处于不断变化状态并且超出一国领土之外的自由市场呢？常见的情形是，为了保护和扩大国家利益，国家权力往往行动起来，紧跟自由市场的步伐向前迈进（"持剑经商"?)，但这意味着国家之间的冲突、地缘政治斗争等！所以我们在历史书上看到了19世纪英国的炮舰外交、帝国征服和殖民主义，我们现在也目睹了美国在世界范围内发动的新帝国主义、新殖民主义和新自由主义——一种从经济、政治、军事到思想文化的全面霸权。霸权的深层含义就是剥削和反抗，这当然也不是什么温馨的画面。

总之，国家权力既然是自由市场运行所必需的，那么就意味着一系列的矛盾和冲突，击穿了新自由主义的神话，市场乌托邦理想走向了自己的反面。

2. 自由市场与人工环境。自由市场与人工环境有着不可分割的内在关联，因为自由市场的运行无疑总是处于一定的时空结构（环境）当中，而这种时空结构则越来越具有突出的人为因素，例如遍布世界的交通通信系统、遍地开花的城镇、遍及各地的开发活动，等等。所以说，自由市场所处的环境乃是人工环境（built environment），甚至可以说，市场到哪里，哪里就是人工环境，就会出现厂房、仓库、办公楼、道路、交易中心等。由此可见，"人工环境的建设，那种环境是商业活动能够依靠的资源复合体。它以其最粗陋的形式允许商业化的乌托邦理想规划"①。

市场力量与环境因素之间相互影响、相互作用，呈现出动态的变化过程。一方面，环境差异对市场发展有着重大的影响。例如，平整辽阔的沿海地带比偏远崎岖的内陆山地更易于吸引资本投资，更便于大量的人口聚集和产业规划，因而更能够形成广大的市场。又如，内敛顺从的儒家文化、数量极为庞大并急于就业的劳动大军、潜力惊人但尚未被挖掘和培育的消费市场等现实的国情使中国更容易获得资本方的青睐：人力成本低，便于控制，生产与消费的一体化操纵，等等。另一方面，市场力量在不断地、反复地改变环境形态。例如，在一片原本已经废弃的土地上规划工业园区，进行大规模的基

---

① [美]哈维:《希望的空间》，胡大平译，南京大学出版社2006年版，第175页。

第五章 乌托邦理想（上）：类型学上的反思与整合

础设施建设，招商引资，只要措施到位，也能够形成热火朝天的地理景观。中国近几十年来的城市化、工业化就是这么一幅画面。

需要强调的是，在市场力量与环境因素之间，资本永远是主动轮，这一点毋庸置疑。而资本的本性是逐利，因而竞争的结果是垄断。"尽管抽象的资本主义理论（包括其新自由主义分支）向来大力鼓吹竞争，但资本家欲求的却是垄断力量，因为垄断赋予了安全，可计算性，以及较平和的存在形式"①，至于超额的垄断利润当然不在话下。所以，我们看到，资本家总是要想方设法地利用各种空间策略和环境因素，极力强化自身的垄断地位。例如，在交通通信、地理区位、地理分工、固定资本投资（基础设施建设）等方面的竞争、强化和垄断②。对此，哈维指出，"自由市场的资本积累是在天然资源、文化历史、通信潜力、劳动力数量和质量这样一些多样化的地理区域中进行的（这种地理区域日益成为资本投资在基础设施、'人力资源'和人工环境的微分产物），所以它强化了生活标准和生活前景上的不平衡地理发展。富裕地区越来越富，贫穷地区越来越穷……嵌入在市场过程的乌托邦理想中的循环和积累的因果关系使得财富和权力在地理差异上越来越大，而不是朝着同质性和平等性逐步发展……自由运行的市场中所暗示的平等主义和民主化最后产生的不平等越来越多而不是越来越少"③。

更为严重的问题是，由于激烈的市场竞争的压力以及资本家为了保持领先优势或者垄断地位，以及日新月异的科技创新的浪潮，已经建造好的人工环境在资本家的眼里很快变得"落伍"了，于是就会被摧毁，以便于为进一步的资本积累腾出新的利润空间。特别是当资本主义危机到来的时候，刻意的贬值、创造性破坏等行为将更为剧烈和明显。诚然，自从资本主义体系来到人世间以来，地球表面所发生的各种显著变化令人在叹为观止的同时也心有余悸，其中所包含的创造性破坏与利润之间的勾连，已是公开的秘密。至于日常生活当中对消费商品的有计划的人为淘汰和废弃，则已经达到了使人熟视无睹的境地。一切都是为了市场，同时，这一

---

① [美]哈维：《新帝国主义》，王志弘等译，（台湾）群学出版有限公司2008年版，第76页。
② 具体内容可参见[美]哈维《新自由主义化的空间》，王志弘译，（台湾）群学出版有限公司2008年版，第91—100页。
③ [美]哈维：《希望的空间》，胡大平译，南京大学出版社2006年版，第172—173页。

切本身就是市场。

总之，在哈维看来，以市场（资本和利润）为指向的对人工环境（基础设施等）的投资和建设总会产生地理差异和不平衡的地理发展，这又会诱发其他方面的不平等和差异性。与此同时，也带来了极大的浪费和破坏、环境衰退及恶化。这样看来，自由市场根本不是一种什么公平和正义的机制，相反，它却意味着螺旋式上升的不平等和不正义，包括环境不正义！

综上所述，过程的乌托邦理想之所以在实践中失败，乃是因为它被资本的空间结构所控制和消融；在资本目前，一切或者真诚或者盲目的美好想象都毫无例外地成为幻想或者骗局。

至此，结合上一节中空间形式的乌托邦理想所遭受的同样的失败结局，哈维认为，必须重新提出把时间和空间辩证地结合在一起的新型乌托邦理想，这就是对两种类型的乌托邦理想的失败命运进行考察之后得出的结论与收获。

第三节 辩证的乌托邦理想

通过对传统的、既有的乌托邦理想的考察，哈维指出，"一定不要抛弃从空间形式和时间过程这两个乌托邦理想的分离史中所得到的经验教训。的确，对它们进一步地分析，可以得到更深层次的领悟"[1]。

不过，此处的分析框架不同于上面两节，因为这里的任务主要是：一方面，揭示其他人（主要米歇尔·福柯和罗伯特·昂格尔[2]）的超越性构想或社会改造方案当中的有益启示；另一方面，也对他们的构想和方案进

---

[1] ［美］哈维：《希望的空间》，胡大平译，南京大学出版社2006年版，第177页。
[2] 罗伯特·昂格尔（Roberto Unger），哈佛大学教授，著名法学家，批判法学运动的精神领袖和主要代表人物之一，著有《知识与政治》《现代社会中的法律》《批判法学运动》《虚假的必然性》《社会理论：它的处境与任务》等书，提出"总体批判"和"超自由主义"等理念，从法律与政治的角度对自由主义传统和自由主义法理学进行了批判（不过，他最终由激进走向了改良）。"他一直被看作一个浪漫的、几乎乌托邦的思想者，相信能够没有大规模纷争地从根本上改变现有的社会制度，并且已经从最初的只是怀有激进的学术观点和抽象的哲学理念转为对政治组织的实践细节的设计中"（张翠梅、吕冀平《批判与重构：昂格尔理论思想评介》，《世纪桥》2007年第3期，第63页）。关于罗伯特·昂格尔的具体介绍，可参见柯岚《自由主义与超自由主义》，《北大法律评论》2002年第5卷第1辑；孙笑侠、周婧《一种政治化的法律方法——对昂格尔法律方法论的解读》，《环球法律评论》2007年第4期；等等。

第五章　乌托邦理想（上）：类型学上的反思与整合

行批驳，以便于为哈维本人的乌托邦理想争取话语主导权。简言之，继续开辟通向新型乌托邦理想的道路。

1. 关于空间形式的乌托邦理想。自托马斯·莫尔以来，乌托邦文学愈加发达，出现了各种各样的关于未来生存状态、未来生活方式、未来社会关系或未来政治经济体系的空间想象，空间形式被作者按照自己的理解和需要加以任意地拼贴和剪裁，这种空间形式的乌托邦理想如此众多，以至于空间想象看起来已经成为一种"空间游戏"（spatial play）——"空间秩序安排的无限可能性为社会世界的无限可能性提供了前景，当把随后产生的乌托邦计划放在一起时，它们给人留下的深刻印象就是多样性"[1]，例如工人阶级的乌托邦、无政府主义的乌托邦、生态主义的乌托邦、宗教的乌托邦、女性主义的乌托邦等，不断在理想化的空间形态中上演。

但是，这类空间形式的乌托邦理想都有一个共同的特点，即空间形式的封闭性和独裁倾向，因此，当这种空间形式的乌托邦理想被落实到现实的实践层面时，就意味着实施了一种属于独裁主义的封闭体系。关于这一点，我们在上文中已经阐述过了。那么，这是不是说空间形式的乌托邦理想只能是、也仅仅是无限开放但无法实现的空间游戏，而与现实的实践层面彻底绝缘呢？或者倒过来思考：现实的实践层面难道无法留存一丁点的空间乌托邦理想的迹象？对此，福柯的看法颇有创意，因为他指明了一些处于现实情境中的"异托邦（heterotopias）"[2]。

异托邦的奇特之处就在于：如果说乌托邦是不在场的、没有真实位置的空间想象，那么在一切文化或文明中，福柯认为，有一些特定的、真实而有效的场所，乌托邦在其中得到了实现，这类场所就是异托邦，或者说，是在真实场所中被有效实现了的乌托邦。

---

[1] ［美］哈维：《希望的空间》，胡大平译，南京大学出版社2006年版，第156页。
[2] 异托邦——"Heterotopias"，又译为"异位""异域""差异地点"等。福柯的"异托邦"思想一开始出现在《词与物》这本书当中，完全是从话语和语言学这方面来谈论的，只是在1967年所做的一个报告中，他才对异托邦给出了物质性的所指。该报告译文可参见：［法］福柯：《不同的空间》，该文收于《激进的美学锋芒》，周宪编译，中国人民大学出版社2003年版，第19—28页；［法］福柯：《不同空间的正文与上下文》，该文收于《后现代性与地理学的政治》，包亚明主编，上海教育出版社2001年版，第18—28页。对福柯异托邦思想的详细解说，可参见尚杰《空间的哲学：福柯的"异托邦"概念》，《同济大学学报》（社会科学版）2005年第3期，第18—24页。

首先，福柯所说的异托邦，其原理可以用"镜中之我"来说明：我看到我自己真实地存在于一个并不真实的境域（"镜域"）当中，镜中之我既不存在（它不是真正的我）又存在（虽非真我，但"非真我"真在！）。"镜中之我"这个隐喻告诉我们，现实与虚拟、史实与神话、自身与他者、均质与差异等是交错在一起的、相互映衬。在这个意义上，乌托邦并不是彻底与现实绝缘，它以异托邦的形式隐藏在我们的周遭，我们所缺少的只是一面镜子或者说视域。

其次，福柯还具体列出了异托邦的六大原则和例证：（1）也许在这个世界上，没有任何文化不参与建构异托邦。例如，月经期的妇女或精神病院等；（2）每一个社会，在其历史过程中，可使既存的异托邦以非常不同的方式运作。例如，墓园等；（3）异托邦可在一个单独地点中并置数个彼此不同甚至矛盾的空间与场所。例如，影剧院等；（4）异托邦通常对所谓的"异时邦"（heterochronies）开放。例如，博物馆、图书馆或度假村等；（5）异托邦经常预设一个开关系统，以隔离或使它们变成可以进入。例如，军营、监狱或供情人约会的汽车旅馆等；（6）异托邦具有极端的梦幻化或者美化的功能。例如，妓院或殖民地等。最后，福柯把异托邦定位为一艘承载着梦想的海船："自从16世纪以来直到今天，海船对我们的文明而言，不仅是经济发展的重要工具……而且同时还是最伟大的想象力的宝库。海船乃是异托邦的极致范例。在那些没有海船的文明中，梦想是干涸的，间谍活动取代了探险，警察取代了海盗。"[①]

在福柯看来，他所列举的异托邦形象是作为一种异质性、变化性的他者力量来对抗既定的统治秩序和全面的异化状态的——这是一种另辟蹊径的辩证想象。对于陷入困境的空间形式的乌托邦理想而言，这也许是一种激励和启示，因为异托邦"使我们相信，存在着大量的空间，在其中，'他性'变易性和替代方案可以不被当作纯粹虚构事物来研究，而是通过与已经存在的社会过程的联系来研究。替代方案正是在这些空间内形成，而且对现存规范和过程的批判正是从这些空间出发才能够特别有效地

[①] 引文有所调整。相关引文可参见：[法] 福柯：《不同的空间》，该文收于《激进的美学锋芒》，周宪编译，中国人民大学出版社2003年版，第28页；福柯：《不同空间的正文与上下文》，该文收于《后现代性与地理学的政治》，包亚明主编，上海教育出版社2001年版，第28页。

确立"①。

对于身处后现代氛围当中的哈维而言，在提出自己的乌托邦理想时，不能不对福柯所凸显的"异质性"和"他者"之类的话语有所研究，有所关注——"学会在他者的世界中成为一个与众不同的自己"（参见下文），这对于联合的斗争而言也是必要的，因为唯有兼容并包才有出路。

不过，哈维又指出，福柯的异托邦乍看起来是一种发人深省的、以颠倒和解构的方式发散开来的解放潜能，但它实际上暗暗地把一切歹托邦形式（监狱、集中营、性混乱、地下恐怖组织、邪教、门控社区、消费异化等）预先加以接受，以期从中孕育、生成或者挖掘出某种异质性的他者力量。这样看来，福柯是带着些许宽慰的心情来看待这种混乱和阴森森的场景的，说不定是要在大乱之中看到大治的结局。但问题在于，福柯关于异托邦的辩证想象是否能够真正击破既定的统治秩序和全面的异化状态呢？这一点看来不容乐观，相反，此类异托邦资源很可能（终将）被既定的统治秩序和全面的异化状态所吸纳和整合。② 所以，哈维认为，"异托邦这个概念能够坚持对空间异质性的更好理解，这是一个优点"，除此之外，则于事无补。

2. 关于社会过程的乌托邦理想。我们在上文中已经指出，当社会过程的乌托邦理想（尤其是指市场乌托邦理想）投身于现实的实践层面时，不得不附着于一定的空间形式当中（例如，人工环境），或者依附于一定的空间规模之上（例如，领土国家），从而构成一系列的矛盾，最终带来巨大的不平等、周期性的危机、"创造性破坏性"以及环境恶化等不正义的结局，这与社会过程的乌托邦理想所宣称的繁荣和进步之类的美好画面是截然相反的。

这种强有力的歹托邦结局对于重构新型的乌托邦理想、对于解放政治而言是一个巨大的挑战，因为当代资本主义世界在自由市场这个运行模式的推动下，其物质设施（例如，密布的交通系统、蔓延的城市群）、制度体系（例如，货币、金融制度和组织）和思想文化（例如，新自由主义意识形态）等方面的特性和成果，随着时间的流逝，日积月累以至于固化

---

① ［美］哈维：《希望的空间》，胡大平译，南京大学出版社2006年版，第179页。
② ［美］哈维：《新自由主义化的空间》，王志弘译，（台湾）群学出版有限公司2008年版，第76页。

了——"这样的结构一旦建立就很难改变（核电站将束缚我们好几千年，随着时间的推移，法律制度聚集了越来越多的惯例）。尽管我们会努力创造灵活的景观和制度，但因为变化条件随时间变得越来越僵化，所以结构的稳固性往往会增长。与一个世纪前相比，彻底改造纽约或洛杉矶这些地方的物化组织形式现在连想都比较难了，更不用说做了"①。那么，这是不是说终究无法打破市场乌托邦的固化结构呢？

哈维认为，这虽属不易，但并非不可能。试想新自由主义在不到30年的时间里就在全球范围内造成了翻天覆地的变化，这个反面例证恰恰告诉我们：事在人为。在这个方面，哈维认为，美国学者罗伯特·昂格尔的观点具有一定的启发意义。

首先，昂格尔认为，人性既有沿袭和积聚文化传统、本能习性以及生活惯例而固化的一面（即所谓"特性［character］"），同时又有善于想象、渴望改变、追求创新而变化的一面（即所谓"自我［self］"）。② 人性中内在的革故鼎新的冲动使既定的社会体系存在着被不断地加以改造和修正的可能。而社会本身确实是处于持续不断的变化状态，并非亘古以来的铁板一块，因此可以被不断地再想象和再塑造。在这个基础上，昂格尔认为，既然现存的自由主义社会体系问题丛生，与它所标榜的自由、正义、人权等理念相距颇远，那么就应该被提升到新的高度。③

其次，就理论层面而言，昂格尔认为，理论应该从两个方面介入社会：一是"描绘"，即认真探究既存的社会结构和社会制度，理解和把握它的整体面貌；二是"批判"，即依据作为理想型的社会改造纲领，对社

---

① ［美］哈维：《希望的空间》，胡大平译，南京大学出版社2006年版，第180页。

② 张翠梅、吕冀平：《批判与重构：昂格尔理论思想评介》，《世纪桥》2007年第3期，第63页。

③ 对于自由主义，昂格尔早期的立场很激进，到了后期则变得更为务实，"他主张通过变革自由主义的传统制度体系来实现自由主义的最高愿望，在这个意义上，他称自己的理论是'超自由主义的'（superliberal）。昂格尔设想的超自由主义社会具有三个主要特征：一是充分的自由与民主，个人获得真正的自由，个性完全解放并得到丰富的发展机会，杜绝精英政治，公民广泛参与国家政治生活，并在社会生活形式（工厂、学校、机构）中实行民主管理。二是社会结构的流动性……社会中一切束缚人性的固态结构将被打破，实现'无结构的结构'（structure of no-structure）。三是政府权威性与政治权力分散性相结合，应赋予政府以真正权威来推行改革，同时又使政府部门多样化，权力分散化，避免权力的过度集中"（柯岚：《自由主义与超自由主义》，《北大法律评论》2002年第5卷第1辑，第112页）。

会现状提出批评,揭示理想与现实之间的差距,从而激发对社会现状进行修正和改造的要求和共识。描绘与批判之间是一种辩证的互动关系,是一个连续的发展过程,因为理想社会的实现不可能一蹴而就,必须不断地在社会空间上试错和实验。①

最后,在实践层面,昂格尔主要从三个方面提出了自己的社会改造方案。其一,政府组织的变革。例如,寻找恰当的方式,既要保障政府的权威和执行力,又要防止政府权力过度膨胀保障;政府部门多样化,同时贯彻人民主权原则,落实真正有效的民主制;等等。其二,经济组织的变革。例如,培育新的产业、丰富市场,避免投资权力的垄断;通过立法分散财产权,防止社会不同阶层的两极分化,避免资本的过度集中;等等。其三,建立新的权利体系。昂格尔对权利体系的再造尤为重视,他提出了四个方面的权利范畴:(1)能够保障个人不受国家、集体和其他人侵犯的豁免权;(2)能够允许个人改变既存的社会结构的变动权;(3)在一定条件下对社会资源提出分配要求的市场权;(4)从法律上满足共同体生活需要的团结权。②

对于昂格尔的"超自由主义的"社会过程的乌托邦理想,哈维指出,"在关注幻想可能实现的机制方面,他获得了极大的成功,他的分析对这个世界很有益……我们需要从中学的东西很多"③。的确,哈维在自己的乌托邦理想当中也仿照昂格尔的思路,对人类所具有的基本技能进行了研究,以便于为改造世界奠定人类学的基础,同时还提出了全新的权利体系,以便于号召人们为权利而斗争,通过权利斗争来获得解放(参见下文)。不过,哈维又指出,"昂格尔研究方法还存在着一些严重的困难"④。例如,昂格尔具有浓厚的西方中心主义倾向,对其他国家(例如,中国)的民主和法治进程持强烈的怀疑主义态度,这实际上放弃了对人类整体所

---

① 孙笑侠、周婧:《一种政治化的法律方法——对昂格尔法律方法论的解读》,《环球法律评论》2007年第4期,第22页。

② 柯岚:《自由主义与超自由主义》,《北大法律评论》2002年第5卷第1辑,第115—117页;张翠梅:《法律如何在"社会情境"下存在——读昂格尔的〈批判法学运动〉》,《河北法学》2007年第3期,第4页;魏治勋、李金明:《法治的条件及其重构——读昂格尔〈现代社会中的法律〉,有感于法治之难》,《山东大学法律评论(2003)》,第374页。

③ [美]哈维:《希望的空间》,胡大平译,南京大学出版社2006年版,第182页。

④ 同上。

担负的责任，陷入孤芳自赏的状态；他的理论内部存在着许多矛盾，百科全书式的皇皇巨著反而暴露了他对很多方面的思考力不从心；不少地方与史实不符，或者有诡辩之嫌疑；等等。此外，昂格尔的"超自由主义"归根到底只是自由主义的强化版，他希望在现存的资本主义体系当中进行自由主义的升级改造，这条道路到底能够在多大程度上通向理想的彼岸，需要审慎地看待。昂格尔本人甚至对乌托邦理想和替代方案是否能够获得来自于现实世界的回应也表示悲观。最终，他的乌托邦理想成为一个"纯粹的希望能指"，没有任何具体的所指。[①]

通过以上对空间形式的乌托邦理想和社会过程的乌托邦理想的进一步批判性考察，哈维实际上排除了潜在的竞争对手（例如，福柯、昂格尔）。现在，需要他正式构想自己的乌托邦理想了："考虑到空间形式和社会过程这两方面的乌托邦都存在着缺陷和困难，那么最明显的替代方案（不同于完全抛弃任何什么乌托邦主张）就是建立一个明确的时空的乌托邦理想。很多年前爱因斯坦就告诫我们，空间和时间不能有目的地分开……如果空间和时间被当作社会构造（暗示着否认了牛顿和笛卡尔所创立的绝对时空理论），那么乌托邦理想就必须同时包含空间和时间的生产。"[②]

所谓辩证的乌托邦理想，哈维说得很明确，即是指时间—空间的乌托邦理想，就这种新型的乌托邦理想而言，时间与空间是辩证的统一体。在哈维看来，辩证的时—空乌托邦理想是对以往把时间与空间分割开来的传统乌托邦理想的反拨和纠正。对此，我们打算循序渐进地进行讨论。

以往的乌托邦理想之根本错误，可以归结为这一点，即理论脱离实际，主要表现在两个方面：

其一，漠视现实世界的辩证法。

现实世界的辩证法强调时间、空间和社会存在的一体化，以及它们在实践基础上的相互作用。从自然科学的角度来看，爱因斯坦相对论已经证明，时间—空间与运动着的物质不可分离、相互作用。虽然，相对论探讨

[①] ［美］哈维：《希望的空间》，胡大平译，南京大学出版社 2006 年版，第 181、183 页。一方面，正如哈维所指出的那样，昂格尔只对"道路中的下一步骤"感兴趣，放弃了任何普遍的转变原则或者某种千年幻想，他要的只是实际的试错和实验；另一方面，他毕竟有所希望，提出的社会改造方案也堪称宏大至伟。这样，昂格尔的希望和方案就好似一艘在犹疑中解缆启航，但没有确定将驶向哪个港口、始终漂浮于海面的幽灵船。

[②] ［美］哈维：《希望的空间》，胡大平译，南京大学出版社 2006 年版，第 177 页。

的直接对象是宏观的宇宙自然,人类社会与之相比有着显著的不同,因为人类社会的主体是人,人类所具有的能动的实践活动、特定的社会组织形式以及历史文化等因素对人类所处的时空(社会时间、社会空间)有着非同寻常的、越来越大的影响(例如,"时空压缩"现象);但是,这反而进一步表明,时—空与社会存在是一体化的关系,它们在实践的基础上相互作用。

这个结论得到了许多社会科学研究成果的支持。例如,涂尔干在《宗教生活的基本形式》当中指出,空间与时间是社会构造物(social construct)。人类学家的作品,诸如哈洛维(Hallowell)、列维·施特劳斯(Levi-Strauss)、霍尔(Hall)以及晚近的布尔迪尔(Bourdieu)和莫尔(Moore)都确证了这个说法。

所以,在这个基础上,哈维着重强调了两点:(1)在现实的社会生活当中,诸多客观的力量一起规制了我们的空间和时间,例如现代交通通信体系、工作制度等;(2)空间与时间的特殊呈现方式,引导了空间的与时间的实践,进一步又确保了社会秩序。例如,制图学对于殖民扩展和地缘政治的意义,时钟和日历对于生产的作用等。[1]

这样看来,如果割裂了时间与空间、时—空与社会存在之间原初本有的内在关联,那么将无法认清现实的社会场景,因为,"如果选择一个错误的[时空]框架,那将意味着会误判我们周遭世界的要素"[2]。而空间形式的乌托邦理想和社会过程的乌托邦理想,恰恰都以浪漫化想象的方式,一个停留于纯粹的空间,一个停留于纯粹的时间,从而有意无意地自绝于现实生活世界。这种做法固然能够提供一个纯粹的、抽象的、指向未来的美好图画,但是缺乏来自现实生活世界的支撑,从而归根到底只是一种"文艺形式"。这种文艺形式虽然能够在一定程度上激发人们的想象和变革的冲动,但是这种想象和变革的冲动往往只是一时之感,不能持久,也不能告诉我们到底该如何着手;即使提出了一些解决之道,也没有经过严密的论证或者不具有切实可行的现实基础,从而最终沦为纯粹的空想,

---

[1] [美]哈维:《时空之间——关于地理学想象的反思》,王志弘译,参见包亚明主编的《现代性与空间的生产》,上海教育出版社2003年版,第375—378页。

[2] D. Harvey, *Justice, Nature and The Geography of Difference*, Blackwell, 1996, p. 264.

根本不能实际有效地改变既定的社会状况和面貌。①

其二，回避现实世界的主导原则（资本逻辑和资本积累）。

"资本主义是一个革命性的生产模式，总是不停歇地寻找新的组织形式、新的技术、新的生活方式，以及新的生产与剥削的形态"②，这种扩张性和能动性是资本积累的内在要求，如其不然，资本循环的链条将立刻断裂，资本主义社会将陷入混乱甚至崩溃。这种扩张性和能动性意味着什么呢？意味着一切现实生活的要素、一切社会资源都会被资本原则所吸纳、所吞没、所利用，成为资本积累当中的一个环节、一种养料。社会时间和社会空间当然亦不例外，它们必然也会被资本主义生产方式所裹挟，而且，它们恰恰正是资本主义生产方式的命门所系。因为，时间是资本积累的重要量度，居于核心的地位，它关系到剩余价值的赚取，关系到资本家能否在激烈的市场竞争当中生存下去；同样，"空间阻碍的减除和'借由时间来消除空间'的斗争，对于资本积累的整体动态非常要紧，而且在资本过度积累的危机中格外明显"，"和几乎一切都在创新的形式相比，空间关系与空间再现的激烈重组，具有格外有力的效果"，这正是资本主义得以生存，并且活力依旧的秘密。③

我们之所以不厌其烦地温习资本积累与时间、空间的内在关联，是要说明这一点：假如空间形式的乌托邦理想和社会过程的乌托邦理想仅仅停留于文本层面，那么它们确实可以保持自身的纯洁性，但是一旦被要求落实到实践层面，那么它们将会被资本主义体系所捕获、同化、消融。在这个意义上，托马斯·莫尔的"孤岛"、建筑和城市设计师的"城市"，以及新自由主义者出于真诚的信奉或者出于虚假的鼓吹而推销的"市场"，它们作为理想型，根本抵挡不了资本逻辑的侵蚀，只不过是投入巨大的资本海洋的一块块石子，在激起一阵阵涟漪之后复归于平静。

我们这么说当然不是要放弃一切试图撬动资本主义体系的信心，而是说不能一味地从理念出发；我们必须在一开始就从实际出发，从资本主义体系的现状出发，把握它的真实面貌和机制，寻找突破口，有的放矢地采

---

① ［美］哈维：《希望的空间》，胡大平译，南京大学出版社2006年版，第184—186页。
② ［美］哈维：《时空之间——关于地理学想象的反思》，王志弘译，参见包亚明主编的《现代性与空间的生产》，上海教育出版社2003年版，第388页。
③ 同上书，第388—389页。同样的论述亦可参见本文第三章第二节。

第五章 乌托邦理想（上）：类型学上的反思与整合

取措施。所以，哈维指出，"未来肯定不是以某种幻想的乌托邦模式来构建，而是通过现在状态中我们所拥有的原料的切实转变来构建的。那些原料由时空动态来创建和集合，而这种时空动态又是由一套独特的冲突景象（包括压倒性的资本家和商业企业家的景象）所启发。因此，对资本主义历史地理的研究为时空乌托邦方案如何能够立足于现在和过去提供了线索"①。

综上所述，重构新型乌托邦理想的根本出路就在于：理论联系实际。主要有两个方面的工作：

其一，认清资本世界的实际状况。对此，哈维在本书的第三、四章当中已经做出了努力——"发现革命的种子"②。我们此处不妨总结一下：（1）资本主义全球化制造了世界范围内的不平等、两极分化和不满以及反抗。"当资本主义地理的不平衡特性在各种规模上（城市、区域和国际）越来越明显的时候，它的尊重平等和福利的乌托邦声称则愈益地与现实发生矛盾"③；（2）自由、人权、民主等文化意识形态与被操纵的民主、剥削他人的自由、"监禁城"等实际的阴暗面相对立；（3）美国常常超越国际社会的制约，通过合法化的暴力、新殖民主义、赤裸裸的军事干预等手段对第三世界进行控制，成为新式帝国；（4）全球化在破坏原本相对静态的领土结构和国家力量的同时，也激发了形形色色的地缘政治对抗与分化、民族主义、宗教原教旨主义、恐怖主义等危险因素，造成了或显或隐的不稳定局面；（5）创造性破坏所引起的资源浪费和环境恶化等问题。

由此可见，资本主义全球体系并不是铁板一块，存在着诸多裂缝和缺口，所以，哈维指出，"替代性幻想需要去揭示：如何履行显著提高物质福利和民主形式的诺言而不依赖于自我本位的算计、野蛮的消费主义和资本积累，如何在市场力量和货币权力之外发展自我实现所必需的集体机制和文化形式，如何把社会秩序带入环境和生态更加良好的工作条件之中"④。

其二，在新型的乌托邦理想当中把时间与空间重新结合起来，成为辩证的而不是片面的乌托邦理想。对于哈维来讲，一个迫切的任务就是：创

---

① [美] 哈维：《希望的空间》，胡大平译，南京大学出版社 2006 年版，第 186 页。
② 同上书，第 187 页。
③ 同上书，第 188 页。
④ 同上书，第 189 页。

造一个更一般的时—空理论架构,一种时间与空间的历史地理学,从而可以理解现实的资本主义实践,并且展示其中的解放资源。

哈维的探索是从空间角度切入的,这是因为:(1)以往的社会理论对时间—历史的研究已经很深入,但是对空间的研究却很不到位,因此亟待加强,以弥补这方面的不足;(2)无论是从爱因斯坦相对时空观,还是从生活世界的社会实践视域来看,时间本身就是空间,空间的历程本身就构成了时间——时间不过是空间物质存在的形式及其变化过程而已——或者说,时间只是空间的一种属性。总之,时间本质上是属于空间的;[1](3)正如列斐伏尔所言,资本主义的生存与活力凭靠的就是空间的生产。而从历史经验来看,无产阶级运动之所以失败,一个重要的原因就在于不能积极有效地应对资本主义的空间策略。所以在哈维看来,空间已经成为理解资本主义体系、重建解放政治的"关键词"。(4)时间的特性相对于空间而言更容易辨识(时间是流动的、一维的、不可逆的,具有相对性和关系性),而且,对空间的研究也有助于附带对时间的理解。

鉴于此,下面我们即着重考察哈维的空间(时间)理论。

哈维认为,以往的思想理论对空间有三种不同的看法:(1)绝对空间,即"欧几里得—牛顿—笛卡尔"式的空间,是独立于物质之外的存在,因而成为一个物自体;(2)相对空间,即"爱因斯坦—非欧几何"式的空间,是运动着的物质的根本特质和基本形式,与不可分割的时间共同构成了四维时空;(3)关系空间,即"莱布尼茨—怀特海"式的空间,是由那些处于相互作用的过程当中并相互涵摄的物体所构成的空间,这其实是另一种意义上的相对空间。[2]

在哈维看来,这三种空间观各有其适用范围,可以用来说明不同的现实场景,因而各有其自身的意义,可以作为三种空间类型保留下来。例如,绝对空间对应于一切相对固定、相互分离且保持界限的现象(国家或城市之间的边界、不动产权的确定、房间等),因此在地籍制图或工程操作等方面很重要。相对空间对应于那些虽然建基于物质化的地理空间之

---

[1] 请参见刘奔《时间是人类发展的空间——社会时—空特性初探》,《哲学研究》1991年第10期;蒲友俊《历史意味着向空间拓展》,《四川师范大学学报》(社会科学版)2000年第6期;等等。

[2] D. Harvey, *Justice, Nature and The Geography of Difference*, Blackwell, 1996, pp. 250 – 261.

上，但又处于流动状态的现象（密如蛛网的交通系统、资本流通等），因此在贸易投资等方面很重要。关系空间对应于那些具有统摄性，也必须统摄性地加以理解的现象——"在某个空间点上的事件或事物，无法仅仅诉诸那个点上存在的东西来理解。它还取决于环绕着那个点而进行的一切其他事物（就像是每个进入房间讨论的人，全都带有在世界中累积起来的庞大经验材料）。非常多样的个别影响，在过去、现在和未来的空间里旋转，集中且凝结于某个点上（例如在一个会议室里），从而界定了这个点的性质"[1]。诸如抽象劳动、革命精神、乌托邦想象之类就属于关系空间的范畴。

当然，这三种空间类型常常是集合性地呈现、纠结在一起的。例如，在一个用来演讲的会议室里，演讲者的话语所能达到的范围局限于由墙壁和房顶建构的固定场所里，因此这个会议室就成为一个绝对空间。同时，虽然听众被固定于各自的"小"绝对空间（座位）里，然而演讲者与听众之间又构成了一种网格状的相对空间，因为演讲者不时地移形换位，与听众交流互动；并且，离得远的听众听不清，近的则可以听清。这里还有关系空间的成分，因为听众是带了他们各自的观念和经验而来的，这些累积性的观念和经验使听众与演讲内容相互作用：思考、肯定或否定、疑问、回忆甚至昏昏欲睡，等等；演讲者也在观察听众的反应，并作出相应的调整。

所以，哈维指出，一方面，这三种空间类型能够比较灵活地涵盖复杂的现实场景；另一方面，现实世界是纷繁复杂的，不能把单一的空间模式硬套到所有的现象或事物之上。例如，无法用绝对空间来理解或用平面图形来描述"9·11"事件之后的那个废墟所在地，因为那个废墟空间牵涉到错综复杂的政治和集体记忆、国家政策与文化冲突，等等。所以，到底该如何灵活恰当地应用这三种空间就取决于具体的实践，取决于所要考察的现象之性质，必须"具体问题具体分析"。

这三种空间类型的涵盖面和解释力固然已经很广大了，那么是不是说它们已经囊括一切现象和事物了呢？恐怕不能这么讲，因为根本不存在某种完美无缺的理论模型，我们所能做的只是尽量把空间架构完善

---

[1] ［美］哈维：《新自由主义化的空间》，王志弘译，（台湾）群学出版有限公司2008年版，第118页。

化，使之尽可能地具有包容性。所以，哈维强调开放的视域、辩证的张力，不排斥那些看起来值得认真考虑的尝试。这种态度把他引导到列斐伏尔那里。

列斐伏尔把空间划分为三种形式：①（1）物质空间，即可以被物质性接触的空间、对感官开放的经验空间和感知空间。例如，墙壁、城市、水域或山地等；（2）空间的再现，即被以符号的方式构想和抽象地再现出来的概念化空间。例如，地图、图书或几何学、建筑学等学科，包括专业术语等；（3）再现的空间，即漂浮和弥漫在我们每天的生活世界当中，以想象、情感、意义、幻想等形式表现出来的心理空间。"我们也有想象、恐惧、情感、心理、幻想和梦想。我们也可能试图再现这个空间在物质上和情感上为人所生活的方式，办法是透过诗意意象、摄影构成、艺术重建等。一场梦、一个幻想、一个潜隐的渴望、一段丧失的记忆，或甚至是我们沿街行走时的特殊激动或一阵恐惧，都可以透过艺术作品来给予再现，而这些作品最终在绝对空间与时间中都有其世俗存在"。②

哈维重申，列斐伏尔的三重空间也应当保持辩证的张力，它们在现实世界中都有其相对应的现象或事物。当然，它们也常常集合性地呈现，纠结在一起。在这个基础上，哈维认为"我们可以将绝对、相对和关系性时空的三重区分，对照于列斐伏尔所指认出来的经验的、概念化的，以及生活的空间三元区分。结果就得到一个三乘三的矩阵，其中的交叉点指出了理解空间和时空之意义的不同模态"③。所以他提出了一个"通用的"时空矩阵。列表如下：

---

① H. Lefebvre, *The Production of Space*, Basil Blackwell, 1974, p. 33.
② [美]哈维：《新自由主义化的空间》，王志弘译，（台湾）群学出版有限公司2008年版，第126页。列斐伏尔的空间模型比较好理解，关于其解释力的描述，可参见哈维在《新自由主义化的空间》中列举的一个事例，参见该书第127—128页。亦可参见[美]戴维·哈维《后现代的状况》，阎嘉译，商务印书馆2003年版，第274—276页。
③ [美]哈维：《新自由主义化的空间》，王志弘译，（台湾）群学出版有限公司2008年版，第128页。

	物质空间 （经验的空间）	空间的再现 （概念化的空间）	再现的空间 （生活的空间）
绝对空间	墙、桥、门、楼梯、楼板、天花板、街道、建筑物、城市、山岭、大陆、水域、领域标志、实质边界与障碍、门禁社区……	地籍与行政地图；欧氏几何学；地景描述；禁闭、开放空间、区位、定位和位置性的隐喻；（指挥与控制相对容易） ——牛顿与笛卡尔	围绕着壁炉的满足感；封闭所致的安全感或监禁感；拥有、指挥与支配空间的权力感；对于（范围以外）他者的恐惧
相对空间 （时间）	能量、水、空气、商品、人员、资讯、货币、资本的循环与流动；加速与距离摩擦的缩减……	主题与地形图（例如伦敦地铁系统）；非欧氏几何学和拓扑学；透视书；情境知识、运动、移动能力、移置、加速、时空压缩和延展的隐喻；（指挥与控制的困难需要更复杂的技巧） ——爱因斯坦与黎曼	上课迟到的焦虑；进入未知之境的惊骇；交通堵塞的挫折；时空压缩、速度、运动的紧张或欢快
关系空间 （时间）	电磁能量流动与场域；社会关系；地租与经济潜势表面；污染集中区；能源潜能；随风飘送的声音、气味和感觉	超现实主义；存在主义；心理地势学；国际空间；力量与权力内化的隐喻；（指挥与控制极度困难） ——莱布尼茨、怀特海、德勒兹、班雅明	视域、幻想、欲望、挫败、记忆、梦想、幻象、心理状态（例如广场恐惧症、眩晕、幽闭恐惧症）

哈维认为，这个通用的时空矩阵很有用处，"加上一点想象力，就有可能跨越矩阵里的元素，从事辩证的思考，使得每个态势都可以设想为具备了与一切其他态势的内在关系"。在他看来，这种可以辩证想象的关系性时空矩阵，使自己能够尝试书写"革命的诗学"，因为借助于这种矩阵，他可以界定批判性介入的某些可能条件，同时，也开启了替代性政治可能性的途径。

在这个时候，哈维没有忘记表明自己对马克思主义的补充和完善这个功绩。按照他一贯的看法，传统的马克思主义者从总体上看都缺乏一种空间视域，缺乏关于时间与空间之间辩证关系的思考；就马克思本人而言，"在其论证理路中，倾向于将时间置于空间之上"[①]。这种普遍的对空间的疏忽（除了列斐伏尔和地理学家之外），多半意味着丧失了去掌握某种

[①] ［美］哈维：《时空之间——关于地理学想象的反思》，王志弘译，参见包亚明主编的《现代性与空间的生产》，上海教育出版社2003年版，第396页。

"转型政治"（transformative politics）的可能。① 哈维觉得这正是他大显身手的地方。所以，他按照自己的理解，把通用的时空矩阵具体落实到马克思理论特别是《资本论》当中，以展示这个时空矩阵的威力，呈现其中闪现的解放机遇。列表如下：

	物质空间 （经验的空间）	空间的再现 （概念化的空间）	再现的空间 （生活的空间）
绝对空间	有用的商品、具体劳动过程、纸币和硬币（地方货币?）；私有财产/国家疆界、固定资本、工厂、营造环境、消费空间、警戒线、占领空间（静坐）；猛攻巴士底狱或冬宫……	使用价值与具体劳动过程的剥削（马克思）VS 工作是创造性的游戏（傅里叶）；私有财产地图与阶级排斥；不均衡地理发展的拼贴	异化 VS 创造性的满足；孤立的个人主义 VS 社会团结；忠于地方、阶级、认同等；相对剥夺；不公不义；缺乏尊严；愤怒 VS 满足
相对空间（时间）	市场交换；贸易、商品、能量、劳动力、货币、信用或资本的循环与流动；通勤与迁徙；贬值与降级；资讯流动与外界的扰动	交换价值（运动中的价值）积累的框架；商品链；迁移与流动的模型；投入—产出模型。时空「修补」的理论，经由时间消灭空间、资本穿越营造环境的循环；世界市场的形成、网络；地缘政治关系与革命策略	货币与商品拜物教（永远无法满足的欲望）；时空压缩的焦虑/欢快；不稳定性、不安全、行动与运动的强度 VS 静止（一切坚实的都烟消云散……）
关系空间（时间）	抽象劳动过程；虚拟资本；抵抗运动；政治运动的突发性展现与表现性爆发（反战、68′学运、西雅图……）；「革命精神扰乱……」	货币价值 价值之为社会必要劳动时间；相对于世界市场的凝结人类劳动；运动中的价值法则，以及货币的社会力量（全球化）；革命的希望与恐惧；变革策略	价值 资本主义霸权（（没有其他出路））；无产阶级意识；国际团结；普遍人权；乌托邦梦想；诸众；对他者的移情作用；（另一个世界是可能的）

哈维强调，（1）我们不能赋予任何一个时空架构优先性，彼此之间必须保持辩证的张力。例如，如果没有具体劳动与绝对时空，也就不会有关系空间中的价值了。此外，（2）"标明卷入其中的时间性非常重要，这不仅是因为过去的「时」劳动（包括一切镶嵌于营造环境中的固定资本）

---

① ［美］哈维：《新自由主义化的空间》，王志弘译，（台湾）群学出版有限公司2008年版，第134—136页。虽然列宁的帝国主义理论包含着显著的空间视域，但哈维认为，列宁的空间观归根到底属于绝对时空观，他说，"列宁显然为马赫（Mach）的唯心论再现模式很苦恼，试图强化与牛顿有关的、绝对的、机械论的空间与时间观点，以此作为科学探究唯一适当的唯物论基础"（第135页）。

的重要性，也是因为内化于价值形式中的无产阶级化、原始积累、技术发展的一切历史痕迹。最重要的是，我们必须承认，「历史与道德的元素」总是会进入劳动力价值的决定中"①。（3）从表中可以看出，资本家可以通过发挥工人的创造性角色，来掩藏工人所遭受的实际的剥削，甚至消解掉工人的异化感。在这个意义上，"虽然马克思的剥削理论可能在形式上是正确的，但是它并不总是或必然会转译为异化和政治抵抗"②。因此，这就需要把剥削的意义讲得更透彻。（4）我们应该自由地且辩证地跨越所有矩阵态势的范围，移动得越多，理解的深度和广度就越大。例如，"完全停留在矩阵右下方，跟把自己的视野局限在左下方一样，都是有所误导、局限和无效的"，因为，如果完全停留于右下方的话，将陷入浪漫化的幻想而难以自拔，如果完全停留于左下方的话，则将陷入僵硬化的固守一地而不思进取。（5）最重要的一点是，"想要在世界上发挥某些力量的政治运动，直到它们确立了物质现身以前，都不会有效"③。这实际上是发出了积极行动的呼吁，因为光是没完没了地辩论、规划和想象是可悲的，关键在于切实地实践，在实践中检验和发展自身，造成气势。

行文至此，我们大致了解了哈维的时空辩证法的面貌，其辩证的乌托邦理想正是以此为基础和核心的，而"张力"和"移动"则是哈维辩证法的精髓所在。不过，有一个问题，哈维所说的辩证（时—空）的乌托邦理想，有没有一些来自于现实世界的迹象呢？在现实世界当中，正面的辩证乌托邦形象迄今为止当然没有，否则就不必再多余地谈什么"理想"或"想象"了。其实，反面的形象倒是有，那就是当代美国！

在美国的主导下，自由市场的乌托邦理想（过程）在全球规模上（空间）得到推进：（1）美国的形象被包装成一座闪耀在黑暗世界中的"自由、民主和人权"的灯塔；（2）美国自己相信，也竭力使普天之下的人们都相信：自由市场能够创造出一个更加幸福、更加开放、更加自由的美丽新世界；（3）美国的救世方案是："世俗化的、更加开放的时空性必须施加于世界的不同规模之上（城市的、区域的和国际的），在其中，资

---

① [美]哈维：《新自由主义化的空间》，王志弘译，（台湾）群学出版有限公司2008年版，第137—138页。

② 同上书，第140页。

③ 同上书，第142页。

本投资可以更加顺利地流动，并且同时伴随着信息、人员、商品和文化形式等诸如此类东西的运动。必须把国家和地方政府改造成自由运行的资本市场的推进器……"[1]；（4）美国认为，在必要的情况下可以诉诸武力，以便打开某些顽固不化、抵抗自由世界的区域性恶霸，同时给当地的人民带来光明；至于培养和维护全球等级秩序（卫星国、买办阶级和国际机构等）当然是其题中应有之义。所以说，美国所实践的正是一种时—空乌托邦，她在现实的时空当中左冲右突，成效显著，只不过，她越来越成为一种反面的乌托邦典型，越来越受到世界范围内的抵抗，其前途不能过于乐观。而对于我们来说，她至少提供了一个存在于现实世界中的关于时空乌托邦理想的模糊形式，虽然属于反面形象，却说明时空乌托邦理想并非不可理喻、虚浮无据。

最后，哈维认为，"乌托邦梦想不会完全消失，它们会作为我们欲望的隐蔽能指而无处不在。从我们思想的幽深处提取它们，并把它们变成政治变革力量，这可能会招致那些欲望最终被挫败的危险，但那无疑好过屈服于新自由主义的退步乌托邦理想……胜过生活在畏缩和消极的忧虑之中以及根本不敢表达和追求替代欲望"[2]。总之，我们需要再次点燃乌托邦理想的激情，以此作为手段去激励社会生活世界的相应变化。

既然我们现在已经挖掘出了来自于现实矛盾中的解放潜能（参见本书第三、四章），并且已经对乌托邦理想进行了详细的反思与重构，还发现了时空乌托邦理想的模糊形式（作为反面例证的美国），那么下一步的任务就是要着重论述超越资本主义的替代方案何以可能、如何可能。

---

[1] [美]哈维：《希望的空间》，胡大平译，南京大学出版社2006年版，第187页。
[2] 同上书，第190页。

第六章

乌托邦理想（下）：超越资本主义的行动纲要与未来想象

对于辩证的乌托邦理想到底要达成何种具体目标，哈维很概要地提出了自己的看法，即"建设一种在社会上公正的、在生态上敏感的替代性社会"①。这当然只是一种原则性的构想。在这里，哈维把论证的重点放到了如何谋划与推进这种替代方案上，即试图给出替代方案的行动纲要，以期迈向并实现他的这种原则性构想。此外，在《希望的空间》这部著作的"附录"当中，他还以文学的形式，简约地描述了关于未来理想社会的想象。

第一节 替代方案之行动纲要

对于超越资本主义的替代方案之行动纲要，哈维的论述主要从三个方面进行：（1）讨论"作为类存在物的我们"，归纳出一些人类本身所具有的基本技能。在这里，哈维的思路是从人出发、以人为本，为替代方案奠定人学基础；（2）把人类和自然重新置于"生命之网"这个境域当中，以此来考察作为类存在物的我们"对自然与人类的双重责任"，从而再度提出了联合行动的任务；（3）赋予人以"建筑师的形象"，在"剧场"情境下讨论人类的"反叛行动"，既强调了不同规模的互动，又给出了一个比较全面严密的"权利体系"，从而对本书第三、四章中关于权利斗争的论述做出了进一步的具体回应。

---

① ［美］哈维：《希望的空间》，胡大平译，南京大学出版社2006年版，第68页。这个说法还比较抽象，不过在《希望的空间》这部著作的附录中，哈维以思想实验的形式提出了一个关于未来社会的想象，名曰"埃迪里亚"（Edilia），寓意"如你所愿"。

一 作为类存在物的我们：人类的基本技能

哈维之所以提出"类存在物"这个概念，很大程度上是因为他看到了全球化时代人与人之间相互影响、相互依赖、休戚与共的现实状况：环境恶化、大规模的杀伤性武器、世界范围内的剥削和冲突、权力/权利关系的普适性（表现在各种国际组织、国际条约与协定等方面）……无疑，人类要想真正作为"类"而存在，就意味着必须担负着诸多的共同命运与责任！更重要的是，哈维提出"类存在物"这个概念，能够帮助他在联合的行动、新型的社会—生态形式等方面开展自己的理论建构。

然而，时至今日，谈论"类存在物"这个概念不是没有危险，因为它往往被看作一种生物学还原论或基因决定论，被认为与种族主义、纳粹主义的优生学、社会达尔文主义等声名扫地的论调有着内在的勾连。哈维不是没有认识到这种危险以及可能招致的攻击，但他认为，刻意地回避它并不恰当，因为"除非我们正视人性和类存在物这个概念（不管有多危险），并对它们有一些理解，否则我们就不会知道自己可能被疏远的是什么或者指的是什么解放。我们也不能决定我们'沉睡着的潜力'中的哪一部分必须要被唤醒以实现解放的目标。无论如何，人性的有效定义是暂时的，不稳定的，但却是追求与幻觉相反的真实替代方案的一个必要步骤。讨论我们'类存在'，这是非常需要的"[1]。

哈维之所以踏出这一步，是受到了马克思、罗伯特·昂格尔、爱德华·O. 威尔逊等人的影响和启发。在《1844年经济学哲学手稿》中，马克思把人看作类存在物。"人是类存在物，不仅因为人在实践上和理论上都把类——他自身的类以及其他物的类——当作自己的对象；而且因为——这只是同一种事物的另一种说法——人把自身当作现有的、有生命的类来对待，因为人把自身当作普遍的因而也是自由的存在物来对待"[2]。在《资本论》第一卷中，马克思又指出：

> 人自身作为一种自然力与自然物质相对立。为了在对自身生活有用的形式上占有自然物质，人就使他身上的自然力——臂和腿、头和

---

[1] [美]哈维：《希望的空间》，胡大平译，南京大学出版社2006年版，第203页。
[2] 马克思：《1844年经济学哲学手稿》，人民出版社2000年版，第56页。

第六章　乌托邦理想（下）：超越资本主义的行动纲要与未来想象

手运动起来。当他通过这种运动作用于他身外的自然并改变自然时，也就同时改变他自身的自然。他使自身的自然中蕴藏着的潜力（即沉睡着的潜力——引者注）发挥出来，并且使这种力的活动受他自己控制……最蹩脚的建筑师从一开始就比最灵巧的蜜蜂高明的地方，是他在用蜂蜡建筑蜂房以前，已经在自己的头脑中把它建成了。劳动过程结束时得到的结果，在这个过程开始时就已经在劳动者的表象中存在着，即已经观念地存在着。他不仅使自然物发生形式变化，同时他还在自然物中实现自己的目的……①

"类存在物"这个概念表达了人性本质的普遍性以及人际心性的可通达性，把人置于无形的交往、体认和关切的网格当中。而人类本身所蕴藏着的"沉睡着的潜力"则充分表达了人的能动性和积极性，赋予人一种改天换地、更新自我的光明形象。这些观点对于试图冲破资本主义体系、达至解放政治的哈维来讲，不啻于久旱逢甘霖，因为资本主义体系看起来似乎是铁板一块，而现今时代的人们对于乌托邦理想又是如此消沉和怀疑，所以哈维亟须挖掘出某些来自人本身的内在支持。此外，一个众所周知的事实是，把理论构想奠基于人本身，例如人性和人本质，这也是比较惯常的做法。对哈维来讲，他要寻找的乃是人所拥有的某些"基本技能"，一言以蔽之，生存和解放的能力与潜质。因此不难理解，哈维欣然地接受了"类存在物"这个概念，并且，在使用这个概念的时候，业已暗暗地把"沉睡着的潜力"塞入其中了。

由马克思的哲学阐释出发，哈维在著名社会生物学家爱德华·O.威尔逊②那里寻求科学理论的佐证。我们知道，虽然"最蹩脚的建筑师从一开始就比最灵巧的蜜蜂高明的地方就在于，房子实际地建成之前，已经在他的头脑中有它的结构了"，但同时，蜜蜂亦有一些人类望尘莫及的能力，最著名的例子就是它们的舞蹈。③ 现代生物学研究表明，蜜蜂能以一种抽象的符号方式来编

---

①　马克思：《资本论》（第1卷），人民出版社2004年版，第208页。

②　爱德华·O.威尔逊（Edward Osborne Wilson, 1929— ）：社会生物学主要创始人和重要代表人物、美国科学院院士、美术艺术与科学研究院院士、哈佛大学教授，曾经获得美国国家科学奖，并两度获得普利策奖，一共获得世界各地的六十多种奖项，以及二十多个荣誉学位。著有《蚂蚁》《昆虫的社会》《社会生物学：新的综合》《论人性》等多部影响深远的著作。

③　可参见［美］爱德华·O.威尔逊《昆虫的社会》，王一明等译，重庆出版社2007年版，第298—307页。

码和交流信息,其中所包含的数学图式深奥难懂,并且能够在量子领域里操作而不干扰它们。① 一旦了解了这一点,也就会引起我们的好奇:蜜蜂的能力尚且如此惊人,那么人类的能力到底怎么样呢?威尔逊指出:

> [根据无数的例子,]可以得出一个非正式的生物进化法则,这个法则对于理解人类的状况很重要:如果设想有一种生命传感器可以识别环境中的任何信号,就一定有一个物种拥有这种传感器。生命的巨大力量所表现出的这种多样性提出了一个有关人类若不借助其他仪器的帮助便会在感觉上显得无能的问题:为什么我们这个物种,这个所谓创造出来的万物之灵,在很多方面还不如一些动物?我们为什么被带到一个对我们来说还存在很多物理障碍的世界中。进化生物学提供了简单的答案……生物的能力只进化到使生物最大限度适应其所占据的生态灶的程度,而不会锦上添花。每一个物种,每一种蝴蝶、蝙蝠、鱼和灵长类,包括现代人种(Homo sapiens),都占据着特定的生态灶。也就是说,每一个物种都生活在其自身所能感知的世界中。②

这样看来,每个物种都各有其神奇之处,也各有其不足。物种的能力及其不足,是长期演化的结果,这使物种生活在它们各自的世界中。这里面暗含的意思是,我们可以根据物种目前所处的状况来总结和推导它们的基本能力。

威尔逊的这种社会生物学的解释③使哈维能够对人类本身作出判断,并且考察人类的能力结构。

哈维认为,"在地球上,我们只是一个物种,像其他任何物种一样被赋予了特殊的能力和力量,按照有利于我们自己生计和繁殖的方式来改变环境。

---

① [美]哈维:《希望的空间》,胡大平译,南京大学出版社2006年版,第197—198页。

② [美]爱德华·O.威尔逊:《论契合:知识的统合》,田洺译,生活·读书·新知三联书店2002年版,第66—67页。

③ 对于社会生物学所揭示的基本科学知识和实证资料,哈维是予以吸收的,但对于威尔逊以此为基础而发挥出来的生物学还原论和基因决定论,则持批判的态度。哈维指出,一方面,遗传基因和社会文化确实共同作用于我们的身上,留下了不可磨灭的痕迹;另一方面,社会文化也不能全部用遗传基因来解释,因为遗传基因的变化十分缓慢,而社会文化却呈现急剧的、爆炸性的增长态势,这种明显的不协调性不是遗传基因所能完全解释的,更何况,遗传基因也不能说明"微积分学和莫扎特"([美]哈维:《希望的空间》,胡大平译,南京大学出版社2006年版,第204页)。

第六章 乌托邦理想（下）：超越资本主义的行动纲要与未来想象

在这点上，我们与所有其他物种（如白蚁、蜜蜂和海狸）没有什么区别：在进一步适应自己参与建造的环境时也改变了环境"[1]。具备基本的适应和改造环境的能力，这无疑是任何生存下来的物种所必须遵循的根本原则，但在这方面，每个物种的能力大小有区别，发挥能力的方式也有所不同。

人类的感官世界，虽然在很多方面即使与一般的动物相比也有不少局限，但最重要的地方在于，人类已经发展出了特殊的、功能强大的"听、说、读、写"等能力，并且发展出了各种远远超越我们普通感官局限的手段，例如科学技术、机器之类。当然，"最重要的就是我们有能力改变和适应我们的社会组织（例如说，创造劳动分工、阶级结构和制度），有能力通过语言建立一个长期的历史记忆，有能力积累知识和理解力，让它们全部为我们所用，成为我们未来行动的指南，有能力反思我们过去所为并允许我们借鉴经验行事（不但是我们自己的经验，而且也包括其他人的经验）……"[2] 既然人类始终处在以生产劳动、社会组织和科技文化为基础的演变与互动结构当中，既然我们在改变环境的同时，环境也在改变我们[3]，并且，我们适应、改变环境的速度和能力与经济、政治、文化、科技等社会要素的步调和方向高度一致，那么，由我们的生存状态可以看出我们的能力，相反，由我们的能力可以推想我们的生存状态（这当然不是说是100%精确），因为我们的能力与我们的生存状态之间是一种社会—文化方面的内涵，是内在地契合为一体的。

在这个基础上，哈维认为，有必要参照昂格尔作品的一般要点[4]，归

---

[1] 对于社会生物学所揭示的基本科学知识和实证资料，哈维是予以吸收的，但对于威尔逊以此为基础而发挥出来的生物学还原论和基因决定论，则持批判的态度。哈维指出，一方面，遗传基因和社会文化确实共同作用于我们的身上，留下了不可磨灭的痕迹；另一方面，社会文化也不能全部用遗传基因来解释，因为遗传基因的变化十分缓慢，而社会文化却呈现急剧的、爆炸性的增长态势，这种明显的不协调性不是遗传基因所能完全解释的，更何况，遗传基因也不能说明"微积分学和莫扎特"（［美］哈维：《希望的空间》，胡大平译，南京大学出版社2006年版，第204页）。

[2] ［美］哈维：《希望的空间》，胡大平译，南京大学出版社2006年版，第203页。

[3] 哈维对城市社会学家帕克（Robert Park）的一句话很赞赏，因为他说，"城市是人类创造出来的世界，那也是他此后注定要生活在其中的世界。因此，间接地，而且在对他的工作没有任何清楚觉察下，人类在创造城市的时候，也重塑了他自己"（R. Park, *On Social Control and Collective Behavior* (Chicago: Chicago University Press, 1967, p. 3, 转引自 ［美］哈维《新自由主义化的空间》，王志弘译，（台湾）群学出版有限公司2008年版，第84页）。

[4] ［美］哈维：《希望的空间》，胡大平译，南京大学出版社2006年版，第204页。

纳和提出一个人类基本技能的框架，作为建构替代方案的基准和主线。在罗伯特·昂格尔那里，人性观是其社会改造理论的基本构件：人性既有沿袭和积聚文化传统、本能习性以及生活惯例而固化的一面（"character"，即特性），同时又有善于想象、渴望改变、追求创新而变化的一面（"self"，即自我）①，正是人性中这种内在的革故鼎新的冲动才使得既定的社会体系存在着被不断地加以改造和修正的可能（参见上文），这对哈维启发很大。

所以哈维提出了一些他认为至关重要的人类基本技能：（1）生存竞争和斗争（经由自然选择，或者在人类历史中经由经济、政治和文化的选择，产生等级制和同质性）；（2）适应生态环境（经由经济、政治或文化方面的增殖和创新而产生差异性）；（3）协作、合作和互助（依赖交流和转化的能力，形成社会组织、制度安排和一致同意的政治—话语形式）；（4）改造环境（将"自然"改装成与人类的需要广泛一致的人性化的自然——虽然常常会有一些无意识的后果）；（5）安排空间秩序（与空间的生产相伴的出于特殊目的的流动和迁移，诸如逃跑、防卫、组织合并、交通和通信以及对个人、集体和物种生命的物质支持系统在空间上结合起来的组织）；（6）安排时间秩序（设置有助于生存的生物、社会和文化的"时钟"，再配上为生物和社会目的而使用的各种不同的时间秩序安排——在人类社会中，时间秩序安排多种多样，从几乎即时传递的计算机化秩序到通过文化而发展成为精神规则、传统和法律的长期约定等）。②

这个基本技能的框架图看起来一目了然：（1）和（3）可归结为"竞争与协作"，（2）和（4）可归结为"适应和改造环境"，而（5）和（6）则可归结为"时空秩序安排"。可以说，它涵盖了社会生活的主要方面。换言之，可以从人的基本技能出发来解释社会结构和社会面貌。因此，这个基本技能的框架图实际上成为哈维的解释模型。当然，这个基本技能的框架图更是一个指示灯，具有透视未来的作用。

哈维认为，源自进化经验的这些基本技能为人类行动提供了战略选择，也就是说，当人类面临重大的抉择时刻时，我们有能力据此做出选择

---

① 张翠梅、吕冀平：《批判与重构：昂格尔理论思想评介》，《世纪桥》2007年第3期，第63页。

② ［美］哈维：《希望的空间》，胡大平译，南京大学出版社2006年版，第205页。

并付诸行动。例如,"适应和改造环境""竞争与协作",它们既提示了人类安于现状、困于时局的一面,又提示了人类决绝的创造欲望和更新冲动,既提示了人类的斗争场景,也提示了人类所拥有的和谐共处、携手共进的精神。① 众所周知,千百年来,人类正是在这种辩证的矛盾中踯躅前行的。进言之,若非如此,理想的乌托邦将断无可能。

总之,正如哈维所言,"任何生产方式都是不同要素的矛盾和动态的统一,这些不同要素包含在我所略述过的基本技能中。在它内部存在着大量的矛盾、紧张和冲突,而且这些为构筑替代方案提供了一套嵌入的可能性"②。

从理论建构的角度来看,这个基本技能的框架图既把哈维此前的成果,例如"时空矩阵",给纳入其中了,又暗含了将要提出的"生命之网"(新型的社会—生态系统)以及"反叛行动"等说法,在这个意义上我们可以说,哈维从人出发、以人为本,为替代方案奠定人学基础。

二 对自然与人类的双重责任:生命之网与联合的行动

如上所述,我们拥有一系列的基本技能。问题在于,我们该如何运用和发挥自己的能力?这一点值得人类深思熟虑,因为,以不同的方式或在不同的方向上运用和发挥我们的能力,将带来十分不同的结果。不幸的是,一方面,我们现在所拥有的能力已经十分强大;另一方面,看起来我们在能力的运用上并不能让人满意,甚至可以说后果严重!因为一个最简单的事实早已摆在我们的面前:生态环境问题。

生态环境问题既具有全球性,关乎人类命运,也与每个人息息相关,例如空气、水源、食品、健康、生殖等。因此,对于日益突出的生态环境问题,各种各样的人、不同的集团都纷纷发表自己的看法,形成形形色色的理论或立场:人类中心主义、生态中心主义、个人主义、社群主义、经

---

① 不要以为资本主义社会不存在合作。从生物学的角度来看,合作是一种互惠的利他主义,在某种意义上是竞争的一种缓和形式(互相帮助以便于有机体更好地生存)。对此,威尔逊有过充分的说明,参见[美]爱德华·O. 威尔逊《论人性》,方展画等译,浙江教育出版社 2001 年版,第七章"利他主义"。从资本主义社会本身来看,合作也是广泛存在着的,参见[美]哈维《希望的空间》,胡大平译,南京大学出版社 2006 年版,第 206—207 页。可以预见,竞争和合作将随着社会的发展而演变出新的形式,但不会消失。

② [美]哈维:《希望的空间》,胡大平译,南京大学出版社 2006 年版,第 207 页。

济主义、生态资本主义、生态社会主义等；既有宗教的视角，也有美学、科技等视角，其中还夹杂着远见与愚蠢、自大或冷漠、利益的较量以及道德的热忱，等等。在众说纷纭之际，哈维认为，美国著名生态学家弗·卡普拉①提出的"生命之网"（the web of life）这套理念值得关注。

对于生态环境问题，卡普拉认为，这与近代以来西方社会人们的思维方式和科学文化的特性有关：以分析为取向的思维方式、还原主义的研究方法、身心二元论、机械力学等，它们最终凝结为机械论的世界观；宇宙被看作一部机器，一部可以在我们的理智当中被构造的机器，因此，她不再是有机体，而是没有目的、没有生命和精神、等待我们去拆解或重组的对象。这种世界观的精髓在笛卡尔、牛顿那里得到了典型的表达。② 机械论的世界观使人们对环境采取抽象的、冷漠的和征服的态度，诱惑了人类对于自然的主人意识，从而肆无忌惮地对自然实行掠夺式的榨取。以资本积累为原则的工业化大生产、消费主义的生活方式则加剧了对自然的破坏程度。要改变这种危险的局面，就必须扭转机械论的世界观，转向有机的、整体的、自组织的生态世界观。

生态世界观认为，（1）大自然是一个复杂的网络整体，在这个网络整体中，有机体之间、有机体与无机体之间、事物之间、事物与环境之间，一切都相互交织在一起，相互作用、相互依赖，处于动态的运动态势；（2）大自然本身是一个多层次的、具有一定梯度的自组织系统，其中包含着各种各样、大大小小的子系统或者分系统，这些系统之间持续地进行着物质、信息和能量的选择与交换，从不平衡到平衡，从无序到有序，循环往复以至于无穷；③（3）在这个网络整体中，人类只是自然界的一部分，无法超脱于自然之外，在这一点上，与其他生物相比并没什么根

---

① 弗·卡普拉（F. Capra, 1938— ）：出生于奥地利的维也纳，生态学家、系统论专家和作家。1966年获维也纳大学理论物理学博士学位，后到法国巴黎大学从事博士后研究，曾经在英国伦敦大学皇家学院工作。自1975年起到美国加州大学工作，创办并主持国际性研究机构：艾蒙伍德研究所（Elmwood Institute），主要致力于系统论、生态与环境研究。著有《物理学之道：现代物理学与东方神秘主义》《转折点：科学、社会与兴起中的文化》和《生命之网》等书，皆广受赞誉。卡普拉还与查·斯普雷纳克（C. Spretnak）合著了《绿色政治》一书。

② 余正荣：《卡普拉生态世界观析要》，《自然辩证法研究》1992年第5期；鲁兴启：《论卡普拉的整体观》，《自然辩证法研究》1999年第7期。

③ 可参阅赵玲《论现代自组织生态自然观的实质》，《社会科学战线》2001年第4期。

第六章　乌托邦理想（下）：超越资本主义的行动纲要与未来想象

本的不同；人类也不是什么中心或者主体，相反，人类进行交往的一切机制以及人类自身的发展，都取决于生物圈之间的相互作用。总之，卡普拉指出，以生态世界观来看大自然的话，可以发现她是一个动态的生命整体，即"生命之网"。

所以，哈维认为，必须重新把人类和自然置于"生命之网"这个境域当中，以此来考察作为类存在物的我们"对自然与人类的双重责任"。在哈维看来，理想的世界图景乃是"一种在社会上公正的、在生态上敏感的替代性社会"①，而目前的世界图景则与之相去甚远。要实现这个目标，哈维认为，首先，应该深切地认识到人类过去和现在的种种行为对自然、对我们自身所造成的各种后果：一方面，生产力水平确实在整体上获得了极大的提高，物质财富总量也得到了巨大的增长，但是，无论是生产力还是物质财富，都是不平衡的：在发达国家与发展中国家之间、在各个国家的内部，在不同的阶级、不同的种族、不同的民族和不同的地理区域等具体的尺度上，都存在着明显的落差和不公正；另一方面，目前这种存在着明显缺陷的所谓"进步"，又是以极大的生态环境破坏这个触目惊心的代价而取得的！因此，无论是在生产方式上，还是在对待生态环境的思想观念和行为上，都亟须转型。这是我们在决心承担对自然和人类的双重责任时所必须明确的首要前提。没有这个前提，必将落入麻木不仁的盲目乐观当中，或者陷入不管别人死活、不顾人类未来前途的私利算计当中。

其次，需要认真考察人类的行为是如何慢慢地影响到"生命之网"的。这推动我们去发现一个基本的事实：资本主义积累活动始终在不顾一切地、排除一切障碍地按照自己的愿望来塑造地理空间与环境——"自然的生产"②。试问现在人迹所至之处，什么东西能够幸免资本的罗网呢？我们的日常生活早已商品化了，连我们的身体都已成为资本积累的策略。"自然"亦不例外，开发（破坏）自然是为了利润，被破坏后的"自然"也可以谋利：过滤后的空气、水污染之后的"纯净水"和"矿泉水"、保护原始森林以发展旅游业，等等。总之，"资本主义将生命之网中，本不应当被生产为商品的基本元素，都当成了商品。这适用于劳动，适用于一

---

① ［美］哈维：《希望的空间》，胡大平译，南京大学出版社2006年版，第68页。
② ［美］哈维：《新自由主义化的空间》，王志弘译，（台湾）群学出版有限公司2008年版，第82页。

切我们经常称之为'自然'的东西,以及我们社会存在的特殊形式(不仅像货币这样的最明显的东西,而且还包括诸如文化、传统、智慧、记忆以及物种的物质再生产之类的特殊的方面)……'万物的商品化'侵入了日常生活的方方面面"①。在这个意义上我们可以说,生命之网实际上已经成为资本罗网,或者说,实际现存的是"由不受控制的资本积累、阶级特权和政治经济权力的总体不平等所强加的社会—生态形式"②。

最后,必须采取联合的行动。(1)资本主义积累活动已经把人类逼迫到退无可退的境地,从日常生活到自然,所面临的风险更甚、规模更大、影响更深远、意味更复杂(物质上、精神上、美学上)。由资本积累所主导的社会—生态形式在量变过程中引起了质变,这种质变要求我们在反应上和思想上做出相应的质的变化——"地球生命之网变得如此受人类影响所渗透以至于进化的道路严重地(虽然绝不是唯一地)依赖于集体行为和活动";③(2)"我们对自然和类存在物的责任是由行动所组成的,这些行动包括:从灌木树篱和花园隐匿处的小生境差异的微观保护,到水资源和对流层臭氧浓度的退化这些区域性问题,再到平流层臭氧损耗、资源衰退、生物多样性的维护和全球变暖这些极为复杂的全球问题,不一而足。辩证乌托邦理想必须要在它的范围内把所有这些问题结合起来,因为这是我们试图在改变自己时所必须要改变的生态世界"④;在这里,哈维实际上指出了我们在采取"生态环境保护"行动时的全方位性和广泛性,也就是不同规模上的相互协调和共同促进这个问题。

然而,实际上这不仅仅是生态环境保护问题。因为生态环境问题实质上牵涉到人的问题、社会问题和阶级问题(资本问题)。不正视后者,生态环境问题就不可能得到真正的解决。归根到底,正是人的问题、社会问题和阶级问题(资本问题)直接导致了生态环境问题。所以我们才看到,例如,在"环境问题"当中,那些影响穷人、工人阶级和边缘人的诸多问题常常被忽视,而对富人、有钱人造成影响的那些问题却往往受到了关注。又如,石油公司虽然表态对生态环境问题很重视,但另一方面,却对

---

① D. Harvey, *Spaces of Global Capitalism*, Verso, 2006, p. 113.
② [美]哈维:《希望的空间》,胡大平译,南京大学出版社2006年版,第195页。
③ 同上书,第216页。
④ 同上书,第215—216页。着重号为引者所加。

第六章　乌托邦理想（下）：超越资本主义的行动纲要与未来想象　　217

因为需要限制二氧化碳排放量而必须削减其全球扩张计划很愤怒。① 再如，美国迟迟不愿意签订京都议定书；等等。

由此可见，"当我们一方面关注对自然的责任、另一方面又关注对人类的责任时，有多重矛盾需要解决。后者在定义上并不与前者相对立"②。在哈维看来，生态环境问题当中包含着阶级政治学。那些掌握主导权的发达资本主义国家以及被它们控制的国际机构、那些资本力量雄厚的跨国公司和金融集团，以及受雇于资本力量的研究机构，始终在有意识地"引导"和支配着我们对生态环境问题的探讨，并且试图破坏或者抵消对它们的资本积累活动不利的社会运动和思想意识。也就是说，资本力量事实上形成了一个联盟，在话语和行动上掌握着霸权与优势。

因此，作为回应，工人阶级、穷人、边缘人以及一切受资本力量所侵害和剥削的人们，包括那些头脑清醒、公正热忱的科学家和艺术家以及学者，都必须切实有效地组织起来，"提出建构整套生产、交换和消费的替代模式问题，这种替代模式可以降低风险，并且在环境和社会问题上都是公正和敏感的"。③ 一旦达成了一种共识性的新型替代方案，那么联合行动就获得了基本的行动指南。

总之，替代方案如欲实现自身，不仅仅意味着纯粹的生态环境保护行动，而且意味着在这个过程中寻求某种阶级斗争或阶级联盟。虽然环境主义运动并不必然与其他形式的社会运动（无政府主义、社会主义、女权主义等）在许多方面完全一致，但它们起码在反抗资本主义这一点上是一致的，有共同语言。这就值得我们"在基础广泛的全球性反资本主义运动当中，去思考它们之间的相互连接。很明显，并非所有这些斗争都是古典马克思主义意义上的'阶级斗争'。如果忽视当代条件下这些斗争的多面特征，就相当于放弃打造反资本主义联盟，而这些联盟实际上能够做一些事情，可以用来遏止（如果还不是促成转型的话）掠夺性资本主义的所作所为"④。

最后，哈维呼吁，我们当中的绝大多数人都把自己原本所拥有的、可

---

① ［美］哈维：《希望的空间》，胡大平译，南京大学出版社2006年版，第216—217页。
② 同上书，第217页。
③ 同上书，第218页。
④ D. Harvey, *Spaces of Global Capitalism*, Verso, 2006, p. 115.

以按照本心愿望来创造生活的权利让渡给了资本方，我们消极地或者心不在焉地投入到资本的怀抱，顺从地按照资本阵营的规划来生活，最终既失去了自我，又发现结局不是像预想中的那么美好，所以现在，我们必须重申和收回我们的权利，积极地行动起来，做回我们自己！[1]

三 反叛行动：建筑师的形象、规模互动与权利体系

做回我们自己！这是哈维的呼吁，这意味着反叛：超越资本的罗网，超越资本主义体系，修复遭受创伤的生命之网。在哈维看来，其实我们每个人都具有改造环境、按照自己的愿望安排时空秩序的基本技能！但是我们当中的绝大多数人于有意无意之间选择了沉沦，而结局看起来如此不堪，所以，到了重新夺回命运主导权的时候了。

在这个时候，哈维想到了建筑师。在西方，建筑师是与"创造愿望""改造活动"联系在一起的，自古希腊以来就流传着一句格言："我们建造了房子，房子创造了我们。"即是说，人与自身生存环境是一种动态的相互作用的关系，我们在适应和改造自身生存环境的过程中，也就在无形之中改变了我们自己。时至今日，这个理念依然有着的广泛影响。例如，著名城市社会学家罗伯特·帕克指出，"人类在创造城市的时候，也重塑了他自己"[2]。同样的道理，哈维认为，"我们希望城市会是什么样的计划就是关于人类可能性、我们需要谁，或者更确切地说，我们不希望成为谁这样的一些计划"[3]。

可见，"建筑师"这个词不仅具有实践的意味，而且还具有象征的意味。马克思有一个广为人知的比喻："最蹩脚的建筑师从一开始就比最灵巧的蜜蜂高明的地方就在于，房子实际地建成之前，已经在他的头脑中有它的结构了。"[4] 目前，我们需要的正是勇敢的想象、对于未来的筹划。

不过，关于城市乌托邦的讨论使我们发现，通常的建筑师已经被整合到资本主义体系当中去了：他们在规划、在建造，他们有自己的理想，但

---

[1] D. Harvey, *Spaces of Global Capitalism*, Verso, 2006, p. 84.

[2] R. Park, *On Social Control and Collective Behavior*, Chicago University Press, 1967, p. 3, 转引自[美]哈维《新自由主义化的空间》，王志弘译，（台湾）群学出版有限公司2008年版，第84页。

[3] [美]哈维：《希望的空间》，胡大平译，南京大学出版社2006年版，第154页。

[4] 马克思：《资本论》（第1卷），人民出版社2004年版，第208页。

第六章 乌托邦理想（下）：超越资本主义的行动纲要与未来想象

他们最终成为被资本积累所凭依、所利用的"专业人员"。这种专业人员不是本原意义上的建筑师，或者说，这种专业人员不具有"建筑师的形象"。

就人类自身而言，哈维认为，在本质意义上，我们都是自己的建筑师："我们能够完全平等地把自己看作各种类型的建筑师。当我们从事日常实践并以此有效地保存、构造和重建我们的生活世界时，把自己解释成'我们自己命运和运气的建筑师'就是采用了建筑师形象来比喻自己的作用"①。

"建筑师的形象"还表达了实事求是的一面：建筑师在设计和规划时，固然需要想象，同时他也离不开现实的条件，必须根据现实条件来筹划。② 这个实事求是的方面也是哈维一直所强调的，他始终要求从现实的时代状况出发来建构和实践我们的乌托邦理想，而不能飘浮于高高的云天之上，因为那样的乌托邦理想乃是纯粹的、抽象的空想。"按照马克思的意思，我们建筑师全都运用意志来创造，但却不是在自己所选择或创造的条件下进行。"③

在现实条件的基础上开展想象与筹划并付诸实践，这是资本主义体系中一个值得我们学习的方面；反之，以往的乌托邦主义者凭空地进行想象从而导致失败，这是我们必须吸取的教训。④ 那么，在资本的罗网之下，我们作为建筑师何以能够针对现实条件进行想象呢？哈维根据马克思的一贯思路来回答这个问题：从资本主义的矛盾和危机，从资本主义体系本身——这个矛盾体——当中提取变革的因素与机遇！这就是解放政治的基础和起点，辩证法的力量正在于此。所以，哈维既承认作为建筑师的我们对于变革的总体过程没有绝对的控制力，又强调必须善于抓住对我们有利的偶然性，发挥它，扩大成果；反之，控制对我们不利的偶然性，约束它，减少损失。一言以蔽之，真正聪明智慧的建筑师乃是辩证法的大师。不言而喻，哈维这么说，其实是试图启发我们去寻找资本罗网下的突破口。

总之，哈维告诫我们："想象我们是建筑师，全部拥有广博的能力和

---

① ［美］哈维：《希望的空间》，胡大平译，南京大学出版社2006年版，第196页。
② 同上书，第200页。
③ 同上书，第226页。
④ 同上书，第200—202页。

力量,深嵌于充满了明显约束和限制的自然和社会世界之中,再想象我们正努力地改变着这个世界。当灵巧的建筑师醉心于反叛时,我们必须从战略、战术上来考虑:改变什么、从何改起、如何改变,又使用什么工具来改变。"① 在这里,哈维主要从各种不同的时空规模来思考政治的可能性。他认为,真正的政治变革产生于几个规模之间从思想到行动的互动:来回穿梭、相互呼应和配合。之所以强调这一点,是因为哈维认为,以往的政治运动常常局限于一隅,或者社区、或者城市、或者工厂……最大的缺点是没有能够在时空规模上以一种更加动态的、共同进化的方式连接起来。

鉴于上文中业已着重讨论了"全球化"和"身体"这两个宏观与微观的两极互动,所以这里的讨论是有限的,属于补充的性质,主要是打算对上文中所论及的权利斗争做出进一步的具体回应。

哈维认为,我们作为反叛的建筑师,首先是一个具体的人,占据着一个唯一的空间。这是根本性的、原创性的个人空间。为着自身的生存与发展,个人始终在左冲右突,在营造和拓展自己的空间。无论如何,我们不得不承认,个人所奋斗和所追求的一切,都和他们的利益有关。或者说,个人利益始终是我们思考和行动的出发点与归属。在这个意义上我们可以说,一切社会生活的实践既开始于个人,又结束于个人。但是,正如马克思所说的那样,"人是最名副其实的动物,不仅是一种合群的动物,而且是只有在社会中才能独立的动物"②。所以当我们看到人是社会性的和政治性的个人时,我们也可以看到,政治人是社会构造的结果。

坚持政治人是社会构造的结果,这意味着什么呢?意味着阶级利益、政治权力、暴力的动员、理论话语和公共舆论等社会—政治的要素都凝聚在我们身上了,意味着我们从来不是一个个封闭的、原子式的个体,而是一个个相互联系、相互影响、相互渗透的多孔性(porosity)的处在社会—生态网络中的微缩整体。也就是说,我们是开放的存在,个人必须被看作社会—生态关系的整体。

"个人作为社会—生态关系的整体",这句话有两方面的意义:

一方面,当下的我们被整合到了当下的社会—生态结构当中去了。也就是说,个人空间的"位置性(positionality)"或"情境性(situated-

---

① [美]哈维:《希望的空间》,胡大平译,南京大学出版社2006年版,第228页。
② 马克思、恩格斯:《马克思恩格斯全集》(第30卷),人民出版社1995年版,第25页。

第六章 乌托邦理想（下）：超越资本主义的行动纲要与未来想象

ness)"是当下的社会—生态结构的一部分，这就表明我们被资本逻辑所牵制。诸如技术专家、消费者、拥有财产所有权的房主以及租户之类的角色，都被资本逻辑压制为"原子"。甚至光鲜亮丽、五彩斑斓的后现代、多元主义文化等，也被资本逻辑所利用，标志着市场力量向整个文化生产领域的合乎逻辑的扩展。[1] 由资本积累、技术革新、灵活生产和全球化所催发的"时空压缩"使我们忙忙碌碌，不停息地劳作，既没有时间去思考，也看不到更开阔的新空间。总之，资本逻辑实际上限制了我们对可能事物的幻想。这就是人类当下的处境。

另一方面，可能的自由想象和变革行动意味着一种联动性质的革命。让我们再度回到建筑师形象上来。建筑师看起来既是资本主义城市化进程中的一个齿轮，同样被资本积累过程所构造，但是"建筑学家可以（实际上是必须）希望、设想和梦想差异。而且除了他或她必然调动的思辨想象外，他或她还会有效地利用某种特殊的批判资源，从而产生可能的替代前景。这种资源存在于乌托邦理想的传统之中"[2]。最起码需要明确一点，"没有人可以永远单干。但是被定位为一个反叛建筑师，拥有各种资源和欲望（有一些直接来自于乌托邦传统），我可以立志成为一个破坏分子、制度内部的第五纵队成员，把一只脚坚定地踏在某个替代选择的阵营中"[3]。之所以说存在着"阵营"，正是因为每个人都是一个微缩的整体，整个网络上的一个纽结，社会关系的网络把这个人与那个人连接在一起了；一个"病毒"在网络上传播，感染了一些原本"正常"的细胞，形成这块或那块病毒区。由此可见，个人、地区、国家、区域、国际等不同的空间规模是密切联系的，不同的空间规模可以在时间的长廊中生长、蔓延、转移、合并……这是一个时空矩阵。

总之，反叛的建筑师是被激活的网络病毒。他或她不但会动摇既定的资本主义体系这个整体，也会动摇那些局部性的封闭集体，例如社区、私

---

[1] [美] 戴维·哈维：《后现代的状况》，阎嘉译，商务印书馆2003年版，第86页。

[2] [美] 哈维：《希望的空间》，胡大平译，南京大学出版社2006年版，第232页。虽然关于替代方案的思考和想象在没有落实到行动层面上时只是一种思想实验，但是这种未来构想对于解放政治来讲是必要的前提。关键是这种未来构想是否具有确实的意义：是单纯的空间乌托邦理想、过程乌托邦理想还是辩证的时空乌托邦理想？关键是这种未来构想是否恰当地考虑到不同时空规模的互动——这意味着联合的行动、集体性的力量，意味着动态的过程、长期的消耗战。

[3] [美] 哈维：《希望的空间》，胡大平译，南京大学出版社2006年版，第233页。

托邦等,关键是"必须找到一些方法,由此我们反叛的建筑师可以超越时空去塑造一个更加一体化的历史地理变化的过程,不受那种典型地由某种利益共同体规定的界限所约束"①。说起来,这些方法有不少。例如,通过内省的方法(精神分析等)来观照我本身(本我、自我与超我之类),以至于去思考、去发现我是不是"我自己"?!从而受到触动。又如,通过移情的方法,"像他人一样思考",推己及人,我看到了一个个作为他者的我。再如,通过翻译的方法,把不同的话语结构和对世界的再现,把间断性、异质性和多样性联系起来……如果综合地、灵活地运用这些方法,那么,被资本逻辑所压制的"原子"就可以重新回复为生机勃勃的个人、多孔性的关系整体,原本被隔绝起来的地理—空间上的板块就可以连成一片,特殊性与普遍性就可以辩证地统一起来。

哈维强调,必须综合地、灵活地运用这些方法,根据实际情况加以发挥,这是解放政治的必备原则。就哈维本人来看,主要是突出了权利斗争。

权利斗争有着悠久的历史,迄今为止一直被世界范围内的人民群众所渴望和实践;"为权利而斗争"这句口号深入人心,可以说是最能够被广泛接受的一项共识。当今时代的权利斗争亦是风起云涌,堪称社会反抗运动当中的一条主线。所以,权利斗争可以把社会主义、共产主义、环境保护主义、女性主义、文化多元主义等社会对抗运动给联合起来。并且,权利斗争虽然具有改良的性质,但是循序渐进的改良和对权利的逐步争夺,日积月累,其成果不容小觑。在一定意义上,长期的权利斗争可以为在某种条件下被激发起来的彻底变革创造条件。

基于这样的认识,哈维提出了11项基本的普遍权利,构成了一个权利体系:

1. 生活机会的权利。这项权利重申了《世界人权宣言》第23条第(三)款的要求:"每一个工作的人都有权享受公正、合适的报酬,保证使他本人和家庭有一个符合人的尊严的生活条件,必要时并辅以其他方式的社会保障。"这项权利是为了保障和维护每个人的基本生存权和基本的经济安全,其中,获得食物的权利是最基本的要求,而"最低生活工资"则是实现这项权利的具体途径。

---

① [美]哈维:《希望的空间》,胡大平译,南京大学出版社2006年版,第235页。

2. 政治联合和"善治"的权利。这项权利重申了《世界人权宣言》第 20 条和第 21 条的要求,包括:和平、自愿地集会和结社的自由与权利,直接的选举权与被选举权以及政治参与的权利。这项权利是为了保障和维护人们对政治权力的控制与管理,防止政府对人民权利的侵害,并且达到某种"善治"的局面。当然,同时也必须防止以民主的形式出现的"多数人的暴政",注意保护少数人的权益。

3. 生产过程中直接劳动者的权利。这项权利包括:由直接生产者控制生产过程,长期持续地改善劳动条件,当遇到不合理的劳动负担和苦难时能够获得充分有效的赔偿,在生产、交换和消费的全球体系内尊重劳动尊严和劳动者的尊严,等等。

4. 人的身体的不可侵犯性和完整性。这项权利涵盖了《世界人权宣言》第 1 条至第 10 条,它包括:生命权、人身自由、人身安全、人格平等、法律面前人人平等,要求拥有和享受司法独立、审判公开和公正的权利,禁止非法拘禁,国家赔偿权,妇女的特别保护权,等等。

5. 豁免权/变动权。这项权利重申了《世界人权宣言》第 18 条和第 19 条的要求,包括:人人有思想、良心和宗教自由的权利,人人有权享有发表主张和意见的自由,以及公民有权变动现存不合理秩序的权利,等等。

6. 体面、健康的生活环境的权利。这项权利是为了使人们免于受到不必要的危险和意外伤害,特别是那些由于环境污染和环境恶化而导致的危害。例如,水源、空气等基本的生存环境所受到的污染对人们的身体健康和生活品质所造成的严重伤害,有毒、有害、放射性物质的大规模生产与扩散对人类的威胁等。

7. 集体控制公共财产资源的权利。资本主义体系的一个根本性的普遍主张乃是"私有财产神圣不可侵犯"。《世界人权宣言》第 17 条也支持私有财产权:"人人得有单独的财产所有权以及他人合有的所有权","任何人的财产不得任意剥夺"。但是,私有财产制度的弊端日益凸显,它的无节制扩张甚至已经危害到对人类/全民的公共财产资源——水资源、雨林、遗传物质、历史文化等——的存续。因此,对那些具有人类和全民性质的公共财产资源,必须严格地加以包含保护,使其免受侵略性的私有财产权的破坏。

8. 尚未出生的人的权利。为了保障和维护人类本身以及无数物种的连续性和可持续发展,每一代人都必须承担起对未来世界的责任感和义务感,而不能让自私的欲望无限膨胀,那将可能毁灭未来物种的生存环境。也就是说,地球不仅仅是这一代人的地球,同时也是下一代人的地球。因此,这项权利实际上是一种代际权利。

9. 空间生产的权利。这项权利是对《世界人权宣言》第13条和第14条的重申与扩展。第13、14条宣告:"人人在各国境内有权自由迁徙和居住""人人有权离开任何国家包括其本国在内,并有权返回他的国家"。哈维认为,如果人们能够按照一定的规则,自由地在地理空间上迁徙,自由地创造新的地理空间以及新的社会空间,那么将会打破僵化的既定空间结构,开创新的生活场景:"空间的生产不只意味着在预定的空间构造的世界中进行循环的能力,它还意味着重建空间关系(领土形式、通信能力和规则)的权利,所运用的方式是把绝对行动框架中的空间变为更具延展性的社会生活的相对和相关方面。"①

10. 差异权,包括不平衡地理发展的差异权。《世界人权宣言》第22条至第27条规定了每个人都应该享有的"经济、社会和文化方面的各种权利",它包括:劳动权以及社会保障权,教育权,"充分发展人的个性""促进各国、各种族或各宗教集团间的了解、容忍和友谊""有权自由参见社会的文化活动""所创造的任何科学、文化或美术作品而产生的精神的、物质的利益,有享受保护的权利",等等。哈维认为,这些规定实际上意味着保持差异的权利,探索文化、性别、宗教信仰等领域中差异的权利,以及背离既定规范而创新的权利。当然,这项权利的前提基础就是不能侵犯他人的权利。

11. 我们作为类存在物的权利。"这也许是所有权利中最含糊、又最不容易说明的一个权利,但它又可能是所有权利中最重要的一项,它肯定会成为争论的中心"。实际上,这项权利是要预先保障人们能够自由地去探索自身的变化潜能、进化演变的条件与途径,也就是"自我演变的普遍权利",它开放了人类的生存空间与未来视域,赋予人们自主的革故鼎新的权利,激发人们去寻找"另一个可能的世界"。当然,这项权利也需要用对于他者(包括人类和非人类)的义务、责任和职责来调和,并承认

---

① [美]哈维:《新自由主义化的空间》,王志弘译,(台湾)群学出版有限公司2008年版,第245页。

所有物种间都具有同样的权利,否则必然导致某种霸权。

可以看出,哈维提出的这个权利体系涉及生存保障、个性发展、生态环境、变革与发展、生产组织等诸多方面,具有很大的号召力和包容性。因此,对哈维来讲,这是一张能够连接不同空间规模,团结不同力量的路线图。当然,这个权利体系的内部也不能说没有矛盾,例如,追求变革的豁免权在允许规则破坏的同时很有可能带来意想不到的危害。不过这不是什么大问题,因为这个权利体系是开放的,应该在发展过程中得到修正。哈维所看重的是这两点:(1)一方面,权利斗争本身具有重大的意义;但另一方面,它不是事情的全部,甚至可以说它只是为了使动态的解放政治在不同的时空规模之上得以运行的一种手段和途径,"是一个更加复杂的、致力于社会生态变革的社会过程中的成长环节,这个生态变革包括社会活动所有其他的独特领域";[①] (2)就现实的时代状况和联合行动的要求而言,反叛的建筑师却必须是这些权利的提倡者,同时,他或她必须把这些权利真正落实下来。也就是说,这两点之间也是辩证的关系。

综上所述,初步看来,哈维的辩证乌托邦理想是一种现实主义的乌托邦理想,一方面,它具有高远的对资本主义体系的整体突破和超越的目标,以彻底的解放政治作为理论的未来指向;另一方面,又从现实的时代状况出发,要求实事求是、循序渐进地在不同的时空规模上展开联合斗争,争取从微观到宏观的人类权利,锱铢必较地与资产阶级争夺人类存在的权益。这种现实主义的斗争策略在当下的时空情境中也许表现为一种改良主义的路线,但日积月累,则会有所突破,呈现出全新的时空景象。所以,总的看来,哈维能够紧跟时代的步伐和需要,借助当下流行的多重理论旨趣,赋予他的乌托邦理想以理性的说服力和感性的亲和力,也体现出了他的理论综合能力和创新能力。当然,至于其实际的理论影响和实践效果,都有待于进一步探讨和检验。

第二节 关于未来社会的想象

虽然哈维早已原则性地提出,要"建设一种在社会上公正的、在生态上敏感的替代性社会"。但是,至于这种替代性社会到底是何种具体的面

[①] [美]哈维:《希望的空间》,胡大平译,南京大学出版社 2006 年版,第 246 页。

貌或图景，《希望的空间》这部著作的正文部分并没有给出详细的描述。不过，在这部著作的最后，即"附录"部分，哈维最终以文学的形式，虚构了一个乌托邦诞生和运行的过程与场景，全文总共不到 2 万字，直接描述乌托邦的才 1.6 万字左右。他的这个乌托邦名曰"埃迪里亚"（Edilia），寓意"如你所愿"①。

为什么不把这个虚构的乌托邦想象放在正文当中，而是附录于后呢？笔者认为，哈维可能有两点考虑。首先，哈维的主要任务是论证超越资本主义的替代方案何以可能、如何可能，即务必给出解放政治的现实依据以及替代方案的行动纲要。在这个紧迫而至关重要的论证工作结束之后，哈维才能考虑去描述未来社会的理想图景。也就是说，该著作的正文部分必须担负这些至关重要的根本内容。其次，哈维也许是既试图给出一幅未来社会的理想图景，从而打破对资本主义的盲从和迷信，破除资本主义的不坏金身，也就是说，激发人们的想象力，同时，他又不希望人们固执于自己给出的特定图景，所以把它放在附录当中，字数上也很有限——这样来处理"埃迪里亚"的话，就使理想图景带有一定的附带性质，就赋予它以较强的"思想实验"的色彩，从而减缓人们对它的过度解读。

进言之，哈维在给出"埃迪里亚"这幅想象的图景时，不是说它是一种必然如此、确定无误的东西，而是要告诉人们：人类的未来是开放的，没有什么固定不变的结局，一切都需要我们去大胆想象、小心实践。笔者这么理解，当然只是个人看法，不过并不是完全没有道理。例如，哈维本人就很明确地说："我总是认为莫尔写《乌托邦》的目的不是为未来提供一份蓝图，而是为了审视他那个时代荒谬的浪费和愚蠢，并坚持事情可以而且必须变得更好。"② 这里的言下之意似乎表明，他本人所提出的"埃迪里亚"并不是一份确定的蓝图，而是要发挥乌托邦理想所具有的"批判"和"超越"的功能，引导人们突破资产阶级意识形态所导致的僵化思维，从而能够面向崭新的未来时空。毕竟，人们是否能够养成敢于想象、善于想象的能力和习惯，是否具备丰富的"想象力"？在哈维看来，这才是根本性的，才是至关重要的。

---

① 具体内容可参见［美］哈维《希望的空间》之"附录"，胡大平译，南京大学出版社 2006 年版，第 249—272 页。

② ［美］哈维：《希望的空间》，胡大平译，南京大学出版社 2006 年版，第 271 页。

第六章　乌托邦理想（下）：超越资本主义的行动纲要与未来想象

话说回来，虽然哈维关于埃迪里亚的描述，乃是一种思想实验，但这当然不是什么胡思乱想、随心所欲的产物，而是深思熟虑、精细构思的成果。所以，对于哈维的这个埃迪里亚，我们也应当严肃对待，因为从中倒是可以挖掘出不少哈维乌托邦思想的理论要素以及他对未来解放状态的期许。具体而言，笔者认为，这个埃迪里亚具有如下特点：

第一，它比较明显地体现了哈维在论述辩证的乌托邦理想时所强调的现实性、时—空辩证法等特征。

哈维关于埃迪里亚的想象，虽然总体上无疑是虚构的，但这种虚构又不是无稽之谈，因为它实际上还是取材于当代现实社会状况。例如，在论及资本主义体系的崩溃过程时，我们看到了这样一些描述：

> 到2005年全球变暖已气势汹汹，在某些地区产生了严重的环境危机和作物歉收。这使大范围传染性流行病得以爆发，产生数百万的环境难民，形成大量的难以承担的保险索赔。
>
> 崩溃早在2013年就开始了。它集中于股票市场，这个市场在本世纪的头10年间道琼斯指数涨到85000点。
>
> 正是股票市场的崩溃使世界发生了动摇。没有人完全知道它是如何发生的（曾经有人知道吗？）……股市越是跌落，其他人就越是想赶在不太晚之前兑现。
>
> 四个月以来，政府和中央银行注入足够的流动资金以保持市场稳定（道琼斯指数维持在50000点左右）。但那时世界充斥着无用的纸币。通货膨胀加速，所以成罐的金枪鱼和成袋的大米成为比美元、日元和欧元还要合理的流通形式。利率飞涨至千个百分点。公司——甚至是那些赢利的公司——在彻底的金融灾难中纷纷破产；失业（在这些举措仍然举足轻重的那些地方）增至前所未有的水平，甚至涉及了富人……政治权力在货币迅速贬值的重压之下慢慢地消散了。政府声名狼藉，并陷入混乱……法律失去了它作为权力的大部分意义……大坝最终在2013年的早秋被冲破。到这年年底，道琼斯指数已低于2000点。养老基金和保险公司像银行和其他大多数金融机构一样破

产了。股票市场消失了，纸上财富化为乌有。①

紧接着股市崩溃、金融危机的是一系列其他的连锁反应：政府完全垮台、军事接管、各种冲突和恐怖统治，等等。显然，哈维所描述的这幅黑色的埃迪里亚前史从总体上看十分符合我们对当前现实世界的认知。因此，我们在阅读"埃迪里亚"前史时既感到触目惊心，又感到身临其境。

此外，哈维关于埃迪里亚的描述既包括了关于社会过程的想象，又包括了关于空间形式的想象。也就是说，哈维既揭示了埃迪里亚的诞生过程：资本主义政治经济状况的恶化→全面的社会崩溃→转变与斗争→乌托邦的形成与运行；同时，他还揭示了埃迪里亚的地理—空间布局：

> 基本的居住单元被称作 hearth，差不多由 20 到 30 个成年人组成，家庭内的所有孩子由集体抚养，被叫作 pradasha（稍后作详述）。每个 hearth 集体安排生活，成为相互自治的共同经济体。
>
> hearth 成员一起吃饭、一起工作，就如何协调内部关系以及如何通过与其他 hearth 交换而"谋生"达成集体决议。neighborhood 由 10 个左右的 hearth 组织，edilia 是一个更大的组织单元，200 或更多的 hearth（大约有 6 万人）在其中松散地协同行动。最大的连续的政治单元叫 regiona，差不多由 20 至 50 个 edilia 组成（至多有 300 万人），这样做的目的是要形成人类居住环境的一个生物区，努力做到尽可能地自给自足，并密切关注环境和可持续性问题。
>
> 在此之上就是 nationa，它是一个松散组织的 regiona 联盟，为了相互交换和贸易而集中在一起。它一般至少由两三个 regiona 组成，分散在世界每一热带、亚热带、温带和亚北极地带，在陆地 regiona 和海洋 regiona 之间、干旱的 regiona 和多雨的 regiona 之间各自具有类似的多样性。联盟法规定期进行重议，而且当 regiona 觉得合适时，他们会不时地从一个 nationa 转向另一个 nationa。此外，新的 nationa 可以随意形成，其他的 nationa 可以随意解散，因此不存在固定的人口规模，甚至也没有超出联盟法规的任何固定的政治组织。②

---

① [美]哈维：《希望的空间》，胡大平译，南京大学出版社 2006 年版，第 250—251 页。
② 同上书，第 255 页。

第六章　乌托邦理想（下）：超越资本主义的行动纲要与未来想象

值得注意的是，这些社会组织并不是固定不变的，而是处于动态的变化状态。有理由认为，哈维所说的埃迪里亚是一种时空一体化的辩证的乌托邦想象。

第二，埃迪里亚的产生是不同空间规模上的社会成员、社会集团、阶级和阶层切实开展联合斗争的成果。

为感性地呈现新旧世界更替的过程，我们不妨直接引用原文的描述：

> 由于当局抢占越来越多的资源，地方上的不满就开始萌芽了。小型的反抗运动随处可见，它们武装反抗等级权力的腐败和政策，指责权威部门未能处理迫切的生存问题。这些运动开始在地方层次组织起来，为生存和抵抗建立先驱性的集体组织。但由于没有武装，他们常常受到暴力镇压……但2019年这些根本不同的、分裂的运动突然就集合起来了（后来有人说这是某个秘密的革命组织者协会所策划的，尽管当时并没什么证据）。不幸的人们自发地集体起义。他们创建了大规模的非暴力抵抗运动，静静地占据了越来越多的全球经济空间，发布连珠炮式的要求，要求获得更多的平等、要求解散军方统治、要求弹劾军事和宗教领袖。
>
> 在许多对抗和自治的飞地上，各族人民已经取得了人类历史上空前的不同层次的信任、理解和团结。
>
> 许多科学家、医生和技师放弃了对军事化神权政治的支持，转而运用他们的技能服务于这项新运动，一开始是暗地里，但是当被解放的领域开始被确定时，他们就是公开的了。他们放弃了腐败的军事神权的御用文人的特权地位，发动了一场运动，重新主张科学、医学和知识的解放和教化使命……许多知识分子和艺术家也加入到这场起义中。一些管理人员和技师（特别是负责闲置工厂的那些人）开始着迷于真正变革的可能性，并在他们的工作场所（工厂、农场和办公室）零星地领导一些运动，致力于使生产设备重新用于不同的社会目标。
>
> 一个和平的、非暴力的几乎完全由妇女领导的大规模运动席卷了全球……妇女运动在10亿左右的妇女中兴起，到2010年这些妇女会成为无产阶级中的大多数。正是这种女性化的无产阶级将会成为历史转变的动力。……她们行走于家家户户，世界各地，摧毁她们所能发

现的每一件武器和枪炮，最终唤醒了一大批新入行的技师——既有男人又有女人——去解除和销毁所有的暴力武器和大规模杀伤性武器。这是一场非暴力运动，兼有消极抵抗和群众运动的特点。……这场运动被证实是一种催化剂，它使世界从集权化的权力等级制转变成了一个平等主义的群众力量的政治学，把地方、个人和各种社会团体连接成为复杂的全球交换的交互网络。到2020年世界大多数的地方都会解除武装。军事和宗教权威会在致命的包围中慢慢地窒息而亡。①

第三，它贯彻了哈维所提出的"建设一种在社会上公正的、在生态上敏感的替代性社会"这个要求。

1. 关于社会正义。在埃迪里亚那里，某种经过大众讨论并参与其中、设计良好的社会运作机制被建立起来；合理建构的政治代表制度能够防止特权精英集团的形成；② 此外，集体劳动、公共资源与个体劳动、私人资源得到了协调的结合，既能够提供和满足所有人适当的物质需求和生活机会，又不至于压制和埋没每个人的独特需要（例如，在很大程度上已经象征化的"讨价还价的欲望、易货贸易的欲望"③，等等）；由于人员可以自由流动，因此，所谓的种族或人种得到了充分的融合，以至于种族特征、种族划分变得毫无意义；等等。

对于当前全球化时代所面临的区域或者国家之间的贸易问题，以及全球治理方面的难题，埃迪里亚也有能力应付自如：

> Edilia 或 regiona 之间的争议由协商委员会解决。在 regiona 的层次上，多数的争议涉及贸易关系，这些贸易关系通过普遍协议，以平等、非强压和互惠为基础（我们已经把亚当·斯密的完善市场理念变得实际和真实，虽然很大程度上是通过双边协议实现的）。有关贸易问题的纠纷是按照常规解决的，没有太多的异议。
>
> 相比较而言，广泛宣传的、具有咨询作用的全球委员会，它的存在是考虑到了一些更加困难的问题，例如：技术变革的路径、生产形

---

① ［美］哈维：《希望的空间》，胡大平译，南京大学出版社2006年版，第253—254页。
② 同上书，第267页。
③ 同上书，第258页。

第六章 乌托邦理想（下）：超越资本主义的行动纲要与未来想象　231

态、环境问题、被认为是全球共有的一部分的那些资源（例如生物多样性和海洋）的管理，以及属于灾难消除、人口再安置等类似情况的一些问题。

这些委员会应该警告各种层次（从 nationa 到 hearth）上的每个人注意全球共同问题的存在，这些问题也许需要地方性的解决方案。这些委员会首先成立于世界治理的短暂期间，现在很大程度上是咨询性和顾问性的，但它们继续在制定 nationa 间协议的方面发挥着重大的影响。①

2. 关于环境正义。在埃迪里亚那里，

把有机废弃物堆制成肥料结合了对中国一项古老的粪便物质循环系统的改变应用（是生物化学业工程学的一项胜利），以便使营养物在 neighborhood 和 edilia 这两个基础上被循环利用。

住所的屋顶被装饰以太阳能电池板和小型风帆（其结果多少有点希思—鲁滨逊式的风格，并且有可能在美学效果上不能令你满意），大功率的电池在地下室存贮能源，再补充以精致的燃料电池系统（由军方加以完善的一项创新）。其他各种局部能源同样被动员起来。

对外界的能源依赖通常被当作衰弱的、不体面的，每个 neighborhood 都有它自己的内埋石油储备以供急用，但不使用它是一个自尊心的问题（补给能源的费用是高昂的）。人们常常宁愿在寒冷的冬天把自己包裹严严实实（或者蜷缩着睡）以取暖，也不会用光所有的石油。②

此外，值得一提的是，哈维强烈反对当代资本主义体系下科学技术与资本的密切结合而产生的种种有害后果。所以，在埃迪里亚那里，为避免科技主义和工具理性对人类的戕害，他特别强调科技的人文精神以及人类对科技的有效控制和合理使用：

我们认为科技必须使生活更加简单而不是更加复杂。科技变化还没有停止。事实上，对它的强调还很大（特别是在电子学、基因医学

---

① ［美］哈维：《希望的空间》，胡大平译，南京大学出版社 2006 年版，第 266—267 页。
② 同上书，第 257 页。

和材料科学这样的领域，其中基因医学被视为治疗许多疾病的最终方法），但是支配其应用的规则却非常严格。

委员会从以下几个方面来评估新科技。它们必须：

1. 减轻劳动负担；

2. 从环境方面来说是友好的，要不然就是有益的（例如说，产生无毒的并易于再使用的废物）；

3. 变得更为简单而不是更为复杂，并因此更容易被大家所使用和维护；

4. 符合这样的理想，即劳动是技术行为，同时也是社会行为（把人群隔绝开来的科技与把人群集合起来的科技相比是不太受欢迎的）；

最后，科技应该服务于所有人的利益，而且要特别关注那些劣势群体。①

总之，虽然埃迪里亚并不是所谓的完美世界，因为那里还存在着零零星星的暴力冲突和有时候甚至很严重的争论，也存在着一些针对违规行为而制定和实施的制裁与处罚，包括专门用来放逐犯罪分子的"危险地带"。但从总体上看，它堪称具备了"公正、统一和友善的秩序"。

第四，它吸纳了后现代主义关于"差异""他者""多元"等流行的理论诉求。

在哈维看来，埃迪里亚不能是一种同质化的僵硬体系，而应该是一种同质性与异质性和谐共存、互动交融的理想状态。所以，他强调，"经济、政治和文化多样化的层次是惊人的。但这发生在整个 nation 中相互自治、非排他行为的复杂制度之内"，"某类比较粗糙的解决方案，一方面建立一个秩序良好的制度以保障所有人都有适当的生活机会，而另一方面又能为某类混乱秩序留有余地，它为创造性交互作用和个人自我实现提供温床"②。

总之，多样性的社会生活以及充分的自由是埃迪里亚的常态："hearth 的特征如此不同（食物配制风格、音乐嗜好、文化表达、传统、性别组合

---

① ［美］哈维：《希望的空间》，胡大平译，南京大学出版社2006年版，第262页。
② 同上书，第255页。

方面各不相同）。"① 例如，在性行为和性关系等问题上，"个人可以完全自由地享受与他们的性关系（任何类型的）"，"各种性关系的探索也意味着'异性恋''同性恋'这样一些范畴的消失，因为不再有人特别坚持这些身份，而是自由地徜徉于他们认为合适的性行为中"②。

又如，

> 我们叫做"精神交流"的东西并不局限于传教士或者有学问的人，它对任何人都是开放的。当感觉到来时，个人会在家里、在工作场所、在街道上或者许许多多其他公共地方传播他们的思想。
>
> 你肯定会厌恶地看待这点，想象整个世界已经被人常在纽约市碰到的那些街角胡言乱语者所取代。但是这个行为现在已经融入生活方式，这种生活方式集中在精神权利和理性秩序的联合上。个人可以以孩子般的好奇心来探索思想、感情和梦想的王国，而且他们可以在一个最大自发性的氛围中这样做。
>
> 听起来我们似乎缺乏争论，其实这并不完全正确。冲突和争议（不仅仅在常常激烈辩论的精神交流者之间）被积极看待而不是被压制。争论的辩证法普遍被认为对于自我实现和社会变革是根本的。然而，如何表达、如何面对且如何解决争议，显然还存在着一些差异。③

哈维在埃迪里亚中对后现代主义文化观点的吸收，不单单是为了表明自己承认后现代主义所具有的某种程度的合理性，而且是为了破除旧式的乌托邦理想所潜藏着的某些歹托邦基因，竭力避免以往的乌托邦理想在很大程度上所形成的那种僵化、沉闷、压抑甚至专制的氛围。

第五，特别值得注意的是，它对女权主义多有肯定，做出了突出的正面回应。

众所周知，自从女权主义思潮和女权主义运动兴起以来，女权主义者往往对传统的马克思主义理论有一种持续的不满。例如，认为传统的马克思主义者实际上抱有某种男权主义意识，或者认为传统的马克思主义研究

---

① [美]哈维：《希望的空间》，胡大平译，南京大学出版社2006年版，第258页。
② 同上书，第259、260页。
③ 同上书，第265页。

单单注意到广大女性所遭受的来自于资本主义制度的压迫和剥削,而忽视了女性所遭受的来自于男性/父权制的系统性的侵害。进一步来讲,即使是女权主义的马克思主义者,也动不动批评哈维对女性主义过于淡漠。此外,值得注意的是,当今时代,女权主义思潮和女权主义运动早已成为一股不可忽视的重要力量,因此对于马克思主义者包括哈维来讲,不能不对女权主义所关注的问题有所交代。更何况,哈维在《希望的空间》这部著作当中比较明确地提出去联合广大女性,以便于达成联合的行动。

所以,在埃迪里亚中,(1)妇女被赋予了"未来人之母"这个听起来很光辉的荣誉,具有崇高的地位。因为在"埃迪里亚"的前史中,如上所述,当资本主义体系崩溃后,"一个和平的、非暴力的几乎完全由妇女领导的大规模运动席卷了全球",直接对抗由"军方和抢劫团伙、黑手党组织以及警卫团体这样一些乌合之众"构成的黑暗力量。抵抗运动在10亿左右的妇女当中产生,广大女性无产阶级成为历史转变的动力。(2)在建设和管理"埃迪里亚"的过程中,妇女做出了显著的贡献。例如,"在构思后来发展为 pradasha 的儿童保育的集体制度方面,她们同样也处于领先地位"①。(3)有趣的是,为了表明"埃迪里亚"实现了完全的妇女解放,哈维十分强调男女之间的性平等,甚至凸显了妇女在性行为方面的支配地位。例如,出台了专门针对男人而设计的避孕体系,并且,创立了一种广泛的计算机化的性服务交换市场,"在这个市场中个人通过为他人提供性服务而获得点数,在获得他人的性服务时而花费点数","此类性交易既有困难又会有一些意想不到的好处。从积极的一面来说,点数制为两性之间的性行为带来了更大的平等。比如说,男人要想获得点数就必须在对女人的性满足方面建立好的名声,这样,后者的性特征就具有了很大的支配性"②。

第六,"埃迪里亚"实际上是一个理想化的城市世界。

虽然哈维在附录中对"埃迪里亚"进行描述时并没有明确指出这一点,但是根据种种迹象来看,有理由把它定位为城市世界。这里有必要具体说明一下。

笔者认为,哈维以"埃迪里亚"(Edilia)这个名称来指认自己的乌

---

① [美]哈维:《希望的空间》,胡大平译,南京大学出版社2006年版,第260页。
② 同上。

第六章 乌托邦理想（下）：超越资本主义的行动纲要与未来想象

托邦，这个举动本身就值得仔细品味：一方面，大写的"Edilia"因此就代表了整体意义上的时—空乌托邦；另一方面，小写的"edilia"（相当于通常所说的"城市"这个层级）对于整体意义上的乌托邦来讲，在其社会结构当中处于中间地带，具有承上启下的意义——其下有"hearth"（相当于通常所说的"家庭"这个层级）和"neighborhood"（相当于通常所说的"社区"这个层级），其上有"regiona"（相当于通常所说的"地区"这个层级）和"nationa"（相当于通常所说的"国家"这个层级）。因此，初步看来，哈维所想象的乌托邦"埃迪里亚"是一个以城市为核心的体系，或者说，是一种关于城市世界的理想型。

哈维在对埃迪里亚进行描述时也隐含和透露出诸多"城市意识"的迹象。例如，他谈到了对城市街区及其功能的种种改造："整个城市街区被改变。在联排房屋之中打通分割墙来开辟入口，至于独立住宅群和无计划发展的郊区，则在现存的结构之间建造人行道和填实房间，从而把它们连接成一个连贯的高密度居住单元（释放某些先前无计划发展的郊区地域以精耕细作）。"[①] 类似的语句在文中不算少。又如，所谓"neighborhood"（即"社区"）也具有比较显著的城市特征。再如，哈维还简要地提到了城市公园、城市农艺和园艺，等等。他显然很重视"生态规划"，在描述"埃迪里亚"时，字里行间散发出比较浓郁的田园气息。这样看来，在当代的生态主义、环境主义等社会文化氛围这个大背景下，哈维对埃比尼泽·霍华德所倡导的"田园城市"这个理念很有感触。当然，城市无论多么具有田园意境，始终还是城市。

笔者认为，把埃迪里亚定位为理想化的城市世界，也与哈维在正文中强调和凸显"建筑师的形象"这个做法相契合。如上所述，（1）他之所以强调和凸显"建筑师的形象"，乃是要鼓动我们每一个人都发挥出自身所潜藏的"基本技能"，成为突破资本罗网的"反叛者"，以至于开创和建设别样的替代性社会。而"建筑师的形象"则与城市、与城市建设和规划密切相关。奥妙恰恰就在这里，因为，（2）哈维认为，人与城市环境是一种动态的相互作用的关系。这正如古希腊以来的格言所说的那样："我们建造了房子，房子创造了我们"。即使在无意识的情况下，我们就已经在与周遭世界的互动过程中不同程度地重塑了我们自身，更何况，如

[①] [美]哈维：《希望的空间》，胡大平译，南京大学出版社2006年版，第256页。

果我们有意识地对所身处的城市环境进行干预和改造,那将更为显著地按照自己的愿景塑造我们自身。所以,综合起来看,作为"反叛者"的"建筑师的形象",其实就是一个积极主动地干预、扭转和改造既定的被资本罗网所窒息的城市生活的隐喻。而埃迪里亚的诞生,正是作为"反叛的建筑师"的我们,在城市中进行创造性斗争的成果。例如,十分有意思的是,哈维在描述"埃迪里亚"诞生过程时,把率先发起反叛运动的广大妇女称为"未来人之母",而"'未来人之母'(这个名称来自于2019年7月为在布宜诺斯艾利斯爆发的一场运动所发表第一份宣言①)"。众所周知,布宜诺斯艾利斯是阿根廷的首都城市。这样看来,新型乌托邦这种"希望的空间"确乎是从城市开始的。

至此,我们不妨再追溯到哈维此前的另一部重要著作《正义、自然与差异地理学》。在那里,他花费了较大的篇幅初步探讨了自己的乌托邦理想,即"可能的城市世界"(possible urban worlds)②。在这里,哈维已经开始把城市作为构想未来生活的切入点。换言之,城市成为他描述和构想未来生活世界的基本载体与具体模型。

为什么是城市而不是其他的地理空间形式,会成为哈维描述和构想乌托邦理想的基本载体与具体模型呢?这是因为现实世界已经不可避免、不可逆转地成为"城市化的世界"③。

哈维指出,

> 在本世纪初(——这里指20世纪,引者注),世界上只有16个城市的人口超过100万。这些城市绝大多数处在发达资本主义国家,伦敦是其中最大的一个,其人口也只不过700万左右。同时,在本世纪初,只有不到7%的世界人口可以被合理地划归为"城市居民"(参见Berry,1990)。但是到了2000年,居住人口超过100万的城市有500个之多,而其中最大的城市,譬如东京、圣保罗、孟买,可能还有上海(尽管这个表单上的数目在不断地刷新和浮动),它们的居

---

① 这是哈维有意识的虚构。

② D. Harvey, *Justice, Nature and The Geography of Difference*, Blackwell, 1996, pp. 403 – 438. 在这里,哈维对于未来的理想城市,只是提出了一些简要的议题,没有能够深入展开。对于新型的城市乌托邦形态的论证,当然是在《希望的空间》这本书里才完成的。

③ D. Harvey, *Justice, Nature and The Geography of Difference*, Blackwell, 1996, p. 438.

第六章　乌托邦理想（下）：超越资本主义的行动纲要与未来想象

住人口或许业已突破2000万，尾随其后还有许多城市，它们的居住人口都在1000万以上。这些城市绝大多数都处在所谓的发展中国家。照这样发展下去，在下个世纪早期的某个时候，将有超过一半的世界人口被划归为城市居民而不是农民。[①]

所以说，20世纪乃是城市化的世纪，城市化进程无疑将不断地进行下去，并且呈现出加速的趋势。虽然这个进程中也包含着一些具体的变化形式譬如郊区化，但城市化的总潮流已是浩浩荡荡的了。

因此，一方面，从国家这个层面来看，城市（群/带）现在已经成为世界上绝大多数国家的政治、经济和文化的聚集地和关节点；另一方面，从全球这个层面来看，不但出现了诸如纽约、伦敦、东京等对世界政治、经济和文化影响极大的"全球城市"[②]，而且，即使是一些中小城市，亦通过现代化的交通系统和信息工程，被不同规模的企业或者跨国公司整合到全球资本积累与循环这张巨大的网络当中。在这个意义上，我们可以认为，"绝大部分人的未来根本性地依赖于城市化区域，这在历史上是头一次。因此，生活在21世纪的城市居民的品质将构成文明自身的品质"[③]。既然世界本身必然是城市化的世界，那么对未来的构想当然可以、也应该从城市开始。在这个意义上，我们说"埃迪里亚"是一个城市世界，这丝毫不是无稽之谈，从论证思路和逻辑上看是完全说得通的。

再者，乌托邦想象的基本出发点和主要意图是要表达对现实世界的不满，而从现实的世界景象来看，人类文明的灰暗色调恰恰在城市的上空最浓厚、最阴郁。"现在，每个城市都面临着一系列的问题（这些问题往往处于上升状态，在某些情况下是主导性的）：贫困的集中化和人们的绝望、营养不良和慢性疾病、生态破坏和过度污染、拥挤不堪、显而易见的经济和社会发展的困境，以及有时候尖锐的社会斗争——从街道上的个人暴力到有组织犯罪（这常常是城市管理的［另一种］替代形式）……"[④]照此情形看来，如果不能扭转这种糟糕的趋势，那么未来城市社会将带给

---

① D. Harvey, *Justice, Nature and The Geography of Difference*, Blackwell, 1996, p. 403.

② 关于"全球城市"，可参见丝奇雅·沙森的权威著作《全球城市——纽约、伦敦、东京》（2001新版），周振华等译，上海社会科学院出版社2005年版。

③ D. Harvey, *Justice, Nature and The Geography of Difference*, Blackwell, 1996, p. 403.

④ Ibid., pp. 403–404.

人们"歹托邦式的噩梦"。因此，不言而喻，如果对未来的城市社会进行某种美好的乌托邦想象的话，无疑具有强烈的现实针对性，具有直接的批判和激励作用。在这个意义上，"埃迪里亚"作为一种美好的城市世界而出现，也正是恰到好处。

综上所述，无论是从《希望的空间》这部著作的正文来看，还是从哈维在该著作"附录"部分从对埃迪里亚的描述来看，或者联系此前的著作《正义、自然与差异地理学》对"可能的城市世界"的初步探讨来看，我们都可以确认"埃迪里亚"实际上是一个理想化的城市世界。

所以，现在回头来看哈维所以说的那句话——"我们希望城市会是什么样的计划就是关于人类可能性、我们需要谁，或者更确切地说，我们不希望成为谁这样的一些计划"[1]，一切都豁然开朗了：哈维所追寻的"希望的空间"乃是辩证的时—空视域下的新型的城市乌托邦。

此时，可以提出一个重要问题，即，相对于宏观的全球层面和微观的身体层面而言，能不能认为城市是哈维理论思考的中观层面呢？！因为，一方面，全球是以城市为枢纽连接起来的；另一方面，城市同时又是人类身体的家园。也就是说，中观层面的城市是全球与身体的交集。在这个意义上我们可以说，对城市的改造，既是在改造全球世界，也是在改造人类身体。由此，我们也可以认为，把乌托邦想象的根基和切入点落实到城市上，从理论构思和斗争策略上来看，确实是符合实际状况和未来发展趋势的方便法门。虽然"中观"这个说法只是笔者的感悟之言，哈维本人在《希望的空间》这本书中是从来没有明确说过"中观"这个词的，只使用了"宏观"和"微观"，但是，如果联想到哈维的诸多文本（包括《希望的空间》）对城市问题的倾心关注和长期研究，联想到"城市意识"在哈维所有著作中的全面贯穿和整体渗透，那么我们就不能不承认：城市在哈维的思想理论当中确实占据了极其重要的地位——中心地带。[2]

现在让我们把话题收拢回来。哈维在描述埃迪里亚时，还谈到了教育、医疗保健与卫生、对犯罪和暴力行为的惩罚、死亡观等问题，可见他试图在简短的1.6万字当中试图表达尽可能多的观点，使"埃迪里亚"

---

[1] ［美］哈维：《希望的空间》，胡大平译，南京大学出版社2006年版，第154页。

[2] 哈维说，全球化与身体分别是"光谱的两极"，那么一个疑问则是：光谱的中间地带是什么？

第六章 乌托邦理想（下）：超越资本主义的行动纲要与未来想象

尽可能显得丰富圆润。不过，世界上没有绝对完满的东西，"埃迪里亚"也不例外。哈维的有些描述难免使人心生疑虑。例如，"埃迪里亚"在诞生过程中那种以妇女运动为主体的、和平的非暴力方式："她们行走于家家户户，世界各地，摧毁她们所能发现的每一件武器和枪炮，最终唤醒了一大批新入行的技师——既有男人又有女人——去解除和销毁所有的暴力武器和大规模杀伤性武器。这是一场非暴力运动，兼有消极抵抗和群众运动的特点"[1]。这个构想恐怕过于简单化了！又如，在"埃迪里亚"那种个人信息被完全公开的情境中，"谁在哪儿，依赖简单知识就能知道，并且对所有的人都是有效的"，这种为了全面的安全而失去一切个人隐私的状况对人类而言还有多大吸引力？起码有不少人会觉得压抑吧！它离乌托邦还有多远？……诸如此类的细节问题，深究起来则会让我们感到，哈维的乌托邦想象还需要进一步的思考和仔细斟酌。

---

[1] ［美］哈维：《希望的空间》，胡大平译，南京大学出版社2006年版，第254页。

结　语

关于哈维的乌托邦思想及其空间理论的总结与评论

在本书"第二章　解放政治与乌托邦理想：从《共产党宣言》出发的重构企图"中，我们指出，对于《共产党宣言》这个迄今为止尚未实现其根本目标，因此只能以乌托邦理想的形式存在着的马克思主义文本，哈维在继承和坚持基本的马克思主义立场的同时，依据地理—空间的视域，详细剖析了它的成就与缺憾，从而对它提出了重构的要求。所以，在接下来的第三章至第六章里，我们看到，一方面，哈维在"全球化"和"身体"这两个流行的话语层面上，以地理—空间的视域，借助于政治经济学的话语模式，具体地批判分析了现实的时代状况并提出了相应的斗争策略，从而为他的乌托邦理想提供了一种来自于现实时代状况的解放潜能，也就是说，提示了乌托邦理想的现实可能性；另一方面，哈维对传统的乌托邦理想——即空间形式的乌托邦理想和社会过程的乌托邦理想——之所以最终归于失败的原因进行了批判性的反思和总结，从而整合提炼出了时空一体化的"辩证的乌托邦理想"，并具体论证了"建设一种在社会上公正的、在生态上敏感的替代性社会"何以可能、如何可能的问题，还以文学想象的形式虚构了关于未来理想社会生活的图景：埃迪里亚。所以说，如果仅就形式上来看哈维的整体思路和框架的话，那么可以认为，它满足了对《共产党宣言》的重构要求。

从思想内容来看，哈维确实"补充"和"发展"了马克思主义理论。这一点，从哈维理论体系的主要特征即可以看出：[①]

1. 坚定的马克思主义基本立场。自从与实证主义地理学脱钩以来，哈维一以贯之地把马克思主义作为自己思想理论的核心要素，这既表现在

[①] 关于哈维理论体系的特征，本书第一章第二节业已从不同的角度有所说明，可相互参照。

他试图把地理学马克思主义化、马克思主义空间化，以增强马克思主义的时代性和战斗力的长期努力上，又表现在面对诸如后资本主义、后工业社会、后福特制之类的流行观念时，能够从生产方式这个角度冷静地揭示当代资本主义体系各种变化背后保持不变的资本逻辑和政治经济结构，还表现在他对各种"后学"（例如后现代主义、后结构主义尤其是解构主义、后马克思主义等）的有力批判和合理定位；等等。总之，在生产方式、资本积累和资本循环以及资本主义危机、辩证法、历史、阶级、国家、社会主义革命和共产主义理想等基本命题上，哈维守住了作为一个马克思主义者的理论底线，同时也赋予它们新的时代内涵。目前，哈维还设立了讲解、宣传和推广马克思主义理论的网站，并带领一些学生研读《资本论》，且乐此不疲。在当今时代，能够这样坚定地持守马克思主义基本立场的理论家可以说是不多见的。

2. 地理—空间的视域。在哈维看来，传统的马克思主义理论对历史的关注远远超过了空间，所以存在着"空间的空场"问题。地理学科班出身的哈维，则竭力要把地理—空间的视域与社会批判理论紧密结合起来，并贯彻到他的所有议题当中。地理—空间的视域在哈维那里所起到的作用主要表现在：①马克思主义理论的空间化改造；②对资本主义体系的空间分析和空间批判；③把社会流动和社会分层、社会控制和权力、社会意识、消费、身体、帝国主义等问题统统纳入到地理—空间的视域当中进行思考；④在政治斗争、阶级斗争等实践领域提出空间性的策略；⑤从地理—空间的角度切入对乌托邦理想的批判、反思和整合；等等。这样看来，地理—空间的视域几乎是无所不包、涵盖一切的。这可以说是哈维最醒目、最突出的贡献，对传统的马克思主义理论来讲，也确实颇具新意。

3. 政治经济学批判的话语模式。当代的马克思主义/左翼理论家，大多热衷于文化研究，诉诸话语政治，也就是说，马克思主义本真性的政治规划在他们那里被转变为一种知识规划。在这种背景下，哈维充分肯定了马克思政治经济学批判的理论意义和实践效果，把它作为"一种可以让我们知道我们如何想，如何做的根本"①。就本书所论及的全球化和身体这两个层面来看，哈维从政治经济学的角度分析了全球化，从而指明了资本主义空间生产过程中的矛盾和后果：不平衡的地理发展；同样，哈维把身

---

① 哈维访谈：《今日乌托邦，明日的现实》，由黄孙权整理刊布。

体归结为资本主义全球空间中资本积累的一种策略。这样,哈维水到渠成地提出了解放政治的诉求。可以说,政治经济学批判的话语模式在哈维的所有著作当中都是一目了然的。因此,哈维建构的空间化马克思主义理论就越出了纯文化研究的藩篱,直接指向了政治实践的领域。① 这对于当下马克思主义研究中停留于知识规划的倾向来讲,不啻于是一副清醒剂,起到了纠偏的作用。

4. 辩证法的方法论。在马克思那里,"辩证法在对现存事物的肯定的理解中同时包含着对现存事物的否定的理解,即对现存事物的必然灭亡的理解;辩证法对每一种既成的形式都是从不断的运动中,因而也是它的暂时性方面去理解;辩证法不崇拜任何东西,按其本质来说,它是批判的和革命的"②。马克思的这段话可以为哈维为什么热衷于辩证法提供注脚,也就是说,哈维试图通过辩证法在看起来似乎令人绝望的时代状况当中挖掘出解放政治的潜在资源以及联合行动的可能路径。所以,我们看到,在每一个议题上,无论是全球化还是身体,他都能够在绝望的处境当中开辟出希望的道路。并且,辩证法的思维方法也一直延伸到他对乌托邦理想的分析批判及其整合过程当中。尤其是,哈维的创新之处无疑在于,在肯定历史辩证法的同时,又增添了空间的辩证法。所以,在他那里,辩证法实际上是一体化的、关于时间—空间—社会存在的辩证法。

5. 超越资本主义的理想追求。初看起来,这似乎不属于哈维的原初性贡献。不过,一方面,资本主义体系在全球规模上得到拓展,所谓的阶级消失论、社会主义失败论、新自由主义道路"别无选择"论、历史终结论等在当今时代大有市场;另一方面,马克思主义/左翼理论界也变得不太乐于讨论人类解放这种宏大的"历史叙事"问题。在这个意义上,哈维不合时宜地提出关于资本主义的替换方案,这不能不说是一次极具针对性的反拨。当然,关键之处倒不在于是否提出一般性的超越要求,而在于如何去论证和推动这种超越。哈维恰恰拥有这个优势,因为他追求的是一种建立在政治经济学批判的基础之上、承认阶级斗争合法性的解放政治,更重要的是,他提出用地理—空间的视域来补充和升级传统马克思主

---

① 一般地讲,理论都是一种话语。不过,哈维的理论是政治经济学的话语,而当前各种带有不同程度马克思主义色彩的左翼话语,大多是文化的话语。这是两种不同品格和取向的话语。

② 马克思:《资本论》(第1卷),第二版跋,人民出版社2004年版,第22页。

义理论，以便于实际地与资本主义的空间战略展开针锋相对的斗争。哈维的这个思路十分清晰，随处可见。例如，在论述辩证的乌托邦理想时提出的"时空矩阵"即是为了掌握某种"转型政治"（transformative politics）的可能，把握其中闪现的解放机遇。① 这些方面都可以说是一种创造性的理论发挥和斗争策略。

6. 批判性整合的理论建构路径。对于一个马克思主义者来讲，马克思主义理论的当代性需要依据三种不同层面的资源：马克思主义基础理论、当代资本主义体系的总体状况、当代思想理论界的新进展和新议题。前面两个层面这里不必赘言，而哈维在第三个层面上则体现了鲜明的批判性整合的风格，这正如我们在本书第一章第二节当中讨论哈维的思想渊源时所表明的那样。这里需要指出的是，对于当代各种思想理论，哈维采取"总体批判，具体吸收，为我所用"的态度。例如，在后现代主义这个问题上，一方面，哈维指出，后现代主义夸大了当代资本主义在历史进程中的所谓"断裂"的程度，因为"资本主义生产方式的基本规律继续在历史的—地理的发展中作为一种不变的塑造力量在起着作用"②，而就后现代主义本身来讲，它是当代资本主义政治经济结构变化的产物，是得到强化的、新一轮的"时空压缩"体验在文化上的反应，因此，后现代主义与现代主义之间是有着内在联系的；一言以蔽之，无论是当代资本主义政治经济结构的新变化，还是后现代主义的各种文化现象，都服从和服务于资本主义积累的需要。进言之，后现代主义与当代资本主义积累之间具有一种共谋关系。另一方面，哈维承认，后现代主义的出现，毕竟表明了当代资本主义政治经济结构的新情况和新问题，当代资本主义的社会生活状况确实出现了不同于以往的现象。所以，对于后现代主义所反映出来的议题，例如差异、碎片化、多样性等③，我们必须认真对待，而不能视而不见。总之，哈维试图在马克思主义历史—地理唯物主义的立场上全面地、

---

① ［美］哈维：《新自由主义化的空间》，王志弘译，（台湾）群学出版有限公司2008年版，第134—136页。

② ［美］戴维·哈维：《后现代的状况》，阎嘉译，商务印书馆2003年版，第161页。

③ 在哈维看来，差异、碎片化、多样性等，始终都是客观存在着的，只不过在当代资本主义社会中得到了强化，凸显出来了，而后现代主义则把这些方面集中地提出来了，成为问题域。

准确地、整体性地把握后现代主义。① 这一点，从哈维在分析《共产党宣言》的不足之处、论及联合行动的策略以及在阐述乌托邦理想时，对差异、碎片化、多样性等方面的格外重视就可以看出来了。

综上所述，通过以上关于哈维思想理论的主要特征的分析，我们有理由认为，他确实说出了一些其他马克思主义理论家以往没有加以重视或者没有得到充分说明的重要方面。对此，英国知名学者、约克大学政治学教授阿历克斯·柯林尼克斯（Alex Callinicos）认为，哈维的理论主要有四个突出的特点：（1）与马克思的《资本论》有着紧密的联系；（2）和地理—空间视域是一体关联的；（3）对后现代主义抱有较大的敌意，在思想观点上与之存在着显著的不同；（4）政治激进主义。在这个意义上我们可以说，哈维补充、发展和更新了马克思主义理论宝库。②

正因为如此，哈维为自己赢得了广泛的声誉和学术地位。阿历克斯·柯林尼克斯指出"在20世纪末，任何对于马克思主义理论发展的历史理解，都会把大卫·哈维放到最前排的某个位置上。在英语国家里，他并不孤独，而英语国家在过去的几十年里第一次成为马克思主义思想创新的领导中心。像他一样，特里·伊格尔顿和弗雷德里克·詹姆逊都已经在理论和政治上展示了他们对马克思主义毫不动摇的坚持，在应对多变的、流行的学术思潮对马克思主义所构成的挑战的同时，又凭借创造性的想象和开放性，创作出了一流的作品"③。

英国著名地理学家，华威大学现任校长奈杰尔·思瑞夫特（Nigel Thrift）也指出：

> 在持续的时期里，哈维的著作具有一种非同寻常的影响力。我们可以以各种方式来描绘这种影响状况。但是我愿意从三个方面来谈一谈。其中一种就是，比较机械地以引用数据的方式［来谈一谈］。……通过最近时期的研究，我发现在社会科学和人文科学的引用当中，哈维在1981年至2002年之间被引用了3508次……这个数

---

① ［美］戴维·哈维：《后现代的状况》（"历史唯物主义的危机"），阎嘉译，商务印书馆2003年版，第438—441页。

② 参见 Alex Callinicos, "David Harvey and Marxism", Castree, N. & Gregory, D., David Harvey A Critical Reader, Blackwell, 2006, pp. 47–54。

③ Ibid., p. 47.

结语　关于哈维的乌托邦思想及其空间理论的总结与评论

据远远超过了最具可比性、像多琳·梅西（Doreen Massey）这样的地理学中的名人，以及像乌尔里希·贝克、米歇尔·福柯或者布鲁诺·拉图尔（Bruno Latour）这样的社会理论家，或者像阿君·阿帕杜莱（Arjun Appadurai）、曼纽尔·卡斯特尔这样的社会学家和人类学家。在社会理论家当中只有安东尼·吉登斯，以及像迈克尔·波特（Michael Porter）、约瑟夫·斯蒂格利茨（Joseph Stiglitz）、奥利弗·威廉姆森（Oliver Williamson）这样的经济学家，他们的数据才比他高些。另一个影响力的指示器是，哈维著作的大批非英语版本已经出版发行了。哈维已经使他的著作被翻译成中文、意大利文、日文、韩文、葡萄牙文、罗马文、俄文、西班牙文和土耳其文。不过，我们还可以运用另外一种同样有效的指示器。例如，2003 年哈维在牛津大学地理学系克拉伦登讲座（The Clarethe Clarendon）举行了三场多的晚间演讲，吸引了大量的听众：第一个晚上至少 500 人，接下来的几个晚上几乎同样多，他们中的许多人既年轻，又渴望教诲。换句话说，大卫·哈维已经成为某种学术品牌，甚至领袖人物。[①]

奈杰尔·思瑞夫特认为，哈维之所以如此受欢迎主要有以下几个原因：（1）他在不确定的世界当中提供了一种理论确定性的支点；（2）他也提供了一种批判的确定性；（3）最明显的是，他是触手可及的，因为他奔波世界各地，精力十足；（4）他代表了一个特点的历史场景，即标志性的 20 世纪 60 年代；（5）他是独特的学术形式，即美国激进主义的代表；（6）他提供了引人入胜的"故事"；（7）他有意识地，并且很成功地与他的听众和读者展开互动，部分地，无疑是"创造"出了听众群和读者群。[②] 当然，奈杰尔·思瑞夫特并不是完全认同哈维所走的道路及其独特的风格，他有自己的考虑。

不过，英国曼彻斯特大学人文地理学副教授诺埃尔·卡斯特里（Noel Castree）却描绘了另一番景象：由于学科性质和学科界限等原因，尽管哈维早已声名卓著，尽管他（有些迟延地）被看作马克思主义阵营当中的

[①] 参见 Nigel Thrift, "David Harvey: A Rock in a Hard Place", Castree, N. & Gregory, D.: David Harvey A Critical Reader, Blackwell, 2006, pp. 224 – 225。

[②] Ibid., pp. 225 – 228.

一位主要人物，但到目前为止①，除了英国著名地理学家德里克·格雷戈里（Derek Gregory）在1995年出版的专著《地理学的想象》当中拿出部分章节对哈维进行了范围有限的评价，J.P. 琼斯（Jones, J.-P. III）在2005年出版了关于哈维研究的专著之外②，对哈维的研究都是不成系统的，大多是一些局部性质的研究论文或者零散的评论。而与哈维同时代人的一些著名人物（例如，詹姆逊和伊格尔顿），大多数很早就被一些人以专著的形式提出了全方位的研究和评价。所以，对哈维持尖锐批判态度的诺埃尔·卡斯特里有些幸灾乐祸地认为，

> 对哈维著作的总揽性研究是如此地迟延，这也许是一个信号，表明哈维的著作在出版之时所主张的思想观点在许多人看来存在着一些先天性的缺陷或者干脆已经不合时宜了。在这里，悼词和挽歌之间的分界线确实是非常精妙的。即使马克思主义——哈维对之作出了如此丰富贡献的一种话语传统——在左翼知识分子的圈子当中仍然具有主导地位，[但]任何关于他的成就的评价将不可避免地沾染上了一定的悲伤色彩。毕竟，当他进入80岁高龄之际，对其生涯的评价必须在这样的认识中进行：他的韶华已逝，来日无多。但是，在许多学科（包括人文地理学）当中曾经被当作卓越的批判范式的马克思主义[现在]黯然失色了，这个事实为这本书③出版的时机平添了额外的辛酸。④

这里需要纠正一下诺埃尔·卡斯特里的一个错误：其实，早在1984年，约翰·L. 佩特森（John L. Paterson）就出版了一本关于哈维地理学思想的研究专著《大卫·哈维的地理学》⑤。2006年，14位地理学家（包括哈维本人）集体出版了研讨哈维思想理论的专题文集《大卫·哈维：批

---

① 指2006年。
② Jones, J.-P. III: David Harvey, London: Continuum, 2004.
③ 指哈维的著作《新帝国主义》。
④ 参见Noel Castree, "The Detour of Critical Theory", Castree, N. & Gregory, D., David Harvey A Critical Reader, Blackwell, 2006, pp. 247-248。
⑤ John L. Paterson, *David Harvey's Geography*, Croom Helm Ltd., 1984.

判性的阅读》①。2009 年，埃阿坎·京多安（Ercan Gundogn）出版了关于哈维城市化理论的研究专著《资本主义城市化理论：大卫哈维》。② 此外，对于哈维近年来出版的《叛逆的城市》（2012）、《资本主义的 17 个矛盾及其解决》（2014）等专著，美国《金融时报》、英国《卫报》等大报，以及一些著名记者或著名学者，均给予积极评价。无论如何，可以说，哈维所受到的关注从一开始就是比较热烈的，特别是《后现代的状况》一书使他迅速地为国际学术界所共知。

诺埃尔·卡斯特里对哈维的冷嘲热讽，既是因为卡斯特里对马克思主义/左翼理论抱有较大的敌意，也是因为在他看来，哈维对后现代主义、女权主义等当下流行的话语有着不太友好的态度，这在诺埃尔·卡斯特里那里引起了比较强烈的反弹。

当然，哈维的论证过程和思想观点也存在着一些未能解决的问题，存在着一些值得进一步商榷的地方。

首先，哈维的思想理论当中存在着一些显著的难题。作为一个坚定的马克思主义者，哈维在生产方式、辩证法、历史叙事、资本积累和资本循环以及资本主义危机、阶级、国家、革命和共产主义理想等基本命题上，守住了作为一个马克思主义者的理论底线。然而众所周知，这些马克思主义理论中至关重要的概念和观点，自从提出以来，就在国际学术界引起了广泛、激烈而持久的争论。在这种情况下，作为一位竭尽全力建构和提出思想理论的学者，在使用这些概念和观点的时候，有必要对相关的争论和批评做出有说服力的回应，反思性地加以论证和使用，因为马克思主义本身毕竟不是什么绝对真理。然而，哈维的做法却让人难免心生疑窦，因为，除了他对马克思的一个最突出的批评，即认为马克思缺乏一种系统而显明的地理—空间视域之外，他把传统的马克思主义框架几乎可以说是照单全收了！因此，针对传统马克思主义的众多批评也被哈维一同继承下来了。这些争论和批评对哈维来讲，无疑是一大挑战。

当然，正如我们所指出的那样，哈维是一个思想来源十分纷繁复杂的学术资源整合高手，对于新思潮、新观点，他也是能够本着"总体批判，

---

① N. Castree & D. Gregory (eds), *David Harvey: A Critical Reader*, Blackwell, 2006.

② Ercan Gundogn, *A theory of Capitalist Urbanisation: David Harvey*, VDM Verlag Dr. Muller, 2009.

具体吸收，为我所用"的态度加以利用的。例如，后结构主义尤其是解构主义、后现代主义等当代流行思潮所提出的某些具体的思想观点，在哈维的思想理论当中就得到了体现。不过，由于马克思主义的传统框架在哈维那里具有根本的、无可挑战的崇高地位，所以我们看到，哈维所吸收的诸如差异、多样性和碎片化之类的概念和观点就只能具有附属的性质，被"添加"、被锁定到马克思主义的传统框架当中，而马克思主义的传统框架似乎足以牢牢地控制一切、吸纳一切。问题是，哈维所吸收的新材料，在马克思主义的传统框架当中，是否能够得到有效的融合？

其次，哈维的某些论证并不是十分有力。例如，对于资本主义危机，哈维在指出资本主义体系不能根除危机的同时，又承认资本主义体系可以通过资本积累的三次循环过程来应对、缓和并且暂时性地解决资本主义危机（参见本书第一章第一节），这就是资本主义体系之所以一直存在到现在的原因。这样看来，就资本主义体系来讲，一方面，它自身具有极大的灵活性和适应能力。即使就资本主义危机本身来看，它也可以成为资本主义顺势进行改革、调整和重组的契机。因此，照此看来，资本主义体系似乎不大可能会自动解体或崩溃；另一方面，退一步来讲，即使资本主义体系确实有可能因为某种原因而遭遇发展的极限，例如极度的生态恶化和资源匮乏，但这种情况的发生离现在有多久呢？到那个时候，人类又将如何能够承受这种悲惨的结局呢？解放又有什么意义呢？[1]

所以，要打破资本主义体系的这种周而复始的在危机中重生的恶性循环，看来唯有积极斗争这条道路了，这样方能尽可能早地终结资本主义体系。不过，一方面，哈维接受了马克思所提出的"联合的行动"这条总体思路，并且在全球化和身体这两个层面分别诉诸"争取普遍权利的斗争"和"争取最低生活工资的斗争"，以此寄希望于不同空间规模上的斗争互动；另一方面，哈维承认人类社会的群体性存在实际上是一种差异的、多样性的和碎片化的存在，也就是说，作为整体性的阶级和阶级联盟是被整合的产物。在这种情况下，阶级、阶级联盟以至于阶级斗争的形成

---

[1] 在这一点上，卢卡奇曾经尖锐地指出，如果任由资本主义按照其经济规律的支配自然而然地发展下去，一方面，在短时期内看，资本主义在经济危机面前有自己的一套应急和调整方案，这样下去，人类解放将遥遥无期；另一方面，从最终的结局来看，"它们会引起漫长时期的规模越来越大的危机、国内战争和帝国主义世界大战，然后导致'斗争的各阶级同归于尽'和新的野蛮状态"（[匈]卢卡奇：《历史与阶级意识》，商务印书馆1999年版，第404页）。

与胜利,实际上在很大程度上取决于对立双方的力量对比和斗争策略。而在这一点上,哈维也承认,资本主义体系可以通过各种手段,包括种族、性别、宗教、就业压力、利益区隔、产业的空间转移等,以此分化瓦解潜在的阶级形成和阶级联盟;而且,资本主义体系无疑拥有各种优势的资源供自己使用。在这种情况下,哪怕资本主义体系在全球化过程中通过新一轮"剥夺式的积累"而再生产出一大批新的无产者,也很有可能作为分散的个体同样被整合到资本主义积累过程当中。总之,现在我们似乎既不能寄希望于危机,因为危机本身已经成为资本主义体系可资利用的契机,似乎也不能寄希望于某种阶级主体,因为理论上的阶级主体实际上是分裂着的,并且受制于资本主义体系的整合过程。这样看来,哈维所提出的联合斗争方案则显得有些薄弱,而其试图达成的根本目标同时也就带有某种偶然的性质。

最后,哈维的论述过程缺乏一些必要的深度说明。例如,哈维在论及联合的行动时,没有告诉我们:在不同的空间规模上包括全球范围内,是否有必要建立一些对联合的行动起着引导和推动作用的组织?如果有必要建立,那么这些组织是什么性质——政党政治的、宗教的还是群众自治的……这些组织是长期的还是暂时性的?并且,组织本身的组织原则和内部架构是什么?如果可以直接依靠和利用已有的女权主义组织、环境保护方面的绿色组织、学生组织等,那么如何协调他们之间不同的宗旨、不同的运作方式以及利益上的潜在冲突?……在这些重要的组织问题上,哈维只是在片言只语之间简要地提到了要向宗教团体之类的组织及其运作方式学习,至于具体如何学习却语焉不详。又如,哈维明确地追求一种普遍主义的、基础主义的元理论的建构,但他只是从正面提出了自己的设想,而没有详细地说明应该如何消除普遍主义、基础主义所潜藏着的反面含义,也没有详细地说明应该如何协调诸如普遍性与特殊性之间的关系这类的难题。同样,哈维一方面认识到,自己从社会生物学家爱德华·O. 威尔逊那里寻求作为"类存在物"的我们所具有的生物学遗传基础,这种做法存在着将自己的理论与生物学还原论、基因决定论、种族主义、纳粹主义的优生学以及社会达尔文主义等不堪的论调搅在一起的危险,但是他也没有详细地说明如何来消除我们在这方面的疑虑。总之,在这些十分重要的细节方面,哈维的论证缺失还是比较普遍的,这也影响了他的论证效果。

行文至此,如果把以上的总结和评价综合在一起的话,自然地就会提出一个问题：我们该如何看待哈维思想理论的价值和地位呢？笔者认为，哈维的思想理论本身固然有这样或者那样的内在不足之处，但最大的问题还在于：时代状况的变化和文化氛围的变化给马克思主义理论带来了系统性的困境。换言之，哈维所面临的主要难题，实际上不是哈维一个人所面临的问题，而是所有的当代马克思主义者都面临的问题。在这个意义上，哈维的关于对当代资本主义体系的批判、关于对现实矛盾中的解放潜能的挖掘、关于对未来理想社会状态的乌托邦想象等，都是一种不屈不挠的、颇为悲壮的反抗！同时，也打开了需要不断地进行再思考的广阔的新空间。

参 考 文 献

一 外文著作

[1] D. Harvey, *Social Justice and The City*, Edward Arnold, 1973.

[2] D. Harvey, *The Limits of Capital*, Basil Blackwell, 1982.

[3] D. Harvey, *The Urbanization of Capital*, Hopkins University, 1985.

[4] D. Harvey, *Consciousness and The Urban Experience*, Basil Blackwell, 1985.

[5] D. Harvey, *Justice, Nature and The Geography of Difference*, Blackwell, 1996.

[6] D. Harvey, *Spaces of Capital*, Edinburgh University, 2001.

[7] D. Harvey, *Spaces of Global Capitalism*, Verso, 2006.

[8] D. Harvey, *Cosmopolitanism and the Geographies of Freedom*, Columbia University, 2009.

[9] H. Lefebvre, *The Sociology of Marx*, Vintage, 1969.

[10] H. Lefebvre, *The Survival of Capitalism*, St. Martin's Press, 1973.

[11] H. Lefebvre, *The Production of Space*, Basil Blackwell, 1974.

[12] H. Lefebvre, *Writings on Cities*, Basil Blackwell, 1996.

[13] H. Lefebvre, *The Urban Revolution*, University of Minnesota, 2003.

[14] M. Castells, *The Urban Question*, Edward Arnold, 1977.

[15] M. Castells, *City, Class and Power*, St. Martin's Press, 1978.

[16] A. Giddens, *Central Problems in Social Theory*, Macmillan, 1979.

[17] P. Saunders, *Social Theory and Urban Question*, Hutchinson, 1981.

[18] A. Giddens, *A Contemporary Critique of Historical Materialism*,

Macmillan，1995.

［19］Castree，*N & Gregory*，D：David Harvey A Critical Reader，Blackwell，2006.

［20］Ercan Gundogn：*A theory of Capitalist Urbanisation*：David Harvey，VDM Verlag Dr. Muller，2009.

二　中文著作

［1］马克思、恩格斯：《马克思恩格斯选集》（第1—4卷），人民出版社1972年版。

［2］马克思、恩格斯：《马克思恩格斯全集》（第23卷），人民出版社1972年版。

［3］马克思、恩格斯：《马克思恩格斯全集》（第30卷），人民出版社1995年版。

［4］马克思、恩格斯：《马克思恩格斯全集》（第31卷），人民出版社1998年版。

［5］马克思、恩格斯：《共产党宣言》，人民出版社1997年版。

［6］马克思：《资本论》（第1—3卷），人民出版社2004年版。

［7］马克思：《剩余价值理论》（第1—3册），人民出版社1975年版。

［8］马克思：《工资、价格和利润》，人民出版社1964年版。

［9］马克思：《雇佣劳动与资本》，人民出版社1964年版。

［10］马克思：《1844年经济学哲学手稿》，人民出版社2000年版。

［11］列宁：《列宁选集》（第1—4卷），人民出版社1972年版。

［12］列宁：《帝国主义是资本主义的最高阶段》，人民出版社1964年版。

［13］马克思等：《马克思恩格斯列宁斯大林论城市》，鄢泠五等选编，天津社会科学院经济研究所，1982年版。

［14］［美］大卫·哈维：《地理学中的解释》，高泳源等译，商务印书馆1996年版。

［15］［美］戴维·哈维：《后现代的状况》，阎嘉译，商务印书馆2003年版。

［16］［美］大卫·哈维：《希望的空间》，胡大平译，南京大学出版

社 2006 年版。

[17][美]大卫·哈维:《巴黎,现代性之都》,黄煜文译,(台湾)群学出版社 2007 年版。

[18][美]大卫·哈维:《新帝国主义》,王志弘等译,(台湾)群学出版有限公司 2008 年版。

[19][美]大卫·哈维:《新帝国主义》,初立忠等译,社会科学文献出版社 2009 年版。

[20][美]大卫·哈维:《新自由主义化的空间》,王志弘译,(台湾)群学出版有限公司 2008 年版。

[21][美]大卫·哈维:《资本之谜》,陈静译,电子工业出版社 2011 年版。

[22][美]大卫·哈维:《跟大卫·哈维读〈资本论〉(第 1 卷)》,刘英译,上海译文出版社 2014 年版。

[23][美]戴维·哈维:《叛逆的城市》,叶齐茂、倪晓晖译,商务印书馆 2014 年版。

[24][美]大卫·哈维:《资本社会的 17 个矛盾》,李隆生等译,(台湾)联经出版事业股份有限公司 2014 年版。

[25]詹和平:《空间》,东南大学出版社 2006 年版。

[26]吴国盛:《希腊空间概念的发展》,四川教育出版社 1994 年版。

[27][法]加斯东·巴舍拉:《空间诗学》,龚卓军等译,(台湾)张老师文化事业股份有限公司 2003 年版。

[28][美]保罗·A.朗利等:《地理信息系统》,唐中实等译,电子工业出版社 2004 年版。

[29][法]阿·德芒戎:《人文地理学问题》,葛以德译,商务印书馆 1993 年版。

[30][英]R.J.约翰斯顿:《哲学与人文地理学》,蔡运龙等译,商务印书馆 2000 年版。

[31][英]R.J.约翰斯顿主编:《人文地理学词典》,柴彦威等译,商务印书馆 2004 年版。

[32][美]理查德·皮特:《现代地理思想》,王志弘等译,(台湾)群学出版有限公司 2005 年版。

[33][法]保罗·克拉瓦尔:《地理学思想史》(第 3 版),郑胜华

等译，北京大学出版社 2007 年版。

[34][德]约翰·冯·杜能：《孤立国同农业和国民经济的关系》，吴衡康等译，商务印书馆 1986 年版。

[35][德]阿尔弗雷德·韦伯：《工业区位论》，李刚剑等译，商务印书馆 1997 年版。

[36][法]爱弥儿·涂尔干：《宗教生活的基本形式》，上海人民出版社 1999 年版。

[37][德]盖奥尔格·齐美尔：《社会是如何可能的》，林荣远译，广西师范大学出版社 2002 年版。

[38][德]盖奥尔格·西美尔：《社会学——关于社会化形式的研究》，林荣远译，华夏出版社 2002 年版。

[39][德]盖奥尔格·西美尔：《金钱、性别、现代生活风格》，刘小枫编，顾仁明译，学林出版社 2000 年版。

[40][德]盖奥尔格·西美尔：《货币哲学》，陈戎女等译，华夏出版社 2002 年版。

[41][德]齐奥尔格·西美尔：《时尚的哲学》，费勇等译，文化艺术出版社 2001 年版。

[42][法]埃米尔·涂尔干：《社会分工论》，渠东译，北京三联书店 2000 年版。

[43][德]马克斯·韦伯：《非正当性的支配——城市的类型学》，康乐等译，广西师范大学出版社 2005 年版。

[44][德]黑格尔：《法哲学原理》，杨东柱等译，北京出版社 2007 年版。

[45]文军主编：《西方社会学理论：经典传统与当代转向》，上海人民出版社 2006 年版。

[46]蔡禾主编：《城市社会学：理论与视野》，中山大学出版社 2003 年版。

[47][英]布赖恩·特纳主编：《Blackwell 社会理论指南》（第 2 版），李康译，上海人民出版社 2003 年版。

[48][英]阿雷恩·鲍尔德温等编写：《文化研究导论》，陶东风等译，高等教育出版社 2004 年版。

[49]包亚明主编：《现代性与都市文化理论》，上海社会科学院出版

社 2008 年版。

[50]［美］西达·斯考切波：《历史社会学的视野与方法》，上海人民出版社 2007 年版。

[51]［美］莱特·米尔斯：《社会学的想像力》，生活·读书·新知三联书店 2001 年版。

[52]［法］亨利·勒斐弗：《空间与政治》，李春译，上海人民出版社 2008 年版。

[53]［美］曼纽尔·卡斯泰尔斯：《经济危机与美国社会》，宴山枥等译，上海译文出版社 1985 年版。

[54]［美］曼纽尔·卡斯特尔：《信息化城市》，崔保国等译，江苏人民出版社 2001 年版。

[55]［美］曼纽尔·卡斯特尔：《网络社会的崛起》，夏铸九等译，社会科学文献出版社 2006 年版。

[56]［美］曼纽尔·卡斯特尔：《认同的力量》，夏铸九等译，社会科学文献出版社 2006 年版。

[57]［美］曼纽尔·卡斯特尔：《千年终结》，夏铸九等译，社会科学文献出版社 2006 年版。

[58]［法］米歇尔·福柯：《疯癫与文明》，刘北成等译，生活·读书·新知三联书店 2007 年版。

[59]［法］米歇尔·福柯：《规训与惩罚》，刘北成等译，生活·读书·新知三联书店 2007 年版。

[60]［法］米歇尔·福柯：《临床医学的诞生》，刘北成译，译林出版社 2001 年版。

[61]［法］米歇尔·福柯：《权力的眼睛——福柯访谈录》，严锋译，上海人民出版社 1997 年版。

[62]［法］米歇尔·福柯：《词与物——人文科学考古学》，莫伟民译，上海三联书店 2001 年版。

[63]［法］米歇尔·福柯等：《激进的美学锋芒》，周宪编译，中国人民大学出版社 2003 年版。

[64]［美］詹姆斯·米勒：《福柯的生死爱欲》，高毅译，上海人民出版社 2003 年版。

[65] 汪明安等主编：《城市文化读本》，北京大学出版社 2008 年版。

[66] [美] R. E. 帕克等:《城市社会学》,宋俊岭等译,华夏出版社 1987 年版。

[67] [美] 爱德华·W. 苏贾:《后现代地理学》,商务印书馆 2004 年版。

[68] [美] 爱德华·W. 苏贾:《第三空间》,陆扬等译,上海教育出版社 2005 年版。

[69] [美] 爱德华·W. 苏贾:《后大都市》,李钧等译,上海教育出版社 2006 年版。

[70] 包亚明主编:《后大都市与文化研究》,上海教育出版社 2005 年版。

[71] [美] 弗雷德里克·詹明信:《晚期资本主义的文化逻辑》,张旭东等译,生活·读书·新知三联书店 1997 年版。

[72] [美] 米歇尔·J. 迪尔:《后现代都市状况》,李小科等译,上海教育出版社 2004 年版。

[73] [英] 乔治·拉伦:《意识形态与文化身份》,戴从容译,上海教育出版社 2005 年版。

[74] [美] 南·艾琳:《后现代城市主义》,张冠增译,同济大学出版社 2007 年版。

[75] 张一兵等主编:《社会理论论丛》(第 3 辑),南京大学出版社 2006 年版。

[76] 刘怀玉:《现代性的平庸与神奇:列斐伏尔日常生活批判哲学的文本学解读》,中央编译出版社 2006 年版。

[77] 胡大平等编著:《社会批判理论纪事》(第 1 辑),中央编译出版社 2006 年版。

[78] 胡大平等编著:《社会批判理论纪事》(第 2 辑),中央编译出版社 2007 年版。

[79] 包亚明主编:《后现代性与地理学的政治》,上海教育出版社 2001 年版。

[80] 包亚明主编:《现代性与空间的生产》,上海教育出版社 2003 年版。

[81] 俞吾金主编:《国外马克思主义研究报告》(2007),人民出版社 2007 年版。

［82］俞吾金主编：《国外马克思主义研究报告》（2008），人民出版社 2008 年版。

［83］任平：《交往实践的哲学：全球化语境中的哲学视域》，云南人民出版社 2003 年版。

［84］任平：《当代视野中的马克思》，江苏人民出版社 2008 年版。

［85］［古希腊］柏拉图：《理想国》，郭斌文等译，商务印书馆 1986 年版。

［86］［意］康帕内拉：《太阳城》，陈大维等译，商务印书馆 1980 年版。

［87］［法］摩莱里：《自然法典》，黄建华等译，商务印书馆 1982 年版。

［88］［美］爱德华·贝拉米：《回顾》，林天斗等译，商务印书馆 1963 年版。

［89］［英］托马斯·莫尔：《乌托邦》，戴镏龄译，商务印书馆 1982 年版。

［90］［德］威廉·魏特林：《和谐与自由的保证》，孙则明译，商务印书馆 1960 年版。

［91］［法］圣西门：《圣西门选集》（第 1—3 卷），董果良等译，商务印书馆 2011 年版。

［92］［英］傅立叶：《傅立叶选集》（第 1—3 卷），赵俊欣等译，商务印书馆 1981 年版。

［93］［英］欧文：《欧文选集》（第 1—3 卷），马清槐等译，商务印书馆 1984 年版。

［94］［英］詹姆士·哈林顿：《大洋国》，何新译，商务印书馆 1996 年版。

［95］［法］埃蒂耶纳·卡贝：《伊加利亚旅行记》，李雄飞译，商务印书馆 1976 年版。

［96］［古希腊］赫西俄德：《工作与时日 神曲》，张竹明等译，商务印书馆 1991 年版。

［97］［法］让—克里斯蒂安·珀蒂菲斯：《十九世纪乌托邦共同体的生活》，梁志斐译，上海人民出版社。

［98］［俄］尤金·扎米亚金：《我们》，殷杲译，江苏人民出版社

2005年版。

[99][英]奥尔德斯·赫胥黎:《美丽的新世界》,孙法理译,译林出版社2008年版。

[100][英]乔治·奥威尔:《一九八四》,董乐山译,上海译文出版社2006年版。

[101][美]拉塞尔·雅各比:《乌托邦之死:冷漠时代的政治与文化》,姚建彬译,新星出版社2007年版。

[102][美]拉塞尔·雅各比:《不完美的图像:反乌托邦时代的乌托邦思想》,姚建彬译,新星出版社2005年版。

[103][德]卡尔·曼海姆:《意识形态与乌托邦》,黎鸣译,商务印书馆2000年版。

[104]陈周旺:《正义之善——论乌托邦的政治意义》,天津人民出版社2003年版。

[105]谢江平:《反乌托邦思想的哲学观点》,中国社会科学出版社2007年版。

[106][美]马歇尔·伯曼:《一切坚固的东西都烟消云散了》,徐大建等译,商务印书馆2003年版。

[107][德]恩斯特·卡西尔:《人论》,上海译文出版社2004年版。

[108][英]布赖恩·特纳:《身体与社会》,马海良等译,春风文艺出版社2000年版。

[109][英]乔安妮·恩特维斯特尔:《时髦的身体》,郜元宝等译,广西师范大学出版社2005年版。

[110]汪民安:《身体、空间与后现代性》,江苏人民出版社2006年版。

[111]汪民安等主编:《后身体:文化、权力与生命政治学》,吉林人民出版社2003年版。

[112][美]彼得·布鲁克斯:《身体活:现代叙述中的欲望对象》,朱生坚译,新星出版社2005年版。

[113][美]简·盖洛普:《通过身体思考》,杨莉馨译,江苏人民出版社2005年版。

[114][美]佩吉·麦克拉肯主编:《女权主义理论读本》,艾晓明等编译,广西师范大学出版社2007年版。

[115] 陈顺馨、戴锦华选编：《妇女、民族与女性主义》，中央编译出版社 2004 年版。

[116] [英] 阿尔弗雷多·萨德—费洛、黛博拉·约翰斯顿主编：《新自由主义批判读本》，陈刚等译，江苏人民出版社 2006 年版。

[117] [美] 诺姆·乔姆斯基：《新自由主义和全球秩序》，徐海铭等译，江苏人民出版社 2001 年版。

[118] [美] 米尔顿·弗里德曼：《资本主义与自由》，张瑞玉译，商务印书馆 2004 年版。

[119] [英] 约翰·格雷：《自由主义的两张面孔》，顾爱彬等译，2008 年版。

[120] [英] 贾斯廷·罗斯伯格：《质疑全球化理论》，洪霞等译，江苏人民出版社 2002 年版。

[121] [加] 埃伦·M. 伍德：《资本的帝国》，王恒杰等译，上海译文出版社 2006 年版。

[122] [加] 艾伦·伍德：《新社会主义》，尚庆飞译，江苏人民出版社 2002 年版。

[123] [美] 乔治·里茨尔：《虚无的全球化》，王云桥等译，上海译文出版社 2006 年版。

[124] [德] 鲁道夫·希法亭：《金融资本》，福民等译，商务印书馆 1994 年版。

[125] 韩金华：《希法亭金融资本理论研究》，中国财政经济出版社 2006 年版。

[126] [美] 保罗·斯威齐：《资本主义发展论——马克思主义政治经济学原理》，陈观烈等译，商务印书馆 1997 年版。

[127] [法] 皮埃尔·罗桑瓦隆：《乌托邦资本主义——市场观念史》，杨祖功等译，社会科学文献出版社 2004 年版。

[128] [美] 戴维·施韦卡特：《反对资本主义》，李智等译，中国人民大学出版社 2008 年版。

[129] [美] 乔恩·厄尔斯特等编：《资本主义的替代方式》，王镭等译，重庆出版社 2007 年版。

[130] [英] 布鲁厄：《马克思主义的帝国主义理论》，陆俊译，重庆出版社 2003 年版。

[131] [美] 斯科特·拉什、约翰·厄里：《组织化资本主义的终结》，征庚胜等译，2001年版。

[132] [美] 丹尼尔·贝尔：《后工业社会的来临》，高铦等译，新华出版社1997年版。

[133] [美] 大卫·施韦卡特：《超越资本主义》，宋萌荣译，社会科学文献出版社2006年版。

[134] [英] 巴特·穆尔—吉尔伯特：《后殖民理论——语境、实践、政治》，陈仲丹译，南京大学出版社2007年版。

[135] [英] 安东尼·吉登斯：《现代性的后果》，田禾等译，译林出版社2000年版。

[136] [英] 安东尼·吉登斯：《社会的构成》，李康等译，（台湾）左岸文化出版社2007年版。

[137] [英] 安东尼·吉登斯、威尔·赫顿等：《在边缘：全球资本主义生活》，达魏等译，生活·读书·新知三联书店2003年版。

[138] [英] 冯·哈耶克：《通往奴役之路》，王明毅等译，中国社会科学出版社1997年版。

[139] [英] 冯·哈耶克：《致命的自负》，冯克利等译，中国社会科学出版社2000年版。

[140] [英] 卡尔·波普尔：《开放社会及其敌人》，郑一明等译，中国社会科学出版社1999年版。

[141] [英] 卡尔·波普尔：《历史主义贫困论》，何林等译，中国社会科学出版社1998年版。

[142] [美] 汉娜·阿伦特：《论革命》，陈周旺译，译林出版社2007年版。

[143] [美] 汉娜·阿伦特：《极权主义的起源》，林骧华译，生活·读书·新知三联书店2008年版。

[144] [美] 汉娜·阿伦特：《〈耶路撒冷的艾希曼〉：伦理的现代困境》，孙传钊编译，吉林人民出版社2003年版。

[145] [英] 以赛亚·柏林：《浪漫主义的根源》，吕梁译，译林出版社2008年版。

[146] [英] 以赛亚·柏林：《扭曲的人性之材》，岳秀坤译，译林出版社2009年版。

[147]［英］以赛亚·柏林：《柏林谈话录》，杨祯钦译，译林出版社2002年版。

[148]［英］以赛亚·柏林：《自由及其背叛》，赵国新译，译林出版社2005年版。

[149]［斯洛文尼亚］斯拉沃热·齐泽克：《有人说过集权主义吗？——齐泽克文集》，宋文伟等译，江苏人民出版社2005年版。

[150]［比］厄尔奶斯特·曼德尔：《晚期资本主义》，马清文译，黑龙江人民出版社1988年版。

[151]［美］伊曼纽尔·沃勒斯坦：《现代世界体系》（第1—3卷），尤来寅等译，高等教育出版社1998/2000年版。

[152]［美］伊曼纽尔·沃勒斯坦：《沃勒斯坦精粹》，黄光耀等译，南京大学出版社2003年版。

[153]［古巴］弗朗西斯科·洛佩斯·塞格雷拉：《全球化与世界体系》（上，下），白凤森等译，社会科学文献出版社2003年版。

[154]［埃及］萨米尔·阿明：《资本主义的危机》，彭姝炜等译，社会科学文献出版社2003年版。

[155]［埃及］萨米尔·阿明：《不平等的发展》，高铦译，商务印书馆1990年版。

[156]［埃及］萨米尔·阿明：《全球化时代的资本主义——对当代社会的管理》，丁开杰等译，中国人民大学出版社2005年版。

[157]［埃及］萨米尔·阿明：《世界规模的积累——欠发达理论批判》，杨明柱等译，社会科学文献出版社2008年版。

[158]［埃及］萨米尔·阿明：《自由主义病毒/欧洲中心论批判》，王麟进等译，社会科学文献出版社2007年版。

[159]［德］A. G. 弗兰克：《依附性积累与不发达》，高铦译，译林出版社1999年版。

[160]［美］迈克尔·哈特、［意］安东尼·奥奈格里：《帝国》，杨建国等译，江苏人民出版社2005年版。

[161]［意］杰奥瓦尼·阿瑞基：《漫长的20世纪》，姚乃强等译，江苏人民出版社2001年版。

[162]［英］约翰·格雷：《伪黎明：全球资本主义的幻象》，张敦敏译，中国社会科学出版社2002年版。

[163]［美］丹尼斯·米都斯等：《增长的极限》，李宝恒译，吉林人民出版社1997年版。

[164]［美］弗·卡普拉：《转折点：科学·社会·兴起中的新文化》，冯禹等编译，中国人民大学出版社1989年版。

[165]［美］弗·卡普拉、查·斯普雷纳克：《绿色政治——全球的希望》，石音译，东方出版社1988年版。

[166]［印度］萨拉·萨卡：《生态社会主义还是生态资本主义》，张淑兰译，山东大学出版社2008年版。

[167]［美］约翰·贝拉米·福斯特：《生态危机与资本主义》，耿建新等译，上海译文出版社2006年版。

[168]［英］简·汉考克：《环境人权：权力、伦理与法律》，李隼译，重庆出版社2007年版。

[169]［英］布赖恩·巴克斯特：《生态主义导论》，曾建平译，重庆出版社2007年版。

[170]［美］詹姆斯·奥康纳：《自然的理由——生态学马克思主义研究》，唐正东等译，南京大学出版社2007年版。

[171]［英］A.J.M.米尔恩：《人的权利与人的多样性——人权哲学》，夏勇等译，中国大百科全书出版社1995年版。

[172]夏勇：《人权概念起源——权利的历史哲学》，中国社会科学出版社2007年版。

[173]何海波编：《人权二十讲》，天津人民出版社2008年版。

[174]［英］埃比尼泽·霍华德：《明日的田园城市》，金纪元译，商务印书馆2000年版。

[175]［美］刘易斯·芒福德：《城市发展史》，宋俊岭等译，中国建筑工业出版社2005年版。

[176]［美］理查德·桑内特：《肉体与石头——西方文明中的身体与城市》，黄煜文译，上海译文出版社2006年版。

[177]［加］简·雅各布斯：《美国大城市的死与生》，金衡山译，译林出版社2005年版。

[178]王旭：《美国城市化的历史解读》，岳麓书社2003年版。

[179]王旭等：《美国城市经纬》，清华大学出版社2008年版。

[180]李祥宁：《想象与真实：当代城市理论的多重视角》，中国电

力出版社 2008 年版。

[181] [美] 丝奇雅·沙森：《全球城市——纽约、伦敦、东京》（2001 新版），周振华等译，上海社会科学院出版社 2005 年版。

[182] [美] 詹姆斯·E. 万斯：《延伸的城市——西方文明中的城市形态学》，凌霓等译，中国建筑工业出版社 2007 年版。

[183] [英] 迈克·詹克斯：《紧缩城市——一种可持续发展的城市形态》，周玉鹏等译，中国建筑工业出版社 2004 年版。

[184] [美] 柯林·罗、弗瑞德·科特：《拼贴城市》，童明译，中国建筑工业出版社 2003 年版。

[185] [英] 尼格尔·泰勒：《1945 年后西方城市规划理论的流变》，李白玉等译，中国建筑工业出版社 2006 年版。

[186] [德] 瓦尔特·本雅明：《巴黎，十九世纪的首都》，刘北成译，上海人民出版社 2006 年版。

[187] [美] 威廉·朱利叶斯·威尔逊：《真正的穷人——内城区、底层阶级和公共政策》，成伯清等译，上海人民出版社 2007 年版。

[188] [美] 罗伯特·M. 福格尔森：《布尔乔亚的噩梦——1870—1930 年的美国城市郊区》，朱歌妹译，上海人民出版社 2007 年版。

[189] [法] 居伊·德波：《景观社会》，王昭凤译，南京大学出版社 2006 年版。

[190] [法] 让·波德里亚：《消费社会》，刘成富等译，南京大学出版社 2006 年版。

[191] [法] 让·鲍德里亚：《生产之镜》，仰海峰译，中央编译出版社 2005 年版。

[192] [法] 让·波德里亚：《象征交换与死亡》，车槿山译，译林出版社 2006 年版。

[193] [法] 尚·布希亚：《物体系》，林志明译，上海人民出版社 2001 年版。

[194] [美] R. 昂格尔：《现代社会中的法律》，吴玉章等译，译林出版社 2001 年版。

[195] [美] 爱德华·O. 威尔逊：《昆虫的社会》，王一明等译，重庆出版社 2007 年版。

[196] [美] 爱德华·O. 威尔逊：《论人性》，方展画等译，浙江教

育出版社 2001 年版。

［197］［美］爱德华·O. 威尔逊：《论契合：知识的统合》，田洺译，生活·读书·新知三联书店 2002 年版。

［198］王南湜、谢永康：《后主体性哲学的视域——马克思唯物主义的当代阐释》，中国人民大学出版社 2004 年版。

［199］衣俊卿：《历史与乌托邦——历史哲学：走出传统历史设计之误区》，黑龙江教育出版社 1995 年版。

［200］贺来：《现实生活世界——乌托邦精神的真实根基》，吉林教育出版社 1998 年版。

［201］胡大平：《后革命氛围与全球资本主义：德里克"弹性生产时代的马克思主义"研究》，南京大学出版社 2002 年版。

［202］［英］本·海默：《日常生活与文化理论导论》，王志宏译，商务印书馆 2008 年版。

［203］江华：《世界体系理论研究——以沃勒斯坦为中心》，生活·读书·新知三联书店 2007 年版。

［204］陈其人：《世界体系论的否定与肯定——卢森堡〈资本积累论〉研究》，时事出版社 2004 年版。

［205］罗岗主编：《帝国、都市与现代性》，江苏人民出版社 2006 年版。

［206］［德］卡尔·洛维特：《世界历史与救赎历史——历史哲学的神学前提》，李秋零译，生活·读书·新知三联书店 2002 年版。

［207］高鉴国：《新马克思主义城市理论》，商务印书馆 2006 年版。

［208］孙江：《"空间的生产"——从马克思到当代》，人民出版社 2008 年版。

三　中文论文

［1］哈维：《英国著名左翼学者大卫·哈维论资本主义》，吴敏编译，《国外理论动态》2001 年第 3 期。

［2］哈维：《论地理学的历史和现状：一个历史唯物主义的宣言》，蔡运龙译，《地理科学进展》1990 年第 3 期。

［3］哈维：《今日乌托邦，明日的现实》，http：//pots.tw/node/369，由黄孙权整理刊布。

［4］［美］乔万尼·阿瑞吉、哈维等：《新自由主义的性质和前途》，丁骥千摘译，《国外理论动态》2007年第6期。

［5］唐晓峰：《思想者哈维》，《中华读书报》2002年5月29日"学术大师"栏目。

［6］［美］蔡运龙：《大卫·哈维：地理学实证派的集大成者和终结者》，《中华读书报》2002年5月29日"学术大师"栏目。

［7］顾朝林、李平：《哈维与马克思主义地理学》，《中华读书报》2002年5月29日"学术大师"栏目。

［8］胡大平：《从历史唯物主义到历史地理唯物主义——哈维对马克思主义的升级及其理论意义》，《南京大学学报》（哲学社会科学版）2004年第5期。

［9］胡大平：《晚期马克思主义研究（笔谈）》，《南京大学学报》（哲学社会科学版）2004年第5期。

［10］胡大平：《社会批判理论之空间转向与历史唯物主义的空间化》，《江海学刊》2007年第2期。

［11］胡大平：《为什么以及如何通过空间来探寻希望？——哈维〈希望的空间〉感言》，《中国图书评论》2007年第5期。

［12］胡大平：《马克思主义理论的时间敏感性》，《河北学刊》2006年第2期。

［13］胡大平：《日常生活的时间意识与历史意识的时间性》，《江海学刊》2000年第2期。

［14］蔡运龙：《地理学的实证主义方法论——评〈地理学中的解释〉》，《地理研究》1990年第8期。

［15］阎嘉：《现代性的文学体验与大都市的空间改造——都戴维·哈维的〈巴黎，现代性之都〉》，《江西社会科学》2007年第8期。

［16］黄少华：《哈维论后现代社会的时空转变》，《自然辩证法研究》2005年第3期。

［17］张祖林、孙爱军：《结构主义与结构主义地理学》，《自然辩证法研究》1996年第2期。

［18］张祖林：《当代西方地理学中的马克思主义学派》，《自然辩证法研究》1994年第3期。

［19］韩丽桃：《城市的"冲突"——"新马克思主义"与西方现代

城市规划》，《武汉城市建设学院学报》2000年第1期。

[20] 千庆兰等：《战后中西人文地理学比较研究》，《人文地理》2004年第1期。

[21] 张鸿雁：《城市空间的社会与"城市文化资本"论——城市公共空间市民属性研究》，《城市问题》2005年第5期。

[22] 李小敏：《国外空间社会理论的互动与论争》，《城市问题》2006年第9期。

[23] 刘进：《论空间批判》，《人文地理》2007年第2期。

[24] 钱振明：《走向空间正义：让城市化的增益惠及所有人》，《江海学刊》2007年第2期。

[25] 田毅鹏、张金荣：《马克思社会空间理论及其当代价值》，《社会科学研究》2007年第2期。

[26] 冯鹏志：《时间正义与空间正义：一种新型的可持续发展伦理观》，《自然辩证法研究》2004年第1期。

[27] 任平：《论空间生产与马克思主义的出场路径》，《江海学刊》2007年第2期。

[28] 任平：《空间的正义——当代中国可持续城市化的基本走向》，《城市发展研究》2006年第5期。

[29] 张之沧：《论空间的创造和生产》，《自然辩证法研究》2007年第2期。

[30] 夏建中：《新城市社会学的主要理论》，《社会学研究》1998年第4期。

[31] 杨上广、王春兰：《国外城市社会空间演变的动力机制研究综述及政策启示》，《国际城市规划》2007年第2期。

[32] 邹小华：《城市空间、社会分工与社会和谐》，《城市问题》2007年第5期。

[33] 孙群郎、常丹丹：《美国内城街区的绅士化运动与城市空间的重构》，《历史研究》2007年第2期。

[34] 顾朝林、刘海泳：《西方"马克思主义"地理学——人文地理学的一个重要流派》，《地理科学》1999年第3期。

[35] 石崧、宁越敏：《人文地理学"空间"内涵的演进》，《地理科学》2005年第3期。

[36] 胡寿鹤：《略论牛顿的时空观》，《内蒙古社会科学》1986年第3期。

[37] 刘奔：《时间是人类发展的空间——社会时—空特性初探》，《哲学研究》1991年第10期。

[38] 陈卫平：《科学时空观的演进与时空特征》，《南京师范大学学报》（自然科学版）1995年第2期。

[39] 俞吾金：《马克思时空观新论》，《哲学研究》1996年第3期。

[40] 余章宝：《马克思社会时空观探微》，《学术月刊》1998年第5期。

[41] 蒲友俊：《历史意味着向空间拓展》，《四川师范大学学报》（社会科学版）2000年第6期。

[42] 张奎良：《马克思时空观新论》，《江海学刊》2004年第1期。

[43] 程锡麟等：《叙事理论的空间转向——叙事空间理论概述》，《江西社会科学》2007年第11期。

[44] 龙迪勇：《叙事学研究的空间转向》，《江西社会科学》2006年第10期。

[45] 龙迪勇：《时间性叙事媒介的空间表现》，《江西社会科学》2007年第4期。

[46] 姜楠：《空间研究的"文化转向"与文化研究的"空间转向"》，《社会科学家》2008年第8期。

[47] 潘泽泉：《社会空间的极化与隔离：一项有关城市空间消费的社会学分析》，《社会科学》2005年第1期。

[48] 尚杰：《空间的哲学：福柯的"异托邦"概念》，《同济大学学报》（社会科学版）2005年第3期。

[49] 柯岚：《自由主义与超自由主义》，《北大法律评论》2002年第5卷第1辑。

[50] 赵红军：《昂格尔视域中的法治》，《清华法治论衡》2005年第2期。

[51] 张翠梅：《法律如何在"社会情境"下存在——读昂格尔的〈批判法学运动〉》，《河北法学》2007年第3期。

[52] 沈明磊：《试论昂格尔式法律秩序实现的社会基础》，《学术界》2006年第2期。

［53］孙笑侠、周婧：《一种政治化的法律方法——对昂格尔法律方法论的解读》，《环球法律评论》2007年第4期。

［54］郭卫军：《现代社会中法律与社会问题意识之辨正——对昂格尔〈现代社会中的法律〉之疏解》，《研究生法学》2008年第5期。

［55］魏治勋、李金明：《法治的条件及其重构——读昂格尔〈现代社会中的法律〉，有感于法治之难》，《山东大学法律评论》（2003）。

［56］孙理波：《传统法律在现代社会中的危机——昂格尔的社会批判理论》，《政法论坛》（中国政法大学学报）1997年第1期。

［57］王祖望：《经济人类学与波拉尼学派》，《国外社会科学》1982年第12期。

［58］陈庆德：《经济人类学中的实体论派》，《民族研究》1999年第6期。

［59］陈伟：《城市与现代资本主义的兴起——马克斯·韦伯的城市观论析》，《北京行政学院学报》2004年第2期。

［60］佘正荣：《卡普拉生态世界观析要》，《自然辩证法研究》1992年第5期。

［61］鲁兴启：《论卡普拉的整体观》，《自然辩证法研究》1999年第7期。

［62］［日］高野平次耶：《论经济人类学家卡尔·波拉尼》，何培忠译，《国外社会科学》1985年第2期。

［63］赵玲：《论现代自组织生态自然观的实质》，《社会科学战线》2001年第4期。

［64］乔万尼·阿瑞吉：《美国霸权的瓦解》，黄文前译，《国外理论动态》2006年第10期。

后　记

　　这本书是以我的博士论文为基础，经过稍加修改完善而形成的。我的博士论文在2009年6月顺利通过答辩，时隔七年之后，现在终于可以付梓出版。这对于我，当然颇为高兴。时至今日，我越发深切地感到，能够有机会到复旦大学读书，这本身就是一件十分幸运的事情：复旦校园环境优美、师资水平很高、学术氛围浓厚、治学资源丰富；我身处其中，受益良多！

　　我的导师邹诗鹏教授在生活上对我们体贴照顾，在学业上对我们严格要求。就博士论文和本书稿而言，从选题、思路到框架结构，他给予了全方位的、细致入微的指导和启发，还时常督促我继续搞好科研工作。如果没有他的长期指导和关心，我的博士论文和本书稿是不可能这么顺利地完成的。所以说，我的博士论文和本书稿不仅仅是我个人的成果，也倾注了邹老师的大量心血。

　　博士论文指导小组的余源培教授、吴晓明教授、陈学明教授、孙承叔教授、王德峰教授、冯平教授和郑召利教授，在博士论文答辩会上提出了很多建设性的观点。俞吾金教授曾在百忙之际，抽空审阅了本书稿，提出了一些宝贵的修改意见。特别是孙承叔教授对我一直十分爱护，支持我走学术研究之路。

　　衷心感谢复旦大学哲学学院诸位贤师对我的鼓励、教诲和帮助！

　　这里还要向南京大学哲学系胡大平教授、北京师范大学中文系季广茂教授、重庆大学建筑规划学院杨宇振教授致以诚挚的谢意。这些老师此前与我素昧平生，但都很慷慨热情地提供了他们的私人藏书和资料并邮寄给我。此情此举让我分外感动，无以言表！

　　本书稿被列为"2015年浙江省哲学社会科学规划后期资助课题（课题编号：15HQZZ019）"。中国社会科学出版社编辑部的老师们为本书的出版付出了辛勤的劳动。浙江理工大学马克思主义学院的各位领导和同事，对我的科研工作多有鼓励和支持，促进了我的个人发展。在此一并表示感谢！

由于本人学识有限，加之诸多繁杂琐事之干扰，虽竭尽我之所能，但就本书目前的样貌来看，恐怕离真正的完善还有一段距离。这在令我惭愧的同时，也鞭策和激励我在今后的岁月里继续潜心读书、提升自我。

钱厚诚

初稿草成于2009年6月上海复旦北区学生公寓

修订稿完成于2015年4月杭州钱塘江畔云水苑